LES
Concerts en France
SOUS L'ANCIEN RÉGIME

Da Capo Press Music Reprint Series

GENERAL EDITOR

FREDERICK FREEDMAN

VASSAR COLLEGE

Bobillier, M.

LES
Concerts en France
SOUS L'ANCIEN RÉGIME

BY MICHEL BRENET [pseud.]

DA CAPO PRESS · NEW YORK · 1970

A Da Capo Press Reprint Edition

This Da Capo Press edition of *Les Concerts en France sous L'Ancien Régime* is an unabridged republication of the first edition published in Paris in 1900.

Library of Congress Catalog Card Number 68-16224

SBN 306-71061-7

Published by Da Capo Press
A Division of Plenum Publishing Corporation
227 West 17th Street, New York, N. Y. 10011

LES CONCERTS EN FRANCE

SOUS L'ANCIEN RÉGIME

MICHEL BRENET

LES
Concerts en France

SOUS L'ANCIEN RÉGIME

PARIS
LIBRAIRIE FISCHBACHER
33, rue de Seine, 33

1900

PREMIÈRE PARTIE :

LES CONCERTS EN FRANCE

AVANT LE XVIIIe SIÈCLE

I

I, par le mot *concert*, très largement défini, l'on désigne *toute audition publique donnée, en dehors de l'église et du théâtre, par un ou plusieurs musiciens*, la recherche des origines d'une telle manifestation de l'art musical devra remonter jusqu'aux époques lointaines où s'est formé cet art lui-même, et l'historien découvrira dans les chroniques médiévales les nombreuses mentions des premiers concerts.

Il semblerait, à lire plus d'un manuel historique, que pendant de longs siècles, dans l'Occident chrétien, toute la vie de l'humanité ait consisté à soutenir des guerres nationales et des guerres civiles, à lutter contre les fléaux multipliés des famines et des épidémies, dont l'incessante

succession assombrit presque sans trêve
les récits des vieux auteurs. A qui regarde
mieux, apparaît cependant, jusque dans les
époques les plus troublées, la petite fleur
vivace de l'art et de la poésie populaires,
qui plie sous les tempêtes et se redresse à
la moindre éclaircie, pour offrir aux puissants et aux humbles le parfum doux et
consolant de sa corolle entr'ouverte. Au
XIIᵉ, au XIIIᵉ siècle, la musique, en pleine
effervescence juvénile, déborde déjà des
temples qui ont abrité ses enfantins
bégaiements, et des palais qui se sont parés
d'elle comme d'un luxe princier; elle pénètre
en amie dans les maisons des bourgeois, et
descend dans la rue, qui n'est pour le
Français, le Bourguignon, le Flamand des
siècles féodaux ni l'Agora, ni le Forum,
mais bien l'universelle et gratuite arène de
toutes les joies populaires. C'est là que
s'arrêtent les jongleurs pour dire les chansons de gestes, les chansons d'amour et les
chansons satiriques ; c'est là que les ménestrels font sonner sur le rebec, la flûte et le
tambourin, les rythmes des rondes et des
caroles. Tous les soirs, à Paris, la rue des
Ménétriers retentit du bruit mené par les
membres de la Confrérie de Saint-Julien, et
le talent, assurément primitif, des plus
habiles d'entre eux compte déjà parmi les

attraits de la grande ville : « Grande chose étoit de Paris, dit au XIVᵉ siècle Guillebert de Metz, quand y vivoient Guillemain Dancel et Perrin de Sens, souverains harpeurs; Cresceques, joueur de rebec; Chynenudy, le bon corneur à la turelurette et aux flûtes, Bacon, qui jouoit chansons sur la chifonie,... et le Prince d'Amour, qui tenoit avec lui musiciens et galants, qui toutes manieres de chansons, ballades, rondeaux, virelais et autres dictiés amoureux savoient faire et chanter, et jouer en instrumens melodieusement (1) ».

Entrées et mariages de princes, tournois, banquets, processions, assemblées corporatives, toutes espèces de fêtes publiques ou privées, religieuses ou civiles, étaient prétexte à réjouissances et à cortèges où l'art de ménestrandie tenait un rôle inévitable. Dans les descriptions qu'ils ont laissées de ces solennités, les annalistes omettent rarement de mentionner la présence de chanteurs et d'instrumentistes donnant en plein air de véritables concerts gratuits. Le religieux de Saint-Denis, contant l'entrée de Charles VI à Paris après son sacre, dit comment les bourgeois allè-

---

(1) *Description de la ville de Paris*, par Guillebert de Metz, pub. par Leroux de Lincy, 1855, p. 84.

rent à sa rencontre à cheval, comment les
rues et les carrefours étaient tendus de
tapisseries, comment « de tous côtés s'entendait le concert des instruments (1) ».
Froissart s'émerveille des décors préparés
sur le passage d'Isabeau de Bavière,
en 1389, des échafauds où ne se voyaitrien
moins que le « ciel estellé », avec « Dieu,
par figure, séant en sa majesté », et qu'a-
chevaient d'embellir tantôt un chœur de
jeunes filles ou d'enfants, tantôt un groupe
d'hommes « qui sonnoient une orgue moult
doucement ». Plus tard, Jean de Roye,
rapportant les détails de l'entrée de
Louis XI, décrira le spectacle étrange de
la fontaine du Ponceau, où trois belles
filles nues « faisant personnages de sirènes »
chantaient des « bergerettes » et de « petits
motets », tandis que plusieurs musiciens,
jouant de bas instruments « rendaient de
grandes mélodies ».

La douceur de la mélodie était sentie,
non préférée, et maint auteur croyait atteindre le plus chaud terme d'admiration
en disant que les instruments « menoient
grande noise », qu'on « ne se pouvoit ouïr

(1) « ... Et ubique musicorum concentus instrumen-
torum auditus. » *Chronique du religieux de Saint-Denis*,
t. I, p. 35.

l'un l'autre », et que l'on avait été tout près
d' « estouper ses oreilles ». Charles VI, à
Reims, pour son sacre, avait été accompagné de quantité de « ménestrandies, et
par especial il avoit plus de trente trompettes devant lui qui sonnoient si clair que
merveilles » ; Louis XI le dépassa, qui en
eut « jusques à cinquante-quatre ». Quelques exemples pris dans le grand nombre
de ceux que contiennent les histoires lo-
cales nous montrent que les villes de province ne laissaient point aux bourgeois de
Paris le monopole des spectacles et des
concerts organisés en l'honneur d'un
prince, pour le plaisir du peuple. Voici la
cité de Troyes qui dresse en 1486 de
beaux théâtres pour recevoir Charles VIII ;
l'un est « remply de menestriers et de trompettes » qui jouent incessamment ; sur un
autre est assise une jeune fille qui touche
des orgues et chante « un agréable Te
Deum » (1). Angoulême, en 1526, reçoit
François Ier par un « gros bruit de grosse
artillerie », et une grande harmonie de
« trompettes et clérons, hautbois, sac-
quebuttes, tant dudit seigneur que aultres
que on envoya quérir par le pays en grand

---

(1) Godefroy, *Le Cérémonial françois*, t. I, p. 678. —
A Babeau, *Les Rois de France à Troyes*, p. 10 et suiv.

nombre » ; pour la reine Eléonore et les
Enfants de France, Angoulême, quatre
ans plus tard, élève des échafauds couverts
à l'antique, sur lesquels des jeunes filles
habillées en « diverses manières de ves-
tures de nations estrangères », chantent
« rondeaux, couplets et motets, par mélodie et doulceur si délectable, que si l'œil
estoit ravy par leur excellente beaulté,
encores plus l'esprit et ouye de ladicte
suavité et melodie » (1). A Orléans,
en 1470, pour des réjouissances faites à
l'occasion de la naissance de Charles, fils
de Louis XI, on avait eu recours à « tous
les joueux d'instruments de la ville : ces
joueux estoient deux personnes ayant chacune un orgue, deux ménestrels ou joueux
de violon, trois tabourineurs, sept guita-
reurs et harpeurs (2) ».

Le hasard et la nécessité, plutôt que le
choix ou le raisonnement, présidaient au
recrutement de tels orchestres, et l'on ne
peut concevoir que sous un aspect barbare
les concerts ainsi obtenus. Quelques mentions échappées aux théoriciens laissent en-
trevoir le fait que dès le XIIIe, le XIVe siècle,

---

(1) CASTAIGNE, *Entrées solennelles dans la ville d'Angoulême*, p. 10, 20.
(2) CUISSARD, *Etude sur la musique dans l'Orléanais*, p. 59.

existait et se développait un genre de musique spécifiquement instrumental, qui
possédait, selon Jean de Muris, ses signes
particuliers de notation (1), et qui, d'après
Jean de Garlande, faisait usage de valeurs
moindres (c'est-à-dire de mouvements plus
rapides) que la musique vocale (2). Dans
les longues et confuses nomenclatures des
poètes, dans les récits des annalistes, une
infinie variété de vocables désignait les
types nombreux et incertains de familles
instrumentales que devait lentement fixer
et réduire le travail des années. De même,
en ce temps des premiers essais positifs
d'une constitution régulière de l'harmonie
et de l'écriture à plusieurs voix, les théoriciens s'appliquaient à définir et à différen-
cier sous les noms de *motets*, de *conduits*,
de *rondeaux*, de *ballades*, de *vironelles*
(virelais), des formes musicales adaptées
aux formes poétiques dont elles emprun-
taient les titres et les textes. Les pièces
vocales du manuscrit de Montpellier, qui
associent aux chansons populaires, aux

(1) *Habent sua propria signa notarum.* — Jean de Muris,
ap. Gerbert, *Script.*, t. III, p. 214.
(2) JEAN DE GARLANDE, ap. Coussemaker, *Script.*, t. I,
p. 115. — Voyez RIEMANN, *Geschichte der Musiktheorie
im IX-XIX Jahrhundert*, p. 210 et suiv.

petits motets profanes des trouvères, des fragments de mélodies liturgiques, et celles des déchanteurs fameux de Notre-Dame de Paris, dont on a récemment annoncé la découverte imprévue dans une bibliothèque italienne, ont résonné dans les fêtes profanes avant de pénétrer sous les voûtes des églises. Que faisaient les ménestriers, sinon de transporter sur leurs instruments les mêmes chansons de danse, les mêmes timbres de rondeaux, de bergerettes, de motets, les mêmes mélodies liturgiques des hymnes et des alléluias grégoriens, que dans leurs premiers tâtonnements polyphoniques assemblaient les déchanteurs?

Il serait, à notre jugement, inexact de regarder ces musiques de plein air et de fêtes publiques comme ayant tenu, dans l'art de l'ancienne France, le rang inférieur auquel les a reléguées la civilisation moderne; au contraire, on peut prouver que les chefs des maîtrises les plus renommées ne dédaignaient pas d'y prendre part, soit en y conduisant les enfants de chœur qu'ils avaient charge d'instruire et les clercs dont ils dirigeaient le chant, soit en composant des pièces de circonstance expressément destinées à de telles exécutions. L'histoire d'Orléans nous en fournit, à la fin du XVe siècle, un exemple intéressant : en mémoire du siège mis par les Anglais, et qu'avait fait lever Jeanne d'Arc, le peuple et le clergé d'Orléans célébraient annuellement une procession dont l'enceinte de la ville marquait le parcours, et dans laquelle la reconnaissance et la joie s'exprimaient « par concerts de musique et canons qu'on fait tirer » ; on s'arrètait sur le boulevard du Portereau, devant un échafaud, moitié reposoir et moitié spectacle, « où estoient musiciens, joueurs de luth et menestriers », et à la porte Dunoise, au pied d'un semblable théàtre, où se chantaient, à partir de l'année 1482, des « motets et hymnes » mèlés de vers latins et de couplets français qui nommaient Jeanne d'Arc, Poton, La Hire et Dunois, les héros de l'armée de Charles VII. Le texte et la musique de ces chants, qui se conservaient au trésor de la ville, avaient été composés par messire Eloy d'Amerval, maître des enfants de chœur de l'église Sainte-Croix ; il en avait dirigé lui-même la première exécution, qui s'était donnée par le concours des chantres, chapelains et enfants de chœur des deux églises de Sainte-Croix et Saint-Aignan ; une somme de « cent quatre solz parisis, pour la valeur de quatre escus d'or », lui avait été payée, disent les comptes de la ville, « en récompense et

remuneracion de avoir dité et noté en latin
et en françois ung motet, pour chanter
doresenavant· ès processions qui se font
chacun an le viije jour de may... Duquel
motet il a fait deux livres contenans chacun
huit grans feuillets de parchemin, reliez
entre deux ays, couvers de cuir vermeil,
l'un pour bailler aux chantres, et l'autre
aux enffans de chœur d'icelle eglise Sainte-
Croix, pour chanter à la station qui se fait
devant la porte Dunoise. Lesquelz deux
livres iceluy messire Eloy a donnez et pre-
sentez ausdiz procureurs assemblez en
l'ostel de ladite ville et pour les habitans
d'icelle, ledit viije jour de may, au retour
d'icelle procession derrenière (1). » Les
écrivains qui se sont de main en main
repassé le souvenir de ce motet (2) n'ont

(1) QUICHERAT, Procès de Jeanne d'Arc, t. V, p. 212. —
Inventaire-Sommaire des archives départementales, Loiret,
A 2184.

(2) M. Neukomm en a parlé dans le Ménestrel du 5 février 1899, d'après M. Cuissard, que par une curieuse
confusion avec l'historien de la musique à Arras, il
appelle constamment M. Cardevacque ; — M. Cuissard
(La Musique dans l'Orléanais, 1886, in-8º) s'était servi de
l'ouvrage de Lottin (Recherches hist. sur la ville d'Orléans,
1836, t. I) ; Lottin reproduisait les renseignements que
Lemaire (Histoire et antiquités de la ville et duché d'Orléans,
1645, t. I) avait pu recueillir aux archives de la ville, et

pas essayé la facile assimilation de cet
Eloy d'Amerval avec le compositeur que
Tinctor et Gafori ont vanté comme « très
savant en ce qui concerne les modes », et
auquel Fétis a consacré un article vague ;
avec aussi le versificateur du *Livre de la
grande deablerie*, long et singulier poème
moral en dialogue, dont l'auteur, Eloy
d'Amerval, se déclare au prologue prêtre et
musicien (1).
Ce qu'Eloy avait fait à Orléans pour la
procession de Jeanne d'Arc fut accompli
à Rouen pour l'entrée de Henri II et de
Catherine de Médicis, les 1er et 2 octobre 1550, par Hebert Lecouteux, compositeur dont la renommée locale était
assez grande pour que le chapitre de la
cathédrale lui confiât, à quelques années de
là, la direction de la maîtrise (2). Dans le
long et brillant cortège qui défila devant

qui ont été directement consultés par Quicherat (ouvr.
cité) et par A. de Foulques de Villaret (*Recherches hist.
sur l'ancien chapitre cathédral d'Orléans*, 1883).

(1) On en connaît trois éditions in-4°, gothiques, dont
deux sans date et une de 1507. Celle-ci existe à la Bibliothèque nationale.

(2) Il fut installé le 2 mars 1559, mais démissionna
presque aussitôt, en prétextant son âge avancé et la faiblesse de sa vue. Cf. Collette et Bourdon, *Histoire de la
maîtrise de Rouen*, p. 118.

les souverains, figurait sur un char un groupe de trois dames « d'un maintien gracieux et affable », qui personnifiaient *Vesta*, déesse de religion, la *Majesté royale* et la *Victorieuse vertu*; derrière elles, deux autres représentaient la *Révérence* et la *Crainte*; lorsqu'elles passèrent devant le roi, « elles commencèrent ensemble à chanter melodieusement, chascune tenant sa partie de musicque, un plaisant cantique de louange », dont une plaquette imprimée à Rouen en 1551 contient « la lettre » et « la note musicale » (1).

Pour la visite de Charles IX à Lyon, en 1564, ce fut Philibert Jambe-de-Fer que les magistrats de la cité engagèrent, avec « d'autres maîtres musiciens, chantres et joueurs d'instruments »; à la porte de Bourgneuf, il y eut représentation d'un Parnasse où se voyait Apollon parmi les Muses. « Celles-ci fredonnaient de fort bonne grace leurs instruments musicaulx,

---

(1) *C'est la deduction du sumptueux ordre, plaisantz spectacles et magnifiques theatres dressés et exhibés par les citoiens de Rouen*, etc. Rouen, 1551, in-4°. Le morceau, noté au dernier feuillet pour quatre voix de femmes, porte le nom d'*Hesbert*. Ce nom n'a pas été reproduit dans la réimpression donnée en 1885 par la Société rouennaise des bibliophiles. Voyez *Archives historiques, artistiques et littéraires*, t. I, p. 460.

et a cette melodie s'adjoignit une autre
harmonie de musiciens, posez en la con-
cavité du théâtre supérieur, lesquels, dé-
gorgeant voix melodieuses, chantèrent en
musique excellente le cantique suivant :

Chante du siècle d'or les divines douceurs.

Iceluy cantique fini, les mesmes musiciens
en diverses sortes d'instruments, épandi-
rent un son merveilleusement délec-
table(1). » Et le peuple, grisé de spectacles
et de musique autant que de l'hypocras ou
du vin que lui versaient pendant ces
mèmes jours les fontaines, pouvait pour
quelques heures se croire vivre en effet
dans un « siècle d'or ».

Au XVIIe siècle, les fètes publiques con-
tinuent d'offrir au peuple de ces concerts
gratuits. Le carrousel de la place Royale,
pour le mariage de Louis XIII, en 1612,
dura deux jours. « Le son de plus de deux
cents trompettes alloit jusque dans le ciel,
et les hautbois, les musiques de voix et de
toutes sortes d'instruments par leurs airs
nouveaux attiroient les oreilles en admiration (2). » A Reims, pour le sacre du même

---

(1) GODEFROY, *Cérémonial françois*, t. I, p. 903. — *Inventaire-Sommaire des archives communales de Lyon*, CC 1112.
(2) *La Continuation du Mercure françois*, 1615, t. II,
p. 335.

prince, on avait disposé sur le sommet d'un grand arc de triomphe un plancher « capable de tenir plus de cent personnes. Là furent mis les joueurs d'instruments, lesquels apercevant venir le Roy de cent ou six vingts pas, commencèrent à jouer plusieurs subjects et fantasies faites exprès pour en honorer la venue de Sa Majesté. Ce qu'ils firent sur le cornet seulement, choisy à cet effet pour estre le plus esclattant de tous les instruments de musique après la trompette (1). »

Certaines villes entretenaient à l'année ou recrutaient sans grands frais pour les jours de liesse de petites troupes de musiciens qu'elles envoyaient sonner des airs joyeux par les carrefours. Pendant les semaines qui précédaient Noël, les bourgeois sortaient sur le pas de leurs portes pour voir passer les hautbois de l'Avent (2). A Paris, dans la nuit de saint Julien, les

(1) *Le Bouquet royal ou le parterre des riches inventions qui ont servy à l'entrée du roy Louis le juste en la ville de Reims*, etc., 1637, p. 60.

(2) *Inventaire-sommaire des archives communales de Dijon.* B 64 et 136, et G 5, paiements aux ménétriers chargés de jouer pendant les Avents de Noël, années 1393 à 1644 ; *Inventaire* idem, *Châlon-sur-Saône*, CC 94 à 112, paiements semblables, années 1606 à 1705. Voy. Kastner, *Parémiologie musicale*, p. 208.

membres de la confrérie des ménétriers
parcouraient les rues de leur quartier en
exécutant des espèces de sérénades (1). Les
processions catholiques étaient aussi, avec
certains cortèges municipaux ou corpora-
tifs, l'occasion de fêtes périodiques où prenait toujours place le même genre de
divertissements musicaux ; le voyage en
France de Jodocus Sincerus, imprimé
en 1655, désigne la procession des Roga-
tions de Poitiers, la Fête-Dieu d'Angers
et l'installation du maire de La Rochelle
comme « les trois merveilles » des provinces de l'Ouest (2).

(1) B. Bernhard, *Recherches sur l'hist. de la corporation des ménétriers*, etc., dans la *Bibliothèque de l'Ecole des Chartes*, première série, t. IV, p. 541.

(2) Auber, *Histoire de la cathédrale de Poitiers*, t. II, p. 53. — Voy. notre étude sur la *Musique dans les processions*. Paris, 1896, in-8°.

II

MAIS la tendance naturelle de l'art était, en se perfectionnant, de s'aristocratiser, et ces musiques ambulantes, dont l'intérêt artistique semblait décroître par ce seul fait qu'il ne progressait pas, ne suffirent bientôt plus à donner satisfaction aux goûts légitimes d'une élite sociale désireuse de trouver, en des exécutions musicales, une jouissance véritable de l'esprit. Pour combler le vide de jour en jour plus profond qui se creusait entre les auditions religieuses ou profanes des cours souveraines, accessibles seulement à un très petit nombre d'élus, et les concerts en plein vent, abandonnés à la foule ignorante, il devenait nécessaire, au XVIᵉ siècle, de créer un organisme nouveau, qui mît en communication directe les artistes et les amateurs.

On essaya d'abord d'y parvenir par la voie d'association.

La musique vocale, forme la plus parfaite de l'art à cette époque, était cultivée surtout dans les chapelles et les maîtrises, par des hommes appartenant pour la plupart à la hiérarchie de l'Eglise catholique, quelques-uns étant prêtres, le plus grand nombre au moins clercs et tonsurés. Il n'est donc pas surprenant qu'un aspect semi-religieux ait été alors donné à des réunions dont le but réel n'était cependant pas l'accomplissement d'un acte de piété, et que, par exemple, le célèbre Puy de musique d'Evreux se soit établi en 1570 « en l'honneur de Dieu, sous l'invocation de Mᵐᵉ sainte Cécile » (1). Si cette fondation est aujourd'hui la mieux connue de celles du même genre qui vécurent dans l'ancienne France, nous ne devons pas oublier qu'elle ne fut ni la première en date, ni la seule en exercice. Le préambule de ses statuts rappelait que précédemment, « en plusieurs endroits de la chrétienté, ont esté faictes plusieurs belles fondations par

(1) BONNIN et CHASSANT, *Puy de musique érigé à Evreux*, etc. 1837, in-8°.

les zélateurs du service de Dieu, amateurs
de l'art de musique, qui, tous les ans au
jour et feste de ladite vierge, chantent
motetz, hymmes et louanges à Dieu le
créateur et à elle ». Ce fut donc une
pensée pieuse qui présida, au moins en
apparence, à la fondation. Mais, dès la
cinquième année, par l'établissement d'un
concours annuel de composition où des
prix étaient décernés aussi bien à des
chansons françaises profanes qu'à des
motets catholiques latins, l'association se
dépouilla en partie du caractère religieux
qu'elle avait d'abord uniquement revêtu.
Le concours, ou *puy*, était célébré « publiquement, en lieu convenable » ; les deux
motets primés et les chansons françaises
composées sur « tel dict qu'il plaira au
facteur, hors textes scandaleux partout »,
étaient exécutés devant le grand portail de
l'église Notre-Dame d'Evreux, et une
seconde fois dans la cour de la maison des
enfants de chœur, le nom de l'auteur étant,
après chaque morceau, « énoncé aux assistants ». Cette fète·annuelle était donc couronnée par deux concerts, à l'exécution
desquels prenaient part les musiciens et
les enfants de chœur de la cathédrale
d'Evreux, et les artistes que le concours
avait réunis soit comme juges, soit comme

concurrents. Les maîtres les plus fameux
de l'art polyphonique vocal en France,
Orlando de Lassus, Guillaume Costeley,
Eustache du Caurroy, Pierre Guédron,
Jacques Salmon, Jacques Mauduit, figurent dans la liste des jurés, des chanteurs
et des lauréats, et l'on peut être certain que
les amateurs ne faisaient point défaut pour
les entendre.

Parmi les fondations analogues, il suffit
de rappeler les puys de sainte Cécile qui
se tinrent à Lyon, à Rouen, et plus tard à
Caen. Presque toujours, les œuvres profanes y avaient accès auprès des œuvres
sacrées, et ce n'était pas une petite difficulté que d'en maintenir l'usage dans des
bornes appropriées à l'état semi-religieux
des participants ; une délibération du chapitre de Rouen, du 25 novembre 1565, fait
défense au maître des enfants de chœur
« de leur permettre chanter aucunes chansons dissolutes, comme celles qui furent,
le jour d'hier, chantées au puy de sainte
Cécile, mesme leur permettre chanter aul-
cuns pseaulmes » (1), c'est-à-dire psaumes
en français, à cette époque décidément
adoptés par les huguenots, sans que les

(1) *Inventaire-Sommaire des archives départementales. Seine-Inférieure*, G 2167.

catholiques se fussent encore résignés à les leur abandonner.

Au contraire de ces différents puys, la Confrérie de Sainte-Cécile établie à Paris, en 1575, se tint à un dessein exclusivement religieux ; elle avait son siège en l'église du couvent des Grands Augustins, et n'organisait pas de concerts au dehors (1). Mais, vers la même date, se donnaient dans la capitale, sous une forme uniquement littéraire et artistique, les séances de l'Académie de Baïf, que l'on a pu désigner à la fois comme le germe de la future Académie française et comme le berceau des concerts à Paris.

Les lettres patentes accordées par Charles IX, en août 1570, au poète Jean-Antoine de Baïf et au musicien Joachim Thibaut de Courville, reconnaissent que depuis trois ans, ils ont, « avec grande estude et labeur assiduel, unanimement travaillé, pour l'avancement du langage françois, à remettre sus tant la façon de la poésie que la mesure et réglement de la musique anciennement usitée par les Grecs et les Romains, au temps que ces

---

(1) Les statuts de cette confrérie ont été publiés par J. Gallay dans l'appendice de sa réimpression du *Mariage de la musique avec la dance*, p. 95 et suiv.

deux nations estoient plus florissantes ».
Ainsi, tandis qu'en Italie l'opéra devait
prochainement naître des efforts tentés
pour raviver le théâtre antique, en France,
les concerts publics allaient puiser leur
origine dans une tentative semblable de
prétendue restauration. Baïf et Courville
dressaient « à la manière des anciens une
académie ou compagnie composée tant de
compositeurs, de chantres et de joueurs
d'instruments de musique que d'honnêtes
auditeurs d'icelle, qui non seulement seroit
une école pour servir de pépinière d'où se
tireroient un jour poètes et musiciens, par
bon art instruits et dressés..., mais en
outre profiteroit au public, chose qui ne se
pourroit mettre en effet sans qu'il leur fust
par les auditeurs subvenu de quelque honneste loyer, pour entretien d'eux et des
compositeurs, chantres et joueurs d'instruments de leur musique ». Les séances
avaient lieu tous les dimanches et duraient
chaque fois « deux heures d'horloge ». Sur
un registre spécial étaient inscrits « les
noms, surnoms et qualitez de ceux qui se
cotisent pour l'entretien de l'Académie,
ensemble la somme en laquelle ils se sont,
de leur gré, cotisez », et les « entrepreneurs » se réservaient le droit d'agréer ou
de refuser « tels que bon leur sembleroit ».

Unesorte de médaille,remise à chaque associé,lui servait de carte d'entrée et lui était,
selon la formule moderne, rigoureusement
personnelle. Ces clauses, que nous retrouverons dans les statuts des académies de
musique fondées aux siècles suivants dans
les villes de province, empêchent qu'on ne
puisse encore absolument regarder les
après-midi de Baïf comme des concerts
publics.

Un des articles du règlement portait que
« les auditeurs, pendant que l'on chantera,
ne parleront ni ne s'accouteront, ni ne
feront bruit, mais se tiendront le plus coy
qu'il leur sera possible, jusqu'à ce que la
chanson qui se prononcera soit finie ; et
durant que se dira une chanson, ne frappe-
ront à l'huis de la salle, qu'on ouvrira à la
fin de chaque chanson pour admettre les
auditeurs attendants ». Un autre nous renseigne sur la disposition de la salle des
concerts, qui était une des pièces de la
propre maison de Baïf, au faubourg Saint-
Marcel ; les exécutants y étaient installés
dans une « niche » et protégés par une barrière que les assistants n'avaient pas le
droit de franchir. Ils étaient tenus de se
réunir tous les jours « pour concerter ce
que chacun d'eux à part aura estudié », et
iuraient de « ne bailler copie aucune des

chansons de l'Académie, à qui que ce soit, sans le consentement de toute leur compagnie » (1).

La question pour nous la plus importante est de savoir si les séances, sous le rapport du répertoire, étaient bien des concerts. Les historiens de la poésie française voudraient les représenter comme des réunions littéraires simplement agrémentées de plus ou moins de musique. Il nous semble cependant que la tentative de Baïf est assez clairement expliquée dans les textes que nous venons de citer : sans être au sens actuel ni purement littéraire, ni exclusivement musicale, elle avait pour but arrêté de susciter la création d'un art nouveau, soi-disant renouvelé de l'antique, qui serait né de l'étroite et indissoluble union des vers mesurés et du chant. C'était bien l'idéal visé par Ronsard, lorsqu'il conseillait aux poètes de disposer leurs pièces de la façon la plus propre « à la musique

(1) Les lettres patentes de Charles IX et le règlement de l'Académie ont été publiés dans la Revue rétrospective, de Taschereau, t. I, p. 102 et suiv. Voyez aussi Sauval, Histoire et recherches des antiquités de Paris, t. II, p. 490 et suiv.; Félibien, Histoire de Paris, Preuves, t. II, p. 832, et Ed. Frémy, Origines de l'Académie française, l'Académie des derniers Valois, p. 18 et suiv.

et accord des instruments, en faveur desquels il semble que la poésie soit née, car
la poésie sans les instruments ou sans la
grâce d'une ou plusieurs voix n'est nullement agréable, non plus que les instruments sans estre animez de la mélodie
d'une plaisante voix » (1).

Orlando de Lassus, Pierre Certon, Claude
Goudimel, Clément Jannequin, Guillaume
Boni, Antoine de Bertrand, P. Clereau,
Nicolas de La Grotte, Claudin Lejeune,
avaient choisi pour textes de quelques-
unes de leurs pièces à plusieurs voix les
sonnets et les odes de Ronsard, les vers
mesurés de Baïf. Il n'est point à douter
que ces œuvres ne fussent la partie principale du répertoire de l'Académie; il n'est
point à douter non plus que, selon l'habitude du temps, leur interprétation y fût
confiée tantôt aux seules voix à l'intention
desquelles les maîtres les avaient notées,
tantôt à des groupes d'instruments divers.
La description que Scévole de Sainte-
Marthe a laissée des séances de l'Académie de Baïf est toute musicale : « ... Il
avoit establi une Académie où les plus
habiles musiciens du monde venoient en

(1) RONSARD, *Abrégé de l'art poétique*. 1565.

trouppe accorder le son melodieux de leurs instruments à ceste nouvelle cadence de vers mesurez qu'il avoit inventée. Le bruit de ces nouveaux et mélodieux concerts esclatta partout de telle sorte que le Roy mesme et tous les princes de la cour les voulurent ouyr ; si bien que, pour se divertir agreablement, ils ne dedaignoient pas de venir souvent visiter nostre Baïf qu'ils trouvoient toujours ou en la compagnie des Muses ou parmy les accords de musique (1). »

Le lecteur auquel seraient inconnus certains aspects de l'histoire de la musique ne doit pas conclure de pareilles descriptions à l'existence au XVIe siècle de compositions à la fois vocales et instrumentales telles qu'en présentent les concerts modernes. Si le mélange des deux genres s'effectuait, ce n'était point par la volonté précise et arrêtée des musiciens créateurs, mais en vertu du hasard, du caprice ou de la nécessité de l'exécution. Autorisés par l'intitulé formel de quelques recueils de chansons, qui étaient dites « convenables tant à la voix comme aux instruments », ou « convenables et propices à jouer de tous instru-

(1) SCÉVOLE DE SAINTE-MARTHE, trad. par Colletet, *Eloges des hommes illustres qui ont fleuri en France*, etc.

ments » (1), les interprètes s'arrogeaient le
droit de doubler et au besoin de remplacer
par des instruments d'une même étendue
musicale une ou plusieurs, ou la totalité
des parties vocales. C'est pour des cas
semblables que Guillaume Morlaye avait
fait paraître en 1554 une réduction en
tablature de luth des psaumes de Certon,
« réservé la partie du dessus qui est notée
pour chanter en jouant ». Il ne s'agissait
donc aucunement, dans ces diverses combinaisons, d'un *accompagnement* au sens
moderne du mot, et la monodie ou chant
solo, soutenue par une *basse* instrumentale,
ne devait naître qu'au XVIIe siècle.

On peut supposer encore, dans les concerts de l'Académie de Baïf, l'emploi d'un
autre genre de musique, plus rapproché de
la littérature : celui d'une déclamation des
vers, appuyée sur les accords espacés et
les vagues dessins d'un luth ou d'une lyre
discrètement pincés. Les documents musi-

---

(1) Ce sont les termes employés par l'imprimeur Tyl-
man Susato, d'Anvers, pour les recueils de chansons
qu'il mit en vente à partir de 1543 ; on trouve des formules analogues chez les éditeurs de Nuremberg, et
rarement chez les Français. Jamais elles ne se rencon-
trent aux titres des recueils de musique religieuse.
Cf. Eitner, *Bibliographie der Musiksammelwerke*, p. 81 et
suiv. et p. 120.

caux manquent pour expliquer ce pro-
cédé, que font assez distinctement entre-
voir les textes (1).

Une complète anarchie régnait dans la
distribution des instruments : pourvu que
telle ou telle voix de la composition polyphonique répondît à son étendue naturelle,
chacun pouvait s'en emparer et se charger
d'un rôle dans des ensembles hétérogènes.
Les maîtres, que ne préoccupait encore
en aucune façon la recherche du coloris et
des combinaisons orchestrales, approu-
vaient eux-mêmes cette habituelle liberté
d'interprétation en publiant leurs pièces
instrumentales dans une forme susceptible
de divers emplois. Les *Livres de danceries*
de Claude Gervaise, « sçavant musicien »,
imprimés par Pierre Attaingnant aux envi-
rons de l'an 1550, sont notés à quatre
partie sur le modèle des œuvres vocales,
et si le frontispice du premier volume avait
spécifié sa destination aux violes, les cinq
livres suivants, aussi bien que celui
d'Etienne du Tertre, qui leur faisait suite,

---

(1) Nous avons publié dans la *Rivista musicale italiana*,
vol. V, 1898, p. 666, un fragment de composition tiré
d'un manuscrit de la fin du xvie siècle, dans lequel un
texte latin d'Ovide, simplement récité, est enveloppé
dans un accompagnement de luth.

ne précisaient plus rien et laissaient les
exécutants libres de mêler toutes les
familles d'instruments (1). Il en est de
même pour les quarante deux pièces contenues dans le recueil des *Fantasies à III,
IV, V et VI parties* d'Eustache du Caurroy, qui passaient pour être « de ses meilleures et plus belles imaginations », et qui
furent publiées comme œuvres posthumes,
en 1610, par le neveu de l'illustre maître de
chapelle de Henri IV (2). C'étaient des
compositions recherchées, écrites dans le
style polyphonique, sur des thèmes choisis
indifféremment dans le répertoire du chant
liturgique et dans celui de la chanson : la
dixième fantaisie, à quatre, est sur *Requiem
æternam*, la quatorzième et la quinzième
sur *Ave maris stella*, la dix-neuvième et la
trente-cinquième sur *Conditor alme side-
rum ;* la dix-huitième et la vingt-cinquième
portent le titre de deux chansons spirituelles ; cinq pièces de suite ont pour
thème *Une jeune fillette*, et la dernière du
livre est écrite sur la chanson *Je suis déshé-
ritée*, que Jean Maillart, Jean Guyon et Pa-

---

(1) La Bibliothèque nationale possède les livres II
à VII de ce recueil précieux.

(2) La partie de basse manque dans l'exemplaire de
la Bibliothèque nationale.

lestrina avaient traitée en messe. L'une
des plus curieuses est le numéro 38, espèce
d'exercice sur les hexacordes, avec cette
légende qui indique chez du Caurroy le
désir de participer d'une façon pratique à
l'étude des questions de théorie qui occupaient alors les savants : « A l'imitation des
six monosyllabes, en laquelle sont contenues les six espèces de diapason (octave),
divisées en la division harmonique et arithmétique. »

Les *Vingt-quatre fantaisies à quatre parties disposées selon l'ordre des douze modes*
par G. Guillet, que Pierre Ballard imprima
en 1610, témoignaient d'une étude analogue ; pour leur classement et « l'applica-
tion du nom propre à chacun mode », le
compositeur disait avoir suivi « ce qu'en-
dit Zerlin, Italien... confirmé par Salinas,
Espagnol... autheurs reconnus d'un chacun tres experimentez en ceste science ».
Quelques mots de la préface destinent en
particulier à l'orgue ces petites pièces
imprimées cependant en quatre parties
séparées, avec les intitulés ordinaires :
dessus, haute-contre, taille, et basse (1).

Ce genre de compositions purement instrumentales, dont ne se souciaient guère les

_____

(1) Bibliothèque nationale.

poètes de la Pléiade, si l'on en juge par les
lignes de Ronsard tout à l'heure citées, dut
occuper peu de place dans les séances de
l'Académie de Baïf, et prendre au contraire une extension plus grande dans
celles de Mauduit, qui en furent la continuation, mais une continuation modifiée.
Jacques Mauduit, greffier des requêtes et
compositeur de grand talent, installa chez
lui après la mort de Baïf des concerts sur
lesquels ne nous sont parvenus que des
renseignements assez vagues : on sait
cependant qu'un nombre très considérable
d'artistes y participaient, que l'équilibre
jalousement maintenu chez Baïf entre la
poésie et la musique y fut rompu au profit
de cette dernière, et que l'épinette et les
violes y furent sinon pour la première fois
employées, du moins, si nous entendons
les textes dans le sens le plus vraisem-
blable, pour la première fois nettement
placées en évidence (1).

(1) SAUVAL, t. II, p. 493. — MERSENNE, *Harmonie universelle*. Première préface générale.

III

ENRI IV, prince populaire, préoc-
cupé du bien-être de ses sujets et
souhaitant que chacun d'eux pût
mettre la poule au pot le dimanche, ne
joua point vis-à-vis des artistes le rôle de
Mécène ou d'amateur intelligent qu'avait
tenu le triste roi de la Saint-Barthélemy.
Louis XIII, dès son adolescence, reprit
en un sens différent les traditions de
Charles IX, et contribua personnellement
à un essor nouveau de tout ce qui touchait
à la culture musicale. En même temps, les
modes d'Italie et d'Espagne, importées en
France par les courtisans de Marie de
Médicis et d'Anne d'Autriche, aidèrent
puissamment à l'extension des divertissements musicaux. Sans parler de la cour,

où le ballet mélangé de poésie, de chant,
de symphonie et de danse, prenait chaque
jour une vogue plus grande et des développements plus considérables, nous voyons
au XVIIe siècle le goût des concerts se
répandre rapidement dans les classes
aisées de la société française.

« On n'était pas un peu honnête homme,
au sens bien connu de ce mot, si, même
dans la bourgeoisie, on ne donnait de
temps en temps collation aux dames avec
les violons, une petite sérénade dans un
jardin ou sur l'eau, un concert plus ou
moins considérable (1). » Mlle de Scudéry
décrit dans le *Grand Cyrus* un concert de
cour, une sérénade à la ville, une musique
organisée dans une promenade à la cam-
pagne (2). D'après Mlle de Montpensier,
« il ne se passait presque point de jour
qu'il n'y eût des sérénades aux Tuileries
ou dans la place Royale (3). » Aux instruments du siècle précédent s'ajoutaient ou
se substituaient les violons, devenus « si
communs », disait le même témoin, que,

---

(1) COUSIN, *La société française au XVIIe siècle*, 4e édit.,
t. II, p. 296.
(2) *Le Grand Cyrus*, t. V, p. 127, et t. VI, p. 1096
et 1103.
(3) *Mémoires de Mademoiselle de Montpensier*, édit. 1746,
t. I, p. 88.

« sans avoir beaucoup de domestiques, »
chaque personne de bon ton pouvait en
compter quelques-uns parmi ses valets (1).
Pour juger mieux encore du rôle que tenait
alors la musique dans les divertissements
de la société élégante, il est aisé de recourir à l'in-quarto que M. de Grenaille,
écuyer, sieur de Chatounières, intitule *Les
plaisirs des dames*, et dans lequel il com-
bine tous les clichés musicaux de la littérature classique avec le galimatias des
précieuses. Les plaisirs des dames sont au
nombre de sept : le bouquet, le cours, le
miroir, la promenade, la collation. le concert, le bal. « Le concert, annonce l'auteur,
vous fera trouver un paradis dans une
vallée de larmes » ; c'est « la plus belle
occasion que la musique ait pour se faire
aimer des dames » ; s'il se donne dans un
jardin, on voit naître de « belles piques
entre les musiciens naturels et artificiels »,
entre l'homme qui « perd l'haleine pour
vaincre le rossignol, et le rossignol qui
perd la vie en crevant à force de chanter » ;
mais « si l'agrément du concert règne dans
les bois et dans les jardins, il ne faut pas
douter qu'il ne se produise plus avantageu-
sement dans ces salles où la majesté

(1) *Mémoires de Mademoiselle de Montpensier*, t. VII, p. 6.

semble céder sa place au plaisir. Comme
elles ne sont point trop vastes pour dis-
siper la mélodie, elles ne sont point trop
petites pour la resserrer plus qu'il ne faut.
Au contraire, elles ramassent le son en
l'épandant de tous costez, et l'épandent en
le ramassant dans l'aureille de toutes les
personnes qui y assistent. » Ailleurs, à la
façon des spectateurs novices que nous
entendons quelquefois louer l'ensemble des
mouvements d'archets dans nos orchestres
modernes, M. de Grenaille appelle « une
espèce de miracle de voir que tant de voix
différentes forment un accord parfait ». Le
talent des cantatrices surtout le jette en
extase : « Quand nous contemplons le
corail de leurs lèvres, nous ne les voudrions
jamais voir ouvertes, mais quand le chant
nous découvre l'yvoire de leurs dents qui
fait retentir l'air qui en sort, nous ne les
voudrions jamais voir fermées. » Puis tout
à coup, il se souvient que son livre a un
but moral, que « nous ne sommes pas dans
un exil pour estre dans une joye parfaite »,
et vite il forme ses derniers alinéas de tout
ce qu'il peut rassembler qui condamne la
musique dans les écrits des païens et des
chrétiens. Quant au contenu musical des
concerts, en quarante-six pages il ne nous
en dit à peu près rien, hormis qu'avec tous

les moralistes, il blâme « la matière des
airs, non pour ce qu'elle est poétique, mais
pour ce qu'elle est quelquefois impure » (1).
La musique instrumentale elle-même en-
courait en ce temps le même reproche de
la part du P. Mersenne, qui se désolait de
voir les joueurs de luth et de tous autres
instruments délaisser les cantiques divins
et les airs spirituels pour n'exécuter que
des airs à danser, et « entonner ainsi la
vanité dans le cœur par les oreilles » (2).

Le digne religieux aurait pu incriminer
de ce résultat le ballet de cour, dont l'influence s'étendait jusqu'aux plus modestes
réunions musicales. Les petites pièces
vocales qui s'y mêlaient aux vers récités
et aux danses se prêtaient facilement à
plusieurs genres d'interprétation, et les
éditeurs Pierre et Robert Ballard en multipliaient l'un après l'autre les éditions sans
parvenir à lasser l'avidité du public. Pierre
Ballard se vantait, en publiant les *Airs de
cour* de Guedron, de les lui avoir « tirés
des mains pièce à pièce » par ses « impor-
tunités », pour satisfaire « une infinité de

<hr>

(1) DE GRENAILLE, sieur de Chatounières, *Les plaisirs
des dames*, 1641, p. 278-324.

(2) MERSENNE, *Harmonie universelle*, première préface
générale.

personnes qui les désiroient passioné-
ment » (1). Même chose pour Antoine
Boësset : les airs de son neuvième livre
circulaient en mauvaises copies, « des-
guisez et defigurez » par « l'impatience »
des amateurs, lorsqu'enfin Robert Ballard,
l'ayant fait « presser jusqu'à la violence
par des personnes de considération »,
obtint pour les imprimer la permission de
l'auteur (2). Des livres semblables d'E-
tienne Moulinié, de Gabriel Bataille, de
François Chancy, de Jean de Cambefort,
paraissaient en même temps, ainsi que des
recueils d'airs de cour de différents auteurs, où se réunissaient les noms de tous
les maîtres à la mode. Les Ballard les
publiaient à la fois en parties vocales
séparées, pour être chantés à quatre ou
cinq voix, et en arrangement à voix seule
avec accompagnement de luth (3). Presque tous les morceaux qui remplissaient

(1) *Troisième livre d'airs de cour à quatre et cinq parties*,
par Pierre Guedron, 1618(Bibl. nat., la partie de dessus).

(2) *Neuvième livre d'airs de cour à quatre et cinq parties*,
par Anthoine de Boësset, **1642** (Bibl. nat., la partie de
dessus).

(3) *Airs de cour de différents auteurs*, livres I à VIII,
1615-1628 (Bibl. nationale) — *Airs de cour de différents
auteurs mis en tablature de luth par eux-mesmes*, neuvième
livre, 1623 (Bibl. nat. et Bibl. du Conservatoire).

ces volumes avaient eu pour destination
première un ballet, et les instrumentistes
puisaient à la même source leurs *entrées*,
leurs *courantes*. leurs *allemandes*, toutes
leurs petites symphonies en rythmes de
danse (1).

Cette vogue exclusive avait relégué dans
l'oubli l'ensemble des œuvres des époques
précédentes, même très rapprochées ;
comme les gens très jeunes, qui regardent
seulement l'avenir et ne se retournent pas
encore vers le passé, la musique vivait au
jour le jour, et ne se connaissait de
richesses que celles qui venaient d'éclore.
Les vieux praticiens, qui avaient vu se
succéder, avec plusieurs générations d'artistes, plusieurs transformations du répertoire, constataient le fait sans songer à s'en
étonner : « S'il est vray, dit Pierre Maillart dans son traité des *Tons,* que le temps
nous apporte toujours quelque chose de
nouveau, certes il semble que cela doit surtout trouver lieu en la musique, en laquelle

---

(1) Toutes ou presque toutes les pièces du livre de
luth de R. Ballard (Bibl. Mazarine) avaient été composées pour des ballets. — Le deuxième volume de la
collection Philidor (ms de la Bibl. du Conservatoire de
musique) contient des morceaux joués dans les ballets
de cour sous Henri IV et Louis XIII.

rien n'est estimé bon s'il n'est nouveau...
Les musiciens mesmes d'un mesme temps
et d'un mesme pays, sont si différents
entre eux, qu'il n'y a si petit compagnon
qui ne tâche d'avoir quelque air ou quelque grace particulière par laquelle il puisse
estre recogneu et distingué des autres, tant
sont les nouveautez cherchées en la musique... (1) » Cette émulation de jour en
jour plus active contribuait aux progrès de
l'exécution non sans l'engager déjà sur la
voie dangereuse de la virtuosité. Chanteurs
et instrumentistes, en s'éloignant des principes de l'art polyphonique, s'efforçaient
de briller individuellement par la souplesse
de leur voix ou de leur jeu, par l'abondance
et la légèreté des ornements dont ils commençaient à surcharger les mélodies désormais détachées de l'ensemble harmonique.
Ils ne rencontraient pas que des admirateurs. Si d'un côté le P. Mersenne se montrait fort enchanté, disant : « Le jeu de nos
devanciers n'avoit pas les mignardises et
les gentillesses qui embellissent le nostre
par tant de diversitez » (2), d'autres écri-

(1) Pierre MAILLART, *les Tons, ou discours sur les modes
de mnsique*, 1610, p. 150, 151.

(2) MERSENNE, *Harmonie univ.*, *Traité des instruments à
cordes*, livre second, p. 79.

vains critiquaient assez vivement les abus de la méthode nouvelle : « La belle forme, dit René François, estoit jadis fort simple, car peu de chordes, la simplicité et gravité, estoient l'excellence de la musique ; ils n'aimoient point ces chansons fretillardes, ces fredons sur fredons, ces voix forcées qui se guindent jusqu'au ciel, et se precipitent jusqu'aux abymes d'enfer, devalant par mille crochets, desfigurant le visage au hazard de perdre l'haleine et la vie, et mille telles singeries qu'ils ne pouvoient souffrir » (1). — Et Jean Denis reproche aux organistes de « tant remuer et fretiller les doigts » qu'ils amènent « confusion et brouillis » des consonances et des mouvements, tandis qu'en plus les joueurs d'épinette se rendent encore ridicules par leurs attitudes (2).

Le P. Mersenne, qui était un savant et un curieux beaucoup plus qu'un artiste, trouvait encore à critiquer sous un autre point de vue les réunions musicales : « Toutes les assemblées de concerts, dit-il, se font seulement pour chanter, au lieu que

---

(1) René François [Etienne Binet], *Essay des merveilles de nature*, 1621, p. 479.

(2) Jean Denis, *Traité de l'accord de l'épinette* 1650, p. 38-39.

de deux ou trois heures que l'on employe à
cet exercice, plusieurs honnestes hommes
desireroient qu'on prît la moitié de ce
temps pour discourir des causes qui rendent les pieces de la composition agrea-
bles, et qui font que de certaines transi-
tions d'une consonance à l'autre, et de
certains meslanges de dissonances sont
meilleurs les uns que les autres » (1). L'in-
génieux écrivain eût sans doute développé
volontiers dans ces belles occasions quelques-uns des singuliers discours qui alternent dans ses livres avec les plus utiles
chapitres (2). Sa critique sert du moins à
nous apprendre que les *assemblées de concerts* étaient chose commune en son temps.
Le mot *concert* revient souvent sous sa
plume, et dans son *Harmonie universelle*,
plusieurs propositions sont destinées à
expliquer la constitution des diverses
familles instrumentales, ainsi que « la
manière d'en faire des concerts » ordinairement formés de cinq patrons différents
d'un même instrument, susceptibles d'exécuter les cinq parties d'une composition

(1) MERSENNE, *Harmonie universelle*, première préface
générale.

(2) Combien l'on peut faire de chants différents avec
six notes, en gardant la même mesure ; — comment
l'ânesse de Balaam et le serpent d'Eden ont parlé, etc.

harmonique, depuis la basse jusqu'au dessus. Les concerts de hautbois sont propres
pour les grandes assemblées, les ballets,
les noces, les fêtes de villages, les réjouissances publiques, « à raison du grand
bruit qu'ils font ». La « capacité des violes
dans les concerts » réclame des pièces
« plus tristes et plus graves » que les
violons, et « dont la mesure soit plus
longue et plus tardive ». Ce n'est pas tout à
fait le sens dans lequel tous les compositeurs les emploient, car les trente-six *Fantaisies* de Nicolas Métru, par exemple, con-
fient à deux violes nombre de thèmes fort
gais et qui ressemblent à des danses ou à
des chansons, uniformément rythmées dans
la mesure à C barré (1).

Pierre Trichet, dont le traité inédit n'est
postérieur que de deux ou trois années à
l'*Harmonie universelle,* se fait l'écho des
amateurs de son temps en préférant aux
symphonies des violons celles des violes :
« Les violes, dit-il, sont grandement propres
pour les concerts de musique, soit qu'on

---

(1) *Fantaisies à deux parties pour les violles,* composées par
N. Métru, natif de Bar-sur-Aulbe en Champagne,
demeurant à Paris. A Paris, par Robert Ballard, 1642
(Bibl. Sainte-Geneviève). — D'après Gantez (*L'entretien
des musiciens,* 1643, édit. Thoinan, p. 119). Métru était
au service des jésuites, à Paris.

les veuille mesler avec les voix, soit qu'on
les veuille joindre aux autres sortes d'instruments : car la netteté de leur son, la
facilité de leur maniement et la douce harmonie qui en résulte faict qu'on les employe plus volontiers que les autres instruments : aussi faut-il advouer qu'après les
voix humaines excellentes, il n'y a rien de
si charmant que les mignards tremblements qui se font sur le manche, et rien de
si ravissant que les coups mourants de
l'archet(1). » Les concerts de violons attiraient l'admiration par d'autres mérites :
« Ceux qui ont entendu les vingt-quatre
violons du Roy, dit le P. Mersenne, ad-
vouent qu'ils n'ont jamais rien ouï de plus
ravissant ni de plus puissant (2) » ; et ce
n'était pas chose rare que de les entendre,
même en dehors de la cour, car le Roi ou
la Reine faisaient parfois aux personnes de
leur entourage la gracieuseté de les leur
envoyer pour un repas ou une sérénade, et,
moyennant finance, de simples particuliers
obtenaient qu'ils vinssent jouer dans les

---

(1) *Traité des instrumens de musique*, par Pierre Trichet,
Bourdelois (vers 1638). Manuscrit de la Bibl. Sainte-
Geneviève, fol. 107-r°.

(2) MERSENNE, *Harmonie universelle*, *Traité des instrumens
à chordes*, livre IV, p. 177.

fêtes qu'ils donnaient (1). La bande était composée de six dessus, six basses, quatre hautes-contre, quatre tailles et quatre quintes de violon ; elle exécutait, à cinq et à six parties, des airs de danse et des pièces sérieuses dans le style canonique, pareilles au morceau célèbre de Louis Constantin, *La Pacifique*, qui est daté de 1636 (2). Le fameux Jacques Cordier, dit Bocan, se plaisait bien à décrier le jeu des vingt-quatre violons, qu'il rabaissait au niveau de simples ménétriers (3) ; mais comme il était lui-même, en même temps que joueur de violon, maître à danser, qualifié de « balladin » sur les Etats de la maison du Roi, son témoignage nous est suspect, et nous n'osons placer haut ni son talent, ni celui de ses rivaux.

---

(1) *Mémoires de Mademoiselle de Montpensier*, édit. 1746, t. I, p. 68. — BONNEAU-AVENANT, *La Duchesse d'Aiguillon*, page 346. — *Journal de la Fronde*, manuscrit de Dubuisson-Aubenay, à la date du 16 juin 1649 (Bibl. mazarine). — CHÉRUEL, *Dictionnaire des institutions de la France*, p. 1261.

(2) Il se trouve dans le tome I de la collection manuscrite de Philidor, à la Bibl. du Conservatoire de musique.

(3) SAUVAL, *Hist. et recherches des antiquités de Paris*, t. I, p. 329.

IV

U<small>N</small> document très obscur et très sommaire nous enseigne l'existence en 1642 du « Concert de la musique almérique », auquel participaient des chanteurs des deux sexes et qui était destiné à propager ou à expérimenter les inventions musicales d'un très actif amateur. Champenois d'origine, né à Chaumont-en-Bassigny vers 1571, habitant alternativement Toulouse et Paris, Jean Lemaire consacrait sa fortune et le meilleur de son temps au projet du canal des deux mers, par les rivières d'Aude et de Garonne, et ses loisirs à de nombreux essais musi-

caux (1). Le P. Mersenne lui attribue
l'introduction de la syllabe *za* pour arriver
à la solmisation sans muances (2), Michel
de Marolles l'invention de l'*almérie*, variété
de luth dénommée par l'anagramme de
son nom (3); il était enfin l'auteur d'un
système nouveau et bizarre de notation
sans portée, décoré pareillement du nom
d'almérien ou almérique (4), et par le
moyen duquel est gravée à quatre voix,
sur une seule grande feuille, une pièce de

(1) Ces renseignements biographiques sont donnés
par le P. Mersenne dans une de ses lettres à Peiresc
(du 17 novembre 1636), qu'a publiées Ph. Tamizey de
Laroque dans la *Revue historique et archéologique du Maine*,
t. XXXV, p. 193. — Voyez aussi l'article Lemaire dans
la *Nouvelle Biographie gén.* Didot, t. XXX, p. 560.

(2) MERSENNE, *Harmonie universelle*, livre des consonances, p. 342. D'autres musiciens avaient antérieure-
ment à Lemaire proposé et essayé l'introduction d'une
septième syllabe.

(3) Discours sur l'excellence de la ville de Paris (1657),
dans les *Mémoires* de Michel de Marolles, 2e édit., 1755,
t. III, p. 206.

(4) C'est évidemment de cette notation que parle
Constantin Huygens dans une lettre au P. Mersenne, du
26 août 1639 : « Pour l'Almerien, vous m'y donnez un
» peu plus de pour que par le passé : mais je voy, que
» sans le veoir, on n'y verra goutte. Il fault attendre
» quel progrez l'usage y donnera. » (*Correspondance et
œuvres musicales de Constantin Huygens*, publ. par Jonck-
bloet et Land, p. 7.)

poésie et de chant intitulée : « Estrennes
pour Messieurs et Dames du Concert de
la Musique almérique, présentées par
M. Gouy, premier professeur en icelle, en
l'année 1642 » (1). Un chercheur plus heureux découvrira le sens de cette notation,
que nul traité à notre connaissance ne
cite ; le même compositeur Jacques de
Gouy, chanoine d'Embrun, va précisément
nous fournir d'utiles renseignements sur
d'autres concerts, beaucoup plus impor-
tants, de la même période.

C'est dans la préface de son livre d'*Airs
à quatre parties sur la paraphrase des
psaumes*, de Godeau (2), que Jacques de
Gouy décrit les « concerts spirituels » donnés avant 1650 dans la maison de Pierre
de Chabanceau de La Barre. Il en parle
comme des *premiers concerts* qui aient eu
lieu à Paris. Nous ne pouvons, après ce
que nous avons essayé de montrer dans les
pages précédentes, prendre à la lettre cette
affirmation ; peut-être cependant de Gouy

(1) Cette feuille gravée est reliée à la fin d'un recueil
manuscrit de Dubuisson-Aubenay, concernant l'arithmétique et les horloges (Bibl. Mazarine, ms. 4401).

(2) Bibl. nationale, exemplaire complet en quatre
parties séparées. — Edm. Vander Straeten a reproduit
cette préface dans sa notice sur Jacques de Gouy, 1863,
in-8º.

avait-il raison en un sens; peut-être les séances de La Barre, dont il ne nous a pas expliqué l'organisation matérielle, ont-elles inauguré le régime des concerts publics et payants. Quoi qu'il en soit, son récit doit être lu en entier :

« Les premiers concerts, dit-il, furent faits chez M. de La Barre (1), organiste du Roy, qui n'excelle pas seulement dans la composition des instruments, mais encore en celle des voix, sans parler de la manière incomparable dont il se sert à bien toucher

---

(1) Pierre de Chabanceau, écuyer, sieur de La Barre, avait le titre d'organiste ordinaire de la chapelle de musique du Roi et de la Reine. Il mourut à Paris et fut inhumé à Saint-Germain-l'Auxerrois, le 31 mars 1656. — Fils de Pierre de Chabanceau de La Barre, organiste de l'église de Paris (Notre-Dame), il eut lui-même six enfants, dont trois sont mentionnés dans la préface de J. de Gouy : Joseph, qui devint organiste du Roi et fut pourvu d'un bénéfice, l'abbaye de Saint-Hilaire, près Narbonne, ce qui lui valut d'être surnommé quelquefois l'abbé de La Barre; il est l'auteur d'un recueil d'*Airs avec les seconds couplets en diminution*, publié chez Ballard en 1669; — Charles-Henri, qui fut joueur d'épinette de la Reine; — Anne, cantatrice très estimée, qui fit en 1653, avec un de ses frères, un essai de séjour chez la reine Christine de Suède et revint occuper à Paris son poste dans la musique du Roi; elle épousa un sieur Coquerel. Voyez *Correspondance et œuvres musicales de Const. Huygens*, lettres XXI et suiv., et l'article de Ernest Thoinan sur les de La Barre, dans *Le Moliériste*, n° 102, septembre 1887.

l'orgue, l'épinette et le clavecin, que toute
l'Europe a ouy vanter, et que tout l'Univers seroit ravi d'entendre. C'est là où
MM. Constantin, Vincent, Granouilhet,
Daguerre, Dom, La Barre l'aisné et son
frère Joseph ont fait des merveilles qui
n'ont point d'exemple, et surtout Mademoiselle de La Barre, que Dieu semble
avoir choisie pour inviter à son imitation
toutes celles de son sexe à chanter les
grandeurs de leur Createur, au lieu des
vanitez des creatures. ... La renommée de
ces concerts spirituels, que Madame la
duchesse de Liancour et Madame sa sœur
la duchesse de Schomberg, appellent des
secondes Vespres, fut si célèbre, que cela
obligea plusieurs Archevesques, Evesques,
Ducs, Comtes, Marquis, et autres personnes tres considerables, à les honorer de
leur présence. »

Le bon chanoine n'omet pas de mentionner la place faite dans les programmes
à quelques-unes de ses pièces. En termes
plus vagues, il parle « d'autres concerts
qu'on m'a fait l'honneur d'assembler ailleurs. MM. Bertaut, Lazarin, Hautement,
Henry et Estier y ont tellement excellé,
qu'il est impossible de pouvoir mieux
faire. » Mais il écorche à peu près tous les
noms des musiciens dont il fait l'éloge, et

c'est à nous de reconnaître dans ses listes,
auprès du *Roi des violons*, Louis Constantin (1), et de Vincent, musicien du duc
d'Angoulême, désigné par Gantez comme
« l'un des plus fameux et aflamez maistres
de Paris » (2), — Jean de Granouilhet, sieur
de Sablières, intendant de la musique du
duc d'Anjou, depuis duc d'Orléans (3). —
Michel de La Guerre, organiste de la
Sainte-Chapelle (4), — Louis Donc et Blaise
Berthod, tous deux chantres ordinaires de

---

(1) Louis Constantin était déjà en 1619 l'un des vingt-
quatre violons ordinaires de la chambre du Roi. Il fut
investi par lettres patentes du 12 décembre 1624 de
« l'estat et office de Roy et maistre des menestriers et
de tous les joueurs d'instruments tant haut que bas du
royaume ». Son acte d'inhumation à Saint-Sulpice est
du 25 octobre 1657.

(2) Vincent, dont on trouve quelques pièces dans les
livres d'*Airs de cour de différents auteurs*, était luthiste et
enseignait, dit Mersenne, « tant à chanter qu'à composer ».

(3) Il occupa ce poste depuis 1652. Il fut le collabora-
teur de Perrin pour un grand nombre d'airs français et
de cantiques latins dont on ne possède plus que les paroles, et de Guichard pour un opéra, les *Amours de
Diane et d'Endymion*, joué à la cour en 1671. — Voyez
Nuitter et Thoinan, *Les origines de l'opéra français*, passim.

(4) Reçu organiste de la Sainte-Chapelle le 1er janvier 1633, Michel de La Guerre mourut au mois de
mars 1678.

la chambre du Roi (1), — le violoniste Lazarin, rival de Constantin (2), — l'excellent
joueur de basse de viole Hotman, en même
temps compositeur, appelé « l'unique de
Paris pour la viole » (3), — Henry le jeune,
qui avait la spécialité d'écrire des pièces
pour les concerts de hautbois ou de cor-
nets (4), — tous arrivés, au dire de leurs
contemporains, au dernier degré de perfection que l'on pût alors soupçonner
dans le chant français et le jeu des instruments.

Nous ignorons si les concerts de La
Barre, que de Gouy fréquentait en 1650,

---

(1) Blaise Berthod, déjà chanteur de la chapelle du
Roi en 1634, reçut une chapellenie à la Sainte-Chapelle
en 1639. Son acte de décès, du 27 décembre 1677, le
qualifie doyen de la musique du Roi, prieur de Parthenay
et abbé de Bois-Aubry.

(2) Lazarin, qui avait le titre de compositeur de la
cour, mourut en 1653.

(3) Loret parle de la mort d'Hotman dans sa *Muze
historique*, à la date du 14 avril 1663. L'année suivante,
Ballard fit paraître les *Airs à boire à trois parties de feu
M. Hautmann*. (Bibl. nat. la partie de basse).

(4) On en trouve plusieurs échantillons dans l'*Har-
monie universelle* du P. Mersenne, Traité des instruments.
— Michel Henry l'aîné et Jean Henry faisaient tous
deux partie de la bande des vingt-quatre violons sous
Louis XIII. Ils étaient vraisemblablement les fils de
Michel Henry, musicien du Roi en 1587.

se prolongèrent jusqu'à la mort de leur fondateur (1656) ou jusqu'au départ d'Anne de La Barre pour la Suède (1653) ; mais de Gouy nous a parlé en même temps d'autres réunions similaires, et l'on peut joindre à son témoignage celui de Christian Huygens, qui, dans ses lettres de voyage à Paris, en 1655, mentionne « l'assemblée des Honnestes Curieux », instituée par le claveciniste Jacques Champion de Chambonnières, et les séances de musique vocale de Michel Lambert et de Mlle Hilaire, sa belle-sœur, qui se faisaient admirer ensemble dans des « dialogues » (1). Presque en la même année, Michel de Marolles, dans son discours « de l'excellence de la ville de Paris », passe en revue les musiciens qu'il a connus et cite les

---

(1) *Œuvres de Christian Huygens*, Correspondance, tome I, lettres n°s 236 et suiv. — Sur J. Champion de Chambonnières, voyez l'étude de M. Henri Quittard dans la *Revue internationale de musique*, des 15 septembre et 1er octobre 1898. — Sur Michel Lambert, voyez Fétis, *Biogr. univ. des musiciens*, t. V, p. 175, et Jal, *Dictionnaire critique de biogr. et d'histoire*, p. 732. — Mlle Hilaire Dupuy, que l'on appelait simplement Hilaire, était née en 1625; elle chantait encore en 1673 dans les ballets de la cour et les réunions privées. Sa sœur, Gabrielle Dupuy, avait épousé Lambert en 1641. Voyez Jal, p. 683, et Mme de Sévigné, lettre du 6 novembre 1673.

chanteurs Moulinié, Justice, Lambert (1),
les luthistes Mezangeau, Le Bret, Gaultier,
Marandé, Blancrocher et Desforges (2),
les organistes et joueurs d'épinette La
Barre, Chantelouse (lisez Titelouze), Chambonnières, Henri Dumont et Monard (3).
« La mandore de Faverolles, ajoute-t-il, a
été entendue avec étonnement, aussi bien
que celle de feu M. de Belleville, et plusieurs ont été ravis de la poche et du
violon de Constantin et de Bocan, de la
viole d'Otman (Hotman), et de Mogar (4),
de la musette de Poitevin, de la flûte

(1) Nous trouvons Antoine Moulinié sur les états de la
musique du Roi et de la Reine, comme chanteur basse,
en 1619-1658. Il était le frère du compositeur Etienne
Moulinié, qui lui dédia son quatrième livre d'*Airs de
cour*, en 1633. — Nicolas Justice, chanteur taille de la
musique du Roi dès 1619, figure en 1632 parmi les
solistes des ballets de la cour.

(2) Nous renvoyons pour les luthistes à nos articles de
la *Rivista musicale italiana*, vol. V et VI.

(3) Sur Jean Titelouze, voyez l'étude de M. André
Pirro dans la *Tribune de Saint-Gervais*, année 1898, et
le t. I des *Archives des maitres de l'orgue*, de M. Alexandre
Guilmant. — Henri Dumont, en 1657, était organiste
du duc d'Anjou et de l'église Saint-Paul.

(4) Ernest Thoinan a placé une notice sur Maugars
en tête de sa réédition du petit écrit de ce musicien :
*Responce faite à un curieux sur le sentiment de la musique
d'Italie.*

douce de La Pierre, et du flageolet d'Os-
teterre (Hotteterre) » (1). Citant enfin
« quelques dames qui ont aimé la musique
des voix et des instruments », il associe au
souvenir de plusieurs simples amateurs
les noms de Mlles de La Barre, Hilaire et
Bony, toutes trois cantatrices de la musique du Roi (2).

(1) La Pierre et trois Hotteterre frères étaient joueurs
d'instruments à vent dans la musique du Roi. — Voyez
Ernest Thoinan, *Les Hotteterre et les Chédeville,* Paris,
1894, in-4°.

(2) *Mémoires de Michel de Marolles,* 2e édit., t. III,
p. 206 et suiv.

V

E nombre et la vogue des auditions musicales ne pouvaient qu'aug- menter pendant la seconde moitié du XVIIᵉ siècle, à mesure que le développe- ment naturel de l'art serait accru et dirigé par l'influence de Louis XIV. On ne saurait, en effet, toucher par aucun côté l'histoire de la musique française sous son règne sans apercevoir les traces de sa volonté souve- raine. La création de la tragédie lyrique réalise au théâtre ses désirs de luxe, de grandeur et de majesté ; c'est par son « exprès commandement » que la musique d'église se transforme et s'altère en adjoi- gnant l'orchestre aux voix et en rappro- chant la forme de ses « motets à grand chœur » de celle de l'opéra. Ses concerts ne

sont plus, comme ceux de Louis XIII, des
amusements d'amateur couronné, où le Roi
chante et fait chanter les petits airs qu'il
compose; Louis XIV veut bien encore
faire admirer dans des entrées de ballets la
grâce et la beauté de sa personne auguste :
il s'interdit la fantaisie, moins noble à son
gré, de toucher sa guitare et de se mêler à
des chœurs de musiciens. Il daigne accorder aux exécutants, aux compositeurs qui
ont l'honneur de jouer en sa présence ou
de lui dédier très humblement leurs
œuvres, des éloges dans lesquels une poli-
tesse exquise souligne plus qu'elle n'efface
la distance des rangs. Il leur donne aussi
des « marques de sa libéralité » ; mais il
entend commander, là comme ailleurs. On
lui présente un enfant, le petit Forqueray,
qui joue de la basse de violon : le Roi
ordonne « qu'on lui fist apprendre à jouer
de la basse de viole » (1); La Lande écrit
pour les divertissements de la cour de
petites pastorales, de petites suites instrumentales. Louis XIV le fait loger dans son
château, pour pouvoir plusieurs fois le
jour aller le voir travailler, et l'obliger

---

(1) *Mercure galant,* avril 1682, p. 332. — Il s'agit
d'Antoine Forqueray, dont le nom reparaîtra dans la
suite de cette étude.

à retoucher et recommencer ses morceaux, jusqu'à ce que lui, le Roi, en soit content (1). Surtout, il augmente sans cesse en nombre son corps de musique ; les flatteurs lui disent que « sa gloire n'y paraît pas moins que dans ses armées »; les badauds comptent avec admiration quatre-vingts, « six-vingts » chanteurs et instrumentistes serrés dans une tribune ; les gens âgés ou chagrins croient distinguer un symptôme de décadence dans cet avénement de l'orchestre :

> Grand en tout, il veut mettre en tout de la grandeur,
> La guerre fait sa joie et sa plus forte ardeur ;
> Ses divertissements ressentent tous la guerre :
> Ses concerts d'instruments ont le bruit du tonnerre,
> Et ses concerts de voix ressemblent aux éclats
> Qu'en un jour de combat font les cris des soldats (2).

Il y a concert ou spectacle presque quotidiennement à la cour. Les soirs d' « appartement », on exécute des actes entiers d'opéra ; les autres jours, dans sa chambre ou son cabinet, Louis XIV fait jouer isolément quelques-uns de ses musiciens, ou donne en quelque sorte audience

---

(1) Biographie de La Lande, en tête du tome I de ses *Motets*.

(2) LA FONTAINE, Epître à M. de Niert sur l'Opéra (1677), dans ses *Œuvres complètes*, édit. des Grands écrivains de la France, t. IX, p. 157.

à des artistes étrangers : donna Anna Car-
riata, cantatrice romaine ; Jean-Paul Westhoff, violoniste de l'électeur de Saxe, un
« trompette anglois » qui sonne « les plus
beaux airs du monde », mais dont le nom,
trop difficile à orthographier, est prudemment omis par le rédacteur du *Mercure* (1).
Chez Mᵐᵉ de Montespan, en 1675, « il y a
des concerts tous les soirs » (2); chez
Mᵐᵉ de Maintenon, en 1704, on entend
journellement de Visée, Descoteaux, Forqueray, Buterne (3). Pendant le souper du

(1) Voyez le *Journal* du marquis de Dangeau, édit.
Soulié et Dussieux, t. I, pp. 297, 332; t. II, p. 70, etc.;
le *Mercure galant,* avril et décembre 1682, janvier 1683,
octobre 1714, etc., et, sur Westhoff, un article de Henri
Lavoix dans la *Chronique musicale,* t. I, p. 169.

(2) Lettre de Mᵐᵉ de Sévigné du 7 août 1675.

(3) DANGEAU, t. X, p. 161, 428. — Robert de Visée,
guitariste et théorbiste, avait dédié au Roi, en 1682 et
1686, deux livres de pièces de guitare; il faisait partie
de la musique de la chambre du Roi, et avait son fils
pour survivancier. — René Pignon Descoteaux, longtemps flûtiste de la musique de la chambre, reçut à titre
de retraite, en 1716, un brevet d' « huissier avertisseur
des ballets du Roi ». Il vivait encore en 1723, âgé de
soixante-dix-neuf ans, logé au Luxembourg et s'occupant de fleurs avec passion. — Antoine Forqueray,
celui même auquel Louis XIV avait ordonné d'apprendre la basse de viole, était devenu sur cet instrument le
rival de Marais. — Jean Buterne occupait un des quatre
postes d'organiste de la chapelle du Roi depuis 1680.
Il reçut en 1712 un brevet de pension de 600 livres.

Roi, il y a des symphonies (1); des gondoles
chargées de musiciens le suivent dans ses
promenades sur les pièces d'eau de Versailles; sur le grand escalier du château,
les vingt-quatre violons jouent. Les auditions ne sont pas suspendues par les dépla-
cements de la cour : un concert à Saint-
Germain, en 1678, sous la direction de
Jean-Baptiste Boesset, nécessite une dépense de 2,766 livres dix sous, qui représente, avec le salaire extraordinaire des
« concertans », les frais de leur nourriture
et le paiement des carrosses qui les ont
amenés de Paris, ainsi que « le grand clavecin du Roy » (2).

Tous les types du concert, depuis le dialogue d'une flûte et d'une guitare jusqu'à
celui d'un double chœur et d'un orchestre,
sont donc proposés à l'admiration publique, à l'imitation des artistes et des particuliers. Chacun choisit le modèle à sa
portée. Les princes donnent chez eux

---

(1) Les manuscrits de Philidor et de La Lande, à la
Bibliothèque du Conservatoire de musique, contiennent
des morceaux pour le souper du Roi. Une série de ces
pièces de La Lande a été exécutée le 3 mars 1896, sous
la direction de M. V. d'Indy, dans l'un des Concerts
historiques donnés à la Galerie des Champs-Elysées.

(2) *Archives hist., artist., et littér.*, t. II, 1890-1891,
p. 463.

l'opéra et les violons; Mlle de Guise tient à
ses gages un corps de musique nombreux
et très renommé. M. de Malebranche, conseiller au Parlement de Paris, fait exécuter
une fois la semaine en sa maison, pendant
l'été de 1689, une pastorale, les *Bergers
heureux*, paroles de M. de Tonti, musique
de Martin, précédée d'un prologue à la
louange du Roi (1). En 1700, M. de Colli-
gnon, « jeune homme dont les compositions en musique sont fort approuvées des
connoisseurs, fait des concerts chez lui, et
il trouve toujours dans ses assemblées
grand nombre de personnes de distinction » (2). C'est un luxe obligé, dans la
bonne compagnie, que d'offrir à jour fixe de
la musique à ses amis, et dans le *Bourgeois
gentilhomme*, M. Jourdain s'entend dire par
le maître de musique : « Il faut qu'une personne comme vous, qui êtes magnifique et
qui avez de l'inclination pour les belles
choses, ait un concert de musique chez soi
tous les mercredis ou tous les jeudis... Il
vous faudra trois voix, un dessus, une
haute-contre et une basse, qui seront
accompagnées d'une basse de viole, d'un
théorbe et d'un clavecin pour les basses

(1) *Mercure galant*, septembre 1689, p. 21 et suiv.
(2) *Idem*, juillet 1700, p. 109.

continues, avec deux dessus de violon pour jouer les ritournelles (1). »

Comment les amateurs français qui ne pouvaient prétendre à pénétrer chez le Roi ni s'offrir dans leur propre demeure le coû-teux plaisir d'un concert, arrivaient-ils à jouir par l'audition des œuvres musicales? Les écrivains modernes qui ont connu telle ou telle « assemblée de concerts » du XVIIe siècle, les ont dépeintes comme des réunions privées, où il était possible d'être facilement admis, pourvu que l'on fît « pro-fession de se connaître en musique » (2). Devons-nous supposer les artistes de ce temps assez fortunés et assez magnifiques pour pouvoir gratuitement régaler leurs concitoyens de séances périodiques, don-nées par invitations? Un document judi-ciaire concernant le joueur de basse de viole Antoine Forqueray nous montre bien dans cet usage une espèce de réclame, un moyen de recruter des élèves : « pour s'attirer pratique, il faisoit des con-certs » (3). L'explication ne nous satisfait

(1) MOLIÈRE, *Le Bourgeois gentilhomme,* acte II, scène I.
(2) H. QUITTARD, *J. Champion de Chambonnières,* dans la *Revue internationale de musique,* t. I (1898) p. 722.
(3) *Mémoire pour Messire François de Picon.... contre Antoine Forqueray,* etc. Manuscrit de la collection Thoisy, Bibl. nat., vol. 95. — Sur Forqueray, voyez plus loin, dans ce même chapitre.

pas encore complètement, et sans pouvoir, il est vrai, soutenir notre opinion
d'aucun document précis, nous sommes
persuadé que les habitués des concerts
mentionnés par les rédacteurs de gazettes
ou de mémoires sous le règne de Louis XIV
contribuaient, comme au siècle précédent
les auditeurs de l'Académie de Baïf, par
quelque « honneste loyer » aux frais multi-
ples des séances.

Les volumes mensuels du *Mercure
galant* contiennent de fréquentes descriptions de réunions musicales à demi privées,
à demi ouvertes. En 1678, ce sont les concerts que le luthiste Dessanssonières
« donne toutes les semaines à ses amis et à
ceux qu'ils veulent mener chez lui (1) », et
les auditions d' « une manière de petit
opéra » que vient de composer Louis de
Mollier sur le sujet de la délivrance d'Andromède, et qu'il fait entendre « en concert
chez lui tous les jeudis depuis six semaines.
Les assemblées y sont toujours plus illustres que nombreuses, le lieu estant trop
petit pour contenir tous ceux qui viennent
y demander place »; la fille de Mollier,
mariée au luthiste Léonard Itier, chantait
le rôle d'Andromède, et M. de Longueil,

---

(1) *Mercure galant,* mars 1678, p. 260.

« un des meilleurs maistres que nous ayons
pour apprendre à bien chanter », celui de
Persée; le clavecin était tenu par « la merveille de nostre siècle, la petite Mlle Ja-
quier », plus tard célèbre sous le nom
d'Elisabeth Jacquet de La Guerre (1).

Quelques mois plus tard, le *Mercure* fait
l'annonce formelle des concerts du guitariste Medard : « Vous donnerez avis, s'il
vous plaist, à tous vos amis de province
qui viendront icy, qu'ils pourront prendre
part à un fort agreable concert de guitarres, que M. Medard va faire chez lui
tous les quinze jours. Il a donné au public
un livre gravé de ses pièces, et les plus fins
connaisseurs tombent d'accord qu'il a
trouvé le plus beau caractère de cet instrument. Ce concert sera diversifié par le
dialogue suivant qui se chantera. Il est sur
le sujet de la paix. M. Fleury de Châteaudun l'a mis en musique, et M. Medard, qui
en a fait les paroles, y a meslé ses instruments, comme je vous le vais marquer. »
L'article est en effet suivi des paroles d'une
sorte de cantate entremêlée de morceaux

_____

(1) *Mercure galant,* décembre 1678, p. 126 et suiv.— Sur
Louis de Mollier, voyez Jal, *Dictionn. critique,* p. 876; sur
Mlle Jacquet de La Guerre, voyez *L'Art,* 2e année,
tome LIX (1894), p. 108-112.

désignés par les titres de « Allemande des guitarres, Fanfare des guitarres, Courante des guitarres », etc. (I). Un an plus tard, le même journaliste, interpellant le lecteur à son habitude, écrit : « On vous aura peut-estre déjà parlé d'un concert où tout ce qu'il y a icy de curieux se sont trouvez depuis quelques jours. Il estoit fort extraordinaire, et le premier qu'on eust jamais fait de cette sorte. Trois basses de viole le composoient. MM. Du Buisson, Ronsin et Pierrot, sont les auteurs d'une chose si singulière. L'approbation qu'ils ont reçue fait connoistre avec combien de plaisir les connoisseurs les ont écoutez (2). » A peu près vers la même époque, le sieur de Sainte-Colombe, virtuose des plus estimés, donnait avec ses deux filles d'autres concerts à trois violes (3). Dans ceux d'Antoine Forqueray, on entendait, avec la basse de viole du maître de la maison, plusieurs musiciens, et le clavecin touché par sa

---

(1) *Mercure galant,* mars 1679, p. 281.

(2) *Idem,* mars 1680, p. 76.

(3) Titon du Tillet, *Le Parnasse françois,* p. 624 — Sainte-Colombe, élève de Hotman, ajouta la septième corde à la basse de viole (cf. Jean Rousseau, *Traité de la viole,* p. 24) et fut le maître de Marin Marais. Il mourut avant 1701, époque de la publication de son *Tombeau* dans le second livre des *Pièces de viole* de ce dernier.

femme, Angélique Houssu (1). M. Prompt
attirait chez lui tous les mercredis, dans le
cloître Saint-Jean en Grève, « un grand
nombre de personnes de qualité », pour
leur faire entendre et voir une espèce de
grand théorbe, qu'il appelait l'Apollon, et
sur lequel il exécutait seul, ou avec d'autres
instruments, des pièces de sa composition (2). Les « plus habiles compositeurs
faisaient porter leur musique » chez
Mlle Certain, qui jouait sur le clavecin
« dans la plus grande perfection », les
pièces de Chambonnières et Couperin, les
ouvertures de Lully (3). Tous les samedis,
en 1683, il y avait concert chez le luthiste
Gallot (4), et lorsque vinrent à Paris les
ambassadeurs de Siam, on les conduisit à
ce divertissement comme à l'une des curiosités de la capitale : « L'assemblée y fut

(1) Antoine Forqueray avait épousé le 7 février 1697
Angélique-Henriette Houssu, fille d'Antoine Houssu,
organiste de l'église Saint-Jean en Grève. Les époux se
séparèrent en 1710 après un triple procès.

(2) *Mercure galant*, janvier 1678, p. 123.

(3) TITON DU TILLET, p. 636. — Sur Marie-Françoise
Certain, voyez Jal, p. 343. Un grand nombre d'ouvertures et d'airs de ballet de Lully avaient été transcrits
pour le clavecin par d'Anglebert.

(4) *Mercure galant*, janvier 1683, p. 77. — Gallot le
jeune était fils de Gallot d'Angers, luthiste, mort au
service du roi de Pologne, à Wilna, en 1647.

plus choisie que nombreuse » et se tint
« dans un lieu fort propre, et fort éclairé.
Le concert fut trouvé très beau; aussi
estoit-il des plus illustres de France dans
leur art. Quand il fut finy, M. Gallot joua
seul du luth, et l'ambassadeur lui dit
qu'encore qu'il crût que rien ne pouvoit
estre ajouté à la beauté du concert, il y
avoit des délicatesses dans ce qu'il jouoit
seul, qui ne devoient pas estre confondues
parmy le grand nombre d'instrumens, parce
qu'on perdoit beaucoup (1). »

La province suivait avec empressement
le mouvement de Paris, et quelques villes
possédaient des « Académies de musique»,
héritières éloignées du titre et d'une partie
des coutumes inaugurées sous Charles IX
par les concerts de Baïf. Le récit du
passage d'Henriette-Marie de France à
Amiens, en 1625, montre qu'une « Académie de Sainte-Cécile » y était organisée,
et qu'elle exécuta « un harmonieux concert
de voix excellentes et d'instruments » sur
l'un des échafauds dressés dans les rues
de la ville. Un document daté de 1647
prouve que depuis plusieurs années se
tenait à Troyes, dans un local dépendant

---

(1) *Relation du voyage des ambassadeurs de Siam* (1687),
t. IV, p. 276.

de l'Hôtel-Dieu-Saint-Bernard, une « Académie de musique » composée de prêtres, de magistrats, de gens de loi, de bourgeois, et possédant un fonds de musique imprimée et manuscrite ainsi que des violes et autres instruments (1). L'Académie de musique de Rouen se tenait en 1662 chez un prêtre, Alexandre Labbé, maître de chapelle de l'église paroissiale Saint-Maclou (2); celle d'Orléans fut fondée en 1670, sous la protection de l'intendant et du maire ; audessus de la porte de la maison qu'elle occupait fut sculptée l'image d'une lyre entourée de cailloux, avec la devise : *Et saxa moventur* (3), qui rappelait le mythe d'Amphion élevant les murs de Thèbes par la puissance des sons. Celles de ces entreprises qui donnaient des « concerts d'opéra » étaient soumises envers Lully à la redevance que son privilège lui permettait d'exiger, et quand le *Journal* de Dangeau nous dit qu'il en tirait de beaux revenus (4), nous devons conclure que le

(1) A. Babeau, *Les Académies de musique de Troyes,* dans l'*Annuaire de l'Aube,* tome LVII, 1883, p. 81 et suiv.

(2) Inventaire des archives départ., Seine-Inférieure, G 3392.

(3) Lottin, *Recherches hist. sur la ville d'Orléans,* t. I, 2ᵉ part , p. 224.

(4) *Journal* de Dangeau, t. I, p. 119.

nombre de ses tributaires provinciaux était assez considérable. Pendant le séjour qu'il fit à Strasbourg, de 1687 à 1698, en qualité de vicaire du chœur et maître de chapelle de la cathédrale, Brossard établit une Académie de musique, dont il dirigeait les concerts et où il fit notamment chanter des fragments de nouveaux opéras français, le *Triomphe d'Alcide* de Louis de Lully et Marais, *Céphale et Procris* d'Elisabeth Jacquet de La Guerre (1).

Les concerts privés, qui échappaient aux exigences de Lully, pouvaient jouer aussi un rôle actif dans l'extension de la culture musicale en France. Nous apprenons, par exemple, qu'à Dijon, en 1680, un conseiller au Parlement, nommé Malteste, donnait une fois la semaine un concert « composé de tout ce qu'il y a dans la ville d'officiers, de dames de qualité, de gens habiles et connaisseurs qui s'y assemblent, soit pour écouter, soit pour y tenir quelque partie »; on y chantait la musique italienne et « les opéras de Venise », que le maître de la maison faisait venir « à ses dépens » (2). Les événements

---

(1) *Catalogue du cabinet de Séb. de Brossard* (manuscrit de la Bibl. nat.), p. 367.

(2) *Mercure galant,* juillet 1680, p. 158.

politiques fournissaient aux écrivains et
aux musiciens de province, aussi bien qu'à
ceux de Paris, l'occasion de prouver leur
zèle patriotique ou monarchique par des
œuvres de circonstance : l'élévation du duc
d'Anjou à la couronne d'Espagne fut ainsi
célébrée à Bourg, en 1701, par l'exécution
en concert d'une sorte de cantate, dont le
texte seul a été conservé (1).

Les *puys de musique,* dont la tradition se
maintenait en quelques localités, ont droit
au moins ici à un bref souvenir, car les
exécutions publiques des œuvres récompensées, tout en continuant d'avoir lieu
dans les églises, ressemblaient beaucoup
plus à un festival qu'à un office. Telles
étaient les fêtes annuelles de la Sainte-
Cécile, au Mans, qui commencèrent en 1633,
et du Puy de musique de Caen, inauguré
en 1669. Toutes deux ont eu leur historien,
auquel nous nous permettons de renvoyer
le lecteur (2).

(1) *Mercure de France*, septembre 1701, p. 79.
(2) ANJUBAULT, *La Sainte-Cécile au Mans depuis 1633.* Le
Mans. — J. CARLEZ, *Le Puy de musique de Caen,* dans le
tome IX des *Réunions des sociétés des beaux-arts des départements,* 1885.

VI

I le côté matériel et financier de l'histoire des concerts au XVIIᵉ siè- cle échappe encore aux recher- ches, il est aisé, en parcourant l'abondante littérature de cette fertile époque, de reconstituer au moins dans ses grandes lignes leur répertoire vocal et instrumental. L'air de cour et les entrées de ballet avaient sous Louis XIII occupé presque uniquement les artistes et les amateurs. On citait Henri de Bailly, chanteur fameux dans le premier quart du siècle, comme ayant introduit dans l'exécution de ces petites mélodies l'embellissement des « pas- sages » ou « diminutions » (1), et toute une

---

(1) Henri de Bailly s'accompagnait lui-même du luth ou de la lyre, sorte de grande viole à archet, montée de douze cordes. Voyez Mersenne, *Harmonie universelle*, traité des instruments à cordes, p. 204 et suiv., et Bacilly, *Remarques curieuses sur l'art de bien chanter*, p. 225.

génération de chanteurs-compositeurs s'appliquait à enchérir sur ses procédés ; après les simples ornements avaient paru les « doubles » ou seconds couplets en variation, ajoutés d'abord aux airs anciens de Guedron et de Boesset, puis bientôt écrits tout exprès pour de nouvelles mélodies. Michel Lambert surtout, qui passait pour leur inventeur, excellait dans leur interprétation. Aussi passait-il, en matière de chant, pour un oracle, à l'approbation duquel certains compositeurs, comme de Gouy, soumettaient humblement leurs œuvres, tandis que d'autres lui dédiaient, comme d'Ambruis, leurs recueils, en lui parlant de son « mérite extraordinaire » et en l'appelant « un homme inimitable » (1). Ses *doubles* n'étaient cependant pas, dit-on, du goût de son gendre Lully, qui interrompait les élèves avant le second couplet, en leur disant de « garder le double pour son beau-père ».

Les artifices d'une exécution recherchée étaient d'ailleurs nécessaires pour relever la fadeur et la monotonie des « airs sérieux » et des « airs tendres » que publiaient les

_____

(1) *Livre d'airs du sieur d'Ambruis avec les seconds couplets en diminution mesurez sur la basse continue*, etc. 1685 (Bibl. nat.)

compositeurs et les maîtres à chanter ; ils
étaient obligés de les faire souvent précé-
der d'une *table des agréments*, fort utile pour
expliquer les nombreux signes ajoutés à la
notation : accents, ports de voix, tremblements, balancements, cadences battues,
véritable arsenal de petits procédés mièvres dont l'ensemble constituait la « pro-
preté du chant français » (1). La voix ou les
voix étaient accompagnées d'une basse
continue dont Henri Dumont avait accli-
maté l'usage en France (2), et que les exécutants pouvaient traduire à leur gré sur
un théorbe, un clavecin, ou une basse de
viole. Pour corriger l'habituelle uniformité
des couplets à reprises toujours prévues,
le même Henri Dumont recommandait aux
chanteurs d'exécuter « premièrement la
pièce jusqu'à la moitié », puis de la répéter
« avec le dessus de viole, pour faire plus
grande harmonie, et ainsi de l'autre moitié », mais en touchant le dessus de viole
« délicatement et avec discrétion, afin que

---

(1) Les doctrines des principaux maîtres de chant du
XVIIᵉ siècle ont été résumées par Lemaire et Lavoix
dans leur volume intitulé *Le chant, ses principes et son histoire*, 1881.

(2) Henri Dumont assure, dans la préface de ses *Cantica
sacra*, en 1652, qu'avant lui, nul musicien français n'avait
encore suivi sur ce terrain les auteurs italiens.

l'on puisse entendre distinctement les paroles » (1).Les airs de Lambert comportaient
des ritournelles à deux violons et basse,
des dialogues et des ensembles à deux,
trois et quatre voix, qui leur donnaient
déjà, malgré la division en couplets avec
reprises, l'apparence de petites cantates (2);
la dernière pièce du volume est un « Dialogue de Marc Anthoine » avec Cléopâtre,
dont le sujet au moins relève de l'opéra et
présage la cantate (3).

Par Gantez, nous apprenons que les maîtres de chapelle, souvent clercs, quelquefois prêtres, en tous cas forcés de revêtir
au chœur le surplis, se faisaient au
XVIIᵉ siècle, pour la composition des chansons d'amour, des scrupules très louables

(1) Préface du second livre des *Meslanges à deux, trois, quatre et cinq parties,* de Henri Dumont, 1657.

(2) *Airs à une, deux, trois et quatre parties avec la basse continue, composez par Monsieur Lambert,* etc. Paris, Christophe Ballard, 1689, in-folio. L'exemplaire de la Bibliothèque nationale est relié aux armes de Marie-Adélaïde, duchesse de Bourgogne. La dédicace au Roi annonçait que ce premier volume serait suivi de sept autres : ils ne parurent point. La Bibliothèque de l'Arsenal possède un recueil manuscrit d'«Airs de Monsieur Lambert non imprimez ».

(3) Le dernier morceau du *Livre d'airs* de d'Ambruis est aussi un dialogue, *Tircis et Sylvie.* à deux voix et basse continue.

et complètement inconnus à leurs prédécesseurs du temps des Valois, mais qu'ils
se rattrapaient en quelque sorte en écrivant et en chantant, bouteille en main,
quantité d'airs à boire qui n'avaient à
leurs yeux rien de répréhensible. Ils étaient
donc tout ensemble les fournisseurs et les
clients des Ballard pour une catégorie
spéciale de petites pièces légères, écrites
quelquefois à deux, trois ou quatre voix,
mais plus communément destinées à une
seule voix, avec une basse continue dont
un chanteur de bonne grâce devait savoir
se passer. Certains musiciens se faisaient
un monopole de ces petits morceaux, qui
pouvaient prendre place dans les concerts
aussi bien qu'à la fin des repas, et dont
paraissaient chaque année des volumes
entiers : Sicard en publia huit livres; Du
Buisson, sept; Brossard, sous ses seules
initiales, six. Le *Mercure galant* en offrait
à ses lecteurs, et les Ballard avaient soin
d'en insérer dans les recueils d'*Airs de
différents auteurs*, dont ils publièrent trente-
sept livres à la file (1). Sans doute, un cher-

---

(1) Quelques titres et quelques dates: Les *Airs à boire à
quatre parties* de Denis Le Febvre parurent chez Ballard
en 1660 ; ceux de Hotman en 1664 ; ceux de Cambert en
1665 ; les huit livres de Sicard, de 1666 à 1674 ; les *Airs
sérieux et à boire à deux et trois parties,* de Charles Lemaire

cheur attentif découvre dans ces collec-
tions quelques jolies mélodies ; mais
combien le niveau de ce genre de composition lui paraît-il abaissé, s'il se souvient
des chansons françaises polyphoniques du
XVIᵉ siècle, où les anciens contrepointistes
savaient donner aux thèmes et aux paroles
vulgaires le relief d'un travail délicat et
d'un cadre précieux !

Dans les concerts que l'on appelait
« spirituels », comme ceux de La Barre,
des programmes pouvaient se constituer
sans même avoir recours aux compositions
latines d'usage liturgique, à l'aide seulement des œuvres morales et pieuses en
langue française que de nombreux musiciens s'attachaient à composer, « afin, dit
Jacques de Gouy, de les introduire au lieu
de tant de chansons lascives et deshon-
nestes, qu'on entend chanter de toutes
parts au mespris de la gloire de Dieu » (I).
Ces mots sont un écho fidèle des paroles
que, cent ans auparavant, Goudimel avait

---

en 1674 ; le *Second livre d'airs bachiques*, de Bacilly, en
1677 ; les deux livres d'*Airs sérieux et à boire* de M. de
Lalo, en 1684 et 1685 ; les sept livres de Du Buisson, de
1686 à 1692 ; les six livres de Brossard, de 1691 à 1698 ;
les trente-sept livres d'*Airs de différents auteurs, à deux
parties*, de 1658 à 1694.

(I) J. DE GOUY, ouvr. cité, préface.

placées en tête de son *Premier livre de psaumes*, et le chanoine d'Embrun, qui ne pouvait plus recourir aux vers de Marot et de Bèze, depuis longtemps devenus l'apanage des huguenots, choisissait pour texte de ses *Airs spirituels* cinquante numéros de la Paraphrase des psaumes, d'Antoine Godeau, s'étonnant « que personne n'eût encore pris cet employ », et laissant entendre que Louis XIII s'y était essayé. Pour que son œuvre fût adoptée « partout avec plus de facilité, et reçue avec plus d'agrément », de Gouy, conseillé par ses amis, avait résolu de « s'accommoder au temps » et de « faire des chants sur le modèle des airs de cour ». Ses pièces se partagaient donc régulièrement en couplets, et pouvaient s'exécuter à une, deux, trois ou quatre voix, la basse étant disposée soit pour jouer, soit pour chanter ; le compositeur n'avait mis à chaque morceau que les paroles des deux premiers couplets, parce que, « aux concerts qui se font dans les maisons particulières, on a accoustumé d'en user de la sorte pour les airs, où l'on cherche le plaisir de l'ouye, qui demande la diversité des chants, et non pas la fréquente répétition d'un même air » (1).

(1) Une réédition des *Airs* de Jacques de Gouy, joints à quelques airs de Dumont sous le titre du *Compagnon*

Après de Gouy, Antoine Lardenois
en 1655, Artus Auxcousteaux en 1656,
Thomas Gobert en 1659, et Henri Dumont
en 1673 traitèrent successivement tout ou
partie de la *Paraphrase* de Godeau. D'autres œuvres d'un caractère analogue pouvaient former pour les concerts spirituels
une sorte de bibliothèque musicale pieuse :
les quatrains moraux de Pibrac, déjà mis
en musique au XVIe siècle par Guillaume
Boni, l'avaient été de nouveau en 1622 par
Jean de Bournonville (1); ceux de Pierre
Mathieu, *Les Tablettes de la vie et de la mort*,
avaient servi de texte à cinquante morceaux à trois voix d'Artus Auxcousteaux (2). Tandis que les élèves de Lambert répétaient ses airs tendres, avec force
soupirs et tremblements, dans les assemblées profanes :

---

divin, fut donnée à Londres, chez Pearson, s. d. Voyez
le *Manuel du libraire*, de Brunet, supplément, t. II, p. 1030.

(1) *Cinquante quatrains du sieur de Pibrac, mis en musique
à deux, trois et quatre parties par Jean de Bournonville,
maître des enfants de chœur de l'église cathédrale d'Amiens.*
Paris, Pierre Ballard, 1622.

(2) *Les Quatrains de Mathieu, mis en musique à trois
parties selon l'ordre des douze modes, par Artus Auxcousteaux,*
etc. 1643.

Bien que l'Amour fasse toute ma peine,
Je veux aimer et mourir en aimant.
Mais cependant, trop aimable Climène,
Si vous vouliez soulager mon tourment,
Je mourrois plus content,

— les gens graves et les âmes dévotes trouvaient dans les *Airs spirituels* de Fleury (1) de pieuses méditations; l'une des plus caractéristiques est « La Mort des méchants », où le texte poétique est commenté par une musique descriptive :

Comme au plus beau des mois, dans un jour sans
[nuage,
On voit un tourbillon s'élever dans les airs,
Qui, suivy coup sur coup de foudres et d'éclairs,
Renverse les moissons par un soudain orage,
Ainsi quand les méchants sont les plus enchantez
Par le calme si doux de leurs prospéritez,
La foudre de la mort vient écraser leur teste,
Ils passent tout d'un coup des plaisirs dans les fers,
Et tombent par l'effort d'une double tempeste
De la nuit du cercueil dans la nuit des enfers.

Claude Oudot se montre encore plus

---

(1) *Airs spirituels à deux parties avec la basse continue, par le sieur Fleury, ordinaire de la musique de feu S. A. R. Mgr le duc d'Orléans.* Paris, Christophe Ballard, 1678 (Bibl. nat.) — Nicolas Fleury, chanteur haute-contre de la musique de Monsieur, duc d'Orléans, est aussi l'auteur d'une *Méthode pour apprendre facilement à toucher le théorbe sur la basse continue.* Paris, Robert Ballard, 1660. — Nous croyons pouvoir l'identifier avec le compositeur précédemment cité sous le nom de Fleury de Châteaudun.

ambitieux que Fleury dans sa composition
des *Stances chrétiennes* de l'abbé Testu ; les
courtes poésies du célèbre prédicateur du
Roi y sont agencées et rattachées de manière à former quatre suites, ou, comme
dit le musicien, quatre *sujets* : la Vanité du
monde, — Prières et réflexions, — la Soli-
tude, — le Retour d'un pécheur à Dieu ; et
chaque sujet comporte une « ouverture » à
quatre parties de violons, des airs, des
intermèdes symphoniques et des chœurs.
Le titre de *Cantates morales,* dont ne se
servaient alors que les maîtres italiens, eût
parfaitement convenu à ces *Stances,* dont
le succès s'affirma par trois éditions (1), et
que nous ne devons peut-être pas juger au
point de vue absolu de la valeur musicale ;
dans le temps où elles furent écrites et
chantées, les uniques formes de la compo-

(1) *Stances chrestiennes de M. l'abbé Testu, mises en musique à deux, trois et quatre parties, avec des symphonies,* par
M. Oudot, etc. Paris, 1692, 1696 et 1722. — Claude
Oudot, d'abord chanteur basse dans la musique de
Monsieur, duc d'Orléans, puis dans celle de la Dauphine, fut le maître de musique de l'Académie française,
qui, ayant la jouissance de la chapelle du Louvre, y
faisait exécuter chaque année (d'ailleurs aux frais du Roi)
une messe solennelle, le jour de la Saint-Louis. Oudot
était en même temps maître de musique des Jésuites de
la maison de Saint-Louis. Il mourut en 1696.

sition instrumentale étaient celles de la
danse, et personne ne s'offensait, personne
ne songeait même à sourire quand Oudot
plaçait une « gigue » ou une « chacone »,
avec leur titre, en guise d'interlude, au
milieu de ses « prières » et de ses « réflexions ».

A peu près à la même époque, les *Cantiques* de Racine, écrits selon son fils en 1689,
selon les éditeurs de ses œuvres complètes
en 1697 (1), étaient venus offrir aux musiciens des textes spécialement destinés par
un grand poète à une interprétation musicale. A quelques mois de distance, deux ver-
sions en furent publiées : la première était de
Jean-Baptiste Moreau pour les trois premiers cantiques, et de La Lande pour le
quatrième (2); la seconde, moins connue,
avait été composée par Collasse, qui faisait
allusion, dans une dédicace adressée à
Mme de Maintenon, à d'autres œuvres sem-

---

(1) *Œuvres complètes de Jean Racine,* édition des Grands
Ecrivains de la France, tome IV, p. 145 et suiv.

(2) *Cantiques chantez devant le Roy, composez par M. Moreau, maistre de musique et pensionnaire de Sa Majesté,
propres pour les dames religieuses et toutes autres personnes.*
Paris, Christophe Ballard, 1695. — La musique de Moreau et La Lande a été reproduite en fac-similé dans un
volume joint à l'édition des *Œuvres complètes* de Racine,
en 1873.

blables, antérieures à la sienne : « Il n'y a,
dit-il, presque point de compositeur un peu
célèbre qui n'ait cru devoir exercer son
génie sur les mesmes paroles (1) ». Les
symphonies qui précèdent et accompagnent
les airs et les chœurs de Collasse sont destinées à la flûte allemande et aux violons,
avec la basse, et quoique la partition com-
prenne trois parties vocales, l'auteur enseigne la possibilité de chanter ses quatre
cantiques à voix seule, « parce que le sujet
règne toujours dans la partie la plus haute ».
Toutefois, ajoute-t-il, « si l'on se trouve
deux ensemble, on peut faire un concert
agréable en chantant le second ou le troisième dessus. Si l'on est trois, le concert
sera plus parfait (2) ».

Le plan et la forme poétique et musicale
de certains ouvrages français, profanes ou
religieux, de la fin du XVIIᵉ siècle, se rap-
prochaient donc sensiblement de la cantate,
si bien qu'en réalité la chose existait avant
le mot. L'influence de la musique italienne

---

(1) Ces lignes, imprimées en 1695, sembleraient
donner raison à Louis Racine.

(2) *Cantiques spirituels mis en musique pra P. Collasse,
maistre de la musique de la chapelle du Roy*, A Paris, par
Christophe Ballard, 1695 (Bibl. nat.)

avait pesé d'une façon décisive sur cette transformation.

Depuis que Mazarin avait fait venir à Paris des chanteurs italiens pour exécuter au Louvre l'*Orfeo* de Luigi Rossi, la vogue de la musique vocale et instrumentale des écoles ultramontaines n'avait pas cessé de croître en France, tout en excitant d'incessantes discussions. Les reproches que les Parisiens du XVIIe siècle adressaient aux œuvres italiennes étaient ceux que l'on a vu élever par leurs descendants contre l'art allemand et la musique wagnérienne : la complication, et le bruit. « La musique des Français, dit en 1657 Michel de Marolles, vaut bien la musique des Italiens, bien qu'elle ne soit pas si bruyante et qu'elle ait plus de douceur ; mais il semble que ce ne soient pas des qualités pour la rendre plus mauvaise (1). » — « On ne saurait croire, dit un autre auteur, combien il est effrayant de voir trente-deux notes en une seule mesure », et pour donner du violoniste Rebel le plus grand éloge possible, il le félicite d'avoir su tempérer le feu italien « par la sagesse et la douceur françoises » et d'avoir évité « ces chutes effrayantes et monstrueuses, qui font les délices des

---

(1) *Mémoires de Michel de Marolles*, t. III, p. 206.

Italiens » (1). Le ballet de la *Raillerie*, qui fut dansé par Louis XIV en 1659 et dont la partition était de Lully, contenait déjà un duo d'actualité entre la musique italienne et la musique française. En fin de compte, les amateurs faisaient cependant bon accueil aux artistes italiens, peu nombreux, qui se présentaient en personne, et ils s'enquéraient avec empressement de leurs productions. La présence dans les bibliothèques de recueils reliés aux armes des plus grands personnages, et remplis de copies d'airs et de cantates en langue italienne, témoigne du succès que ce répertoire obtenait ; les airs de Luigi (Rossi) étaient surtout en grande réputation ; ceux de Lorenzani, importés par lui-même, se répétaient volontiers (2) ; on s'amusait à comparer aux cantates de Scarlatti les pièces de Bononcini, et quelques maîtres français s'essayaient à composer à leur imitation de petites pièces en langue étrangère.

Un prêtre dilettante, Mathieu, curé de

---

(1) *Comparaison de la musique italienne et de la musique française* (par Lecerf de la Viéville de Fresneuse), 1705, tome I, p. 93, et tome II, p. 116.

(2) *Airs italiens de Monsieur Lorenzani, maistre de la musique de la feue Reyne,* Paris, Christophe Ballard, 1695. (Bibl. nat.)

Saint-André-des-Arcs, est désigné comme ayant le premier fait connaître à Paris les compositions religieuses des musiciens d'outre-monts, dans des concerts qu'à la fin du XVIIe siècle il avait établis chez lui. « On n'y chantait que de la musique latine composée en Italie par les grands maîtres qui y brillaient depuis 1650, sçavoir, Luigi Rossi, Cavalli, Cazzati, Carissimi à Rome, Legrenzi à Venise, Colonna à Bologne, Aless. Melani à Rome, Stradella à Gênes, et Bassani à Ferrare (1) ». A ce curé de Saint-André reviendrait donc peut-être l'honneur d'avoir, entre autres, révélé aux Parisiens l'oratorio, par le moyen des modèles signés de Carissimi ; mais on doit se souvenir que le même mérite est attribué aussi, avec plus de vraisemblance, à Marc-Antoine Charpentier, l'élève et le continuateur de l'illustre maître romain ; on doit se rappeler surtout qu'à cette époque, l'oratorio, sous sa première et plus pure forme, celle de l'*histoire sacrée* en langue latine, était classé dans la musique religieuse, que ses premières manifestations, à Rome, avaient eu lieu dans des églises,

---

(1) *Les Dons des enfants de Latone, la Musique et la chasse du cerf, poèmes dédiés au Roy* (par de Seré de Rieux), 1734, p. 112, note.

et qu'à Paris, les partitions de Charpentier s'étaient exécutées comme de grands
motets, pendant des cérémonies d'apparat
à la Sainte Chapelle du Palais, ou en
l'église des Jésuites (1). Il est probable
aussi que plus d'un oratorio latin de pro-
venance romaine fut chanté dans les saluts
en musique du couvent des Théatins, que
dirigeait en 1685 Paolo Lorenzani et que fréquentaient avec un extraordinaire zèle les
dilettantes et les snobs du règne de
Louis XIV (2). Mais il est très certain qu'à
l'exception de Charpentier, les compositeurs français ignoraient la forme de l'oratorio, dont ne font jamais mention les
annonces ou les comptes-rendus de concerts que nous avons pu recueillir. On ne
peut en effet regarder comme tel l'arrangement que J.-B. Moreau fit de sa musique

---

(1) *Le Jugement de Salomon*, de Charpentier, qui ne doit
pas, sur le simple titre, être confondu avec celui de
Carissimi, fut chanté à la Sainte Chapelle en 1702 pendant la « messe rouge » de la rentrée du Parlement.

(2) *Mercure galant*, septembre 1685, p. 328, et octobre
1685, p. 272. – Voyez en outre, pour cette question de
l'oratorio au XVIIᵉ siècle, la *Responce faite à un curieux sur
le sentiment de la musique d'Italie*, de Maugars, édit. Thoinan, p. 29 et suiv., et nos études publiées dans la *Tribune
de Saint-Gervais*, tomes I et II, années 1895 et 1896, et la
Rivista musicale italiana, vol. IV, 1897, p. 460 et suiv.

d'*Esther*, mise en *Idylle* sous le titre de :
« Concert spirituel, ou le peuple juif
délivré par Esther », sur des vers « de la
même mesure » que ceux de Racine, rimés
par M. de Banzy. Le musicien, évidemment désireux de produire à Paris une
œuvre que toute la cour avait applaudie,
l'y fit exécuter sous cette forme nouvelle,
en 1697, « par tout ce que nous avons
d'habiles gens en France pour ces sortes
de divertissements » (1).

---

(1) *Mercure galant,* avril 1697, p. 156.

VII

A musique instrumentale avait de son côté, depuis le milieu du siècle, accompli de grands progrès et subi de profondes transformations. En 1680, Le Gallois pouvait citer et vanter un groupe considérable de virtuoses français (1), entre lesquels brillaient surtout, comme solistes, les fameux joueurs de luth Gaultier le jeune, Mouton, Gallot, les clavecinistes Chambonnières, Hardel, d'Anglebert, Couperin, les organistes Le Bègue, Tomelin, Dumont, les guitaristes Corbet et de Visée, le joueur de basse de viole Sainte-Colombe. Presque tous ces maîtres, et ceux qui leur succédèrent jusqu'à la fin

---

(1) *Lettre de M. Le Gallois à Mlle Regnault de Solier touchant la musique,* 1680, passim.

du règne de Louis XIV, sont connus
par des œuvres qui permettent de se
représenter exactement la nature de leur
talent et le style de leur exécution. Les
pièces qu'ils écrivaient pour leur instrument habituel, celles que l'on publiait pour
une réunion d'instruments de la même
famille, continuaient d'emprunter les titres
et les rythmes convenus des diverses
formes de la danse, et se présentaient tantôt isolément, tantôt en petites séries de
pièces différentes quant au mouvement et
à la mesure, pareilles quant à la tonalité;
cet unique lien provenait d'une nécessité
plutôt que d'un raisonnement : il avait été
dicté aux luthistes par la difficulté de
renouveler souvent l'accord de leur instrument, et les autres musiciens avaient suivi
leurs leçons en cela comme en beaucoup
d'autres choses.

Grâce aux réimpressions modernes, les
pianistes actuels connaissent une grande
partie du répertoire du clavecin au
XVIIe siècle, et l'instrument lui-même a
reparu dans nos salles de concerts; le luth
ne pouvait avoir part à cette résurrection,
et seuls quelques curieux ont lu les pièces
de Denis Gaultier le jeune ou de Mouton, traduites par des érudits de l'ancienne tablature en notation moderne.

La viole, qui disparut, détrônée par le violon, presque dans le temps où le luth l'était par le clavecin, avait possédé long-temps les préférences des artistes. C'était un instrument de sonorité douce et poé-tique, qu'au dire d'un de ses professeurs, il ne fallait point « gourmander » et qui, sous ses divers formats, se prêtait à tous les rôles. « On peut, dit le traité de Jean Rousseau, jouer de la viole en quatre ma-nières différentes, sçavoir, jouer des pieces de mélodie, jouer des pieces d'harmonie ou par accords, jouer la basse pendant qu'on chante le dessus, et cela s'appelle accom-pagner. On peut enfin jouer la basse dans un concert de voix et d'instruments, et c'est ce qu'on appelle accompagnement. Il y en a une cinquième qui consiste à travailler un sujet sur le champ, mais il est peu en usage, parce qu'il demande un homme con-sommé dans la composition et l'exercice de la viole, avec une grande vivacité d'esprit (1). »

Sur le « dessus de viole », Le Camus n'avait pas eu de rivaux. « Il y excelloit à ce point, dit Jean Rousseau, que le seul sou-venir de la beauté et de la tendresse de son exécution efface tout ce que l'on a entendu

---

(1) Jean Rousseau, *Traité de la viole*, 1687, p. 55.

jusqu'à présent sur cet instrument (1). » La
basse de viole, après Hotman et Sainte-
Colombe, son élève, qui avait ajouté une
septième corde, eut pour héros Antoine
Forqueray et Marin Marais, dont on disait
que « l'un jouait comme un diable et l'autre
comme un ange » (2). Forqueray brillait
surtout dans l'exécution de préludes qui
« tiraient sur la sonate », et Marais dans la
composition et le jeu des « pièces » de caractère. « M. Marais, dit un écrivain, touche
la viole par excellence et donne des leçons
chez lui, rue Quincampoix (3). » — « Il a,
dit un autre, porté la viole à son plus haut
degré de perfection (4). » Pendant longtemps ordinaire de la musique de la
chambre du Roi, il lui présenta en 1709
trois de ses fils, avec lesquels il exécuta
tout un concert. Ses cinq livres de *Pièces de*

---

(1) JEAN ROUSSEAU, p. 72, parle ici de Sébastien Le Camus père, ordinaire de la musique du Roi, maître de la
musique de la Reine, mort en 1677, dont un livre posthume d'*Airs à deux et trois parties* fut publié en 1678
chez Christophe Ballard par son fils, Charles Le Camus,
également joueur de viole dans la musique du Roi.

(2) HUBERT LE BLANC, *Défense de la basse de viole*, etc ,
p. 59.

(3) *Le livre commode des adresses de Paris pour 1692,* par
Abraham Du Pradel. Edit. Fournier, t. I, p. 209.

(4) TITON DU TILLET, *Le Parnasse françois,* p. 626.

viole sont un des documents les plus impor-
tants de l'histoire de la musique instrumentale en France (1); l'un des morceaux que
ses contemporains y admiraient le plus
était le *Labyrinthe*, description musicale
dans laquelle,« après avoir passé par divers
tons, touché diverses dissonnances et avoir
marqué par des tons graves, et ensuite par
des tons vifs et animez l'incertitude d'un
homme embarrassé dans un labyrinthe, il
en sortait enfin heureusement, et finissait
par une chacone d'un ton gracieux et
naturel » (2). Il y avait dans ces recueils
d'autres curiosités du même genre; l'une
des plus hardies ne représentait rien moins
que « le tableau de l'opération de la taille »,
à l'aide d'un canevas littéraire qui expliquait mesure par mesure les intentions de
l'auteur : « l'aspect de l'appareil; frémisse-
ment en le voyant; résolution pour y mon-
ter;... réflexions sérieuses;... icy se fait
l'incision; icy l'on tire la pierre; icy l'on
perd quasi la voix », etc., et, pour conclure,
une pièce, « les relevailles », où le mouvement « gay » remplace le « lentement » (3).

---

(1) Les cinq livres de *Pièces de viole composées par
M. Marais, ordinaire de la musique de la chambre du Roy*,
furent gravés à Paris de 1689 à 1717. In-fol. obl.

(2) TITON DU TILLET, p. 626.

(3) Cinquième livre, numéros 108 et 109.

A toutes les époques, la recherche de l'expression littéraire et de la description pittoresque a constitué l'un des traits caractéristiques du génie musical français. Les compositeurs du siècle de Louis XIV obéissaient à leurs tendances naturelles et servaient les désirs du public en indiquant par des titres précis le contenu sentimental ou imitatif de leurs pièces sans paroles. Ils n'avaient sans doute pas constamment recours à des programmes aussi minutieux que celui de « l'opération de la taille », mais ils s'ingéniaient à créer de petites images musicales sous un intitulé piquant. Chez Marais, nous rencontrons une sarabande *La Désolée*, des gigues : *La Résolue*, *La Mutine*, *La Précieuse*, *La pointilleuse*, des allemandes : *La Fière*, *La Flatteuse*, des rondeaux : *Le Doucereux*, *Le Paysan;* il y a des *Plaintes*, des *Tombeaux* (1), des *Bourrasques*, un *Echo*, un *Charivari*, un *Carillon*, un *Moulinet*, un *Jeu du volant.* — Chez Denis Gaultier le

---

(1) C'était comme une gageure entre les compositeurs de musique instrumentale que d'écrire tour à tour le *tombeau* de leurs prédécesseurs. Qu'il suffise de citer le tombeau de Chambonnières par d'Anglebert, ceux de Sainte-Colombe et de Marais le cadet, par Marin Marais, de L'Enclos par Denis Gaultier, de Francisque Corbet par de Visée, etc.

luthiste on ne trouve pas seulement la
Coquette, la *Caressante*, l'*Héroïque*, mais
Andromède, *Atalante*, *Mars superbe*, *Phaéton
foudroyé*, qui ont chacun un commentaire
spécial, de style fort ampoulé (1). — Chez
les clavecinistes, Champion de Chambonnières, d'Anglebert, Couperin, nous retrou-
vons des *Coquettes*, auprès de l'*Affligée*, de
l'*Auguste*, de la *Pateline*, des *Papillons*, des
Jeunes zéphyrs. C'est par la promptitude à
saisir les intentions littéraires du compositeur que les maîtres de clavecin jugent des
dispositions de leurs élèves : « Ils voyent
si, quand ils entendent une belle musique,
ils entrent dans tous les mouvements
qu'elle veut inspirer ; s'ils s'attendrissent
aux endroits tendres, et se réveillent aux
endroits gays (2). » Louis XIV, en donnant
spontanément le nom de la *Guerre* à l'une
des pièces de violon que Westhoff lui

(1) « Mars superbe : Ce discours, qui tient de la fierté
du chef des guerriers, fait voir que la plus utile nourriture d'un soldat doit être de fer et d'acier ; qu'il ne se
doit occuper qu'au carnage et qu'il doit plutôt mourir
que de manquer à vaincre. » Voyez les pièces de Gaultier
publiées par M. Fleischer, d'après le manuscrit de Berlin,
dans la *Vierteljahrsschrift für Musikwissenschaft*, t. II, p. 89
et suiv.

(2) *Les principes du clavecin*,... par Monsieur de Saint-
Lambert, Paris, chez Christophe Ballard, 1702, p. IV.

faisait entendre, avait, à ce compte, fait
preuve de goût et d'intelligence musicale.
La possibilité d'une interprétation poétique était donc dès lors le critérium des
auditeurs appelés à juger une nouvelle
composition instrumentale. S'ils s'habi-
tuèrent cependant à goûter assez rapidement les sonates italiennes, qui étaient du
domaine de la musique pure, c'est qu'un
autre genre d'attrait, celui de la virtuosité
et de la difficulté vaincue, y excitait leur
attention.

Ce fut Lully qui releva en France le
violon de l'état d'infériorité musicale et
sociale auquel il paraissait condamné, et
qui en fit le roi des instruments de l'orchestre. Bon violoniste lui-même et capable de former directement la troupe
instrumentale qui lui était nécessaire pour
son théâtre d'opéra et pour les auditions
fastueuses de la cour, il contribua puissamment au perfectionnement du jeu des
instruments à cordes et à vent, ainsi qu'au
groupement raisonné des violons, des flûtes
et des hautbois, assistés, dans les grandes
occasions, des trompettes et timbales.
Sans doute, rien n'est plus sommaire encore que la disposition de la partition d'orchestre chez Lully et ses contemporains :
les ouvertures, les ballets, les « sommeils »

sont notés à quatre ou cinq parties, avec les inscriptions : « A parties simples », ou « Concert de flûtes », ou « Tout le monde y joue » (1). Les pièces symphoniques que vers le même temps l'on commence à publier ne portent pas d'indications plus précises : les *Sérénades ou Concerts* de Montéclair, imprimées en trois parties séparées, — premier dessus, second dessus et basse, — supposent l'emploi de violons, flûtes et hautbois ; l'alternance des trois groupes est marquée au commencement des reprises, mais chacun d'eux reste indivis, et le mélange des familles ne s'opère que par masses; alors, on lit simplement au-dessus des portées le mot : *tous* (2). Les « symphonies » de Dornel, publiées en 1709, sont pareillement de petites « suites en trio » qui, aux termes de la dédicace, ont été exécutées chez un président aux en-

---

(1) Ballets de Lully, dans le tome VIII de la collection Philidor. — Sur la formation de l'orchestre, voyez Lavoix, *Histoire de l'instrumentation*. p. 211 et suiv.

(2) *Sérénade ou Concert, divisé en trois suites de pièces pour les violons, flûtes et hautbois, composées d'Airs de fanfares, d'Airs tendres et d'Airs champestres, propres à danser, par M. Montéclair*. Paris, chez Christophe Ballard, 1697. (Bibl. nat.) C'est le plus ancien ouvrage connu de Michel Pinolet Montéclair.

quêtes, «par une partie des plus illustres musiciens du royaume » (1).

L'une des œuvres instrumentales les plus intéressantes et les moins connues de cette période est celle que fit paraître à Stuttgart, en 1682, un élève allemand de Lully, Jean Sigismond Cousser, sous le titre tout à fait caractéristique de *Composition de musique suivant la méthode française*. L'auteur, tout jeune musicien, avait fait à Paris un séjour de six années, et, de retour en Allemagne, offrait au duc de Wurtemberg cet œuvre premier, dans lequel il s'était, disait-il attaché « à imiter le fameux Baptiste » (Lully), à « suivre sa methode et à entrer dans ses manieres delicates ». Chacune des six séries de pièces que contenait son livre consistait en une « ouverture de théâtre, accompagnée de plusieurs airs » (2). L'in-

---

(1) *Livre de Simphonies contenant six suittes en trio pour les flutes, violons, hautbois, avec une sonate en quatuor, composées par le Sieur Dornel, organiste de Sainte-Marie-Magdegine en la Cité*. Paris, chez l'auteur, 1709. (Bibl. nat.) — Antoine Dornel, dont ce livre est aussi le premier œuvre, fut plus tard organiste de l'abbaye de Sainte-Geneviève. — Une allemande est intitulée *La Dornel* dans le cinquième livre des *Pièces* de Marais.

(2) *Composition de musique suivant la Méthode française,... par Jean-Sigismond Cousser*. Stuttgart, 1682, en sept parties séparées. (Bibl. nat.)

fluence de Lully et de la musique française
se fait remarquer aussi fortement à la
même époque dans les productions de
l'Alsacien Georges Muffat, qui était venu
comme Cousser, et probablement en même
temps, suivre à Paris pendant un même
espace de six années les leçons du même
maître ; ses deux recueils de suites instrumentales intitulées *Florilegium primum* et
Florilegium secundum, publiées à Augs-
bourg et à Passau, en 1695 et en 1698,
portent, ainsi que l'a constaté leur nouvel
éditeur, « la plus pure empreinte lulliste »,
et leurs préfaces font même voir que des
reproches furent adressés à Muffat par les
musiciens allemands, pour sa fidélité à
suivre les modèles français (1). Les mêmes
préfaces éclairent jusque dans ses plus
petits détails ce que Muffat regardait, dans
la musique instrumentale, comme la méthode propre de Lully. Comparée premièrement aux traditions antérieures du style
polyphonique, cette méthode consistait
dans l'affirmation de la périodicité symé-

---

(1) *Denkmäler der Tonkunst in Œsterreich*, tome I,
partie 2, *Florilegium primum*, et tome II, partie 2, *Florilegium secundum*, de Georges Muffat, publiés par le Dr Hein-
rich Rietsch.

trique des temps, sous une mesure inflexi-
blement battue ; mise ensuite en regard des
œuvres contemporaines de l'école italienne,
elle s'en distinguait par la simplification
des formules et la clarté des dessins, qui,
étant déchargés des traits accessoires de
virtuosité, devenaient favorables à des
exécutions collectives. Sous le rapport de
l'interprétation, la méthode française offrait
plusieurs particularités : la première était
le soin de « jouer juste » ; la seconde, l'uniformité du maniement de l'archet chez tous
les membres de l'orchestre : « la plus
grande adresse des vrais lullistes, disait
Muffat, consiste en ce que parmy tant de
reprises de l'archet en bas, on n'entend
néantmoins jamais rien de désagréable ny
de rude; mais, au contraire, on trouve une
meilleure conjonction d'une grande vitesse
à la longueur des traits, d'une admirable
égalité de mesure à la diversité des mouvements et d'une tendre douceur à la vivacité du jeu »; le troisième point était de bien
connaître et garder les mouvements de
chaque pièce. Muffat préconisait ensuite
« quelques autres coutumes des lullistes »,
dont l'une, celle de s'accorder avant
l'arrivée des auditeurs, serait de nos jours
aussi recommandable que vaine : « On se
doit abstenir, dit-il, de tout bruit avant que

de commencer, et de toutes ces sortes de
préludes confus qui, remplissant l'air et les
oreilles, causent plus de dégoût avant la
symphonie, qu'on n'en scauroit attendre
de plaisir ensuite »; les autres concer-
naient le diapason, la distribution des
« bons joueurs » aux différentes parties,
afin que la cohésion de l'ensemble soit parfaite, le choix de l'instrument chargé de
la basse et qui était chez les Italiens le
violone, chez les Français un équivalent de
leur *violoncino*. En dernier lieu, Muffat enseignait la théorie des ornements, en les
défendant vivement contre les critiques ou
les préventions des musiciens allemands.
« Ceux, dit-il, qui sans discrétion décrient
les agrémens et ornemens de la méthode
françoise, comme s'ils offusquoient l'air ou
l'harmonie, n'ont certes guère bien examiné
cette matière, ou n'ont jamais entendu
jouer de vrais élèves, mais seulement peut-
être de faux imitateurs de l'école de feu
M. de Lully. »

Une vingtaine d'années après la mort de
Lully, l'obéissance à ses doctrines commença de faire place, dans la musique de
violon, à l'imitation directe de l'Italie. Les
sonates de Corelli devinrent le modèle de
celles que François Duval, Rebel et Senaillé
firent entendre à Louis XIV pendant la

dernière période de son long règne(1). Marin
Marais et les fidèles partisans de la viole et
des pièces eurent beau protester, les jeunes
musiciens, qui se sentaient « de la hardiesse
dans l'exécution », les laissèrent dire, et,
selon les termes pompeux d'Hubert Le
Blanc, « s'embarquèrent à voiles déployées
sur la mer immense des sonates » (2). Ils
y entraînèrent les amateurs, qui se mon-
traient de plus en plus nombreux et friands
de nouveautés. Dès 1688, un journaliste
avait pu dire : « Rien n'est si à la mode que
la musique, et c'est aujourd'huy la passion
de la pluspart des honnestes gens, et des
personnes de qualité (3). » Cette passion
s'accrut au point d'irriter les littérateurs
rebelles au charme de l'harmonie, ou jaloux
du succès des musiciens ; l'un d'eux signale
avec ironie, en 1713, l'abondance des
compositeurs et des compositions nouvelles : « Les cantates et les sonates nais-
sent ici sous les pas ; un musicien n'arrive

---

(1) *Premier livre de Sonates et autres pièces pour le violon et
la basse, dédié à Mgr le duc d'Orléans, composé par le Sieur
Du-Val.* Paris, chez l'auteur, 1704. — *Troisième livre de
Sonates pour le violon et la basse, dédié au Roy, composé par
M. Du-Val.* Idem, 1707. (Bibl. nat.) Nous retrouverons
plus loin Rebel et Senaillé.

(2) HUBERT LE BLANC, *Défense de la basse de viole*, p. 7.

(3) *Mercure galant*, mai 1688, p. 204.

plus que la sonate ou la cantate en poche, il n'y en a point qui ne veuille faire son livre et être buriné, et ne prétende faire assaut contre les Italiens, et leur damer le pion (1). » Un autre s'attaque aux prétentions des amateurs : « Autrefois, dit-il, les gens de qualité laissaient aux musiciens de naissance et de profession le métier d'accompagner; aujourd'hui, ils s'en font un honneur suprême. Jouer des pièces pour s'amuser soi-même agréablement, ou pour divertir sa maîtresse ou son ami, est au-dessous d'eux. Mais se clouer trois ou quatre ans sur un clavecin, pour parvenir enfin à la gloire d'être membre d'un concert, d'être assis entre deux violons et une basse de violon de l'Opéra, et de brocher bien ou mal quelques accords qui ne seront entendus de personne, voilà leur noble ambition (2). »

Intelligent ou non, un public s'était formé qui fréquentait non seulement l'Opéra, mais les assemblées musicales de toute espèce, réunions d'amateurs, concerts privés, auditions organisées par des artistes de profession. Un moyen d'échange plus efficace devenait nécessaire entre ce que

(1) *Mercure de France,* novembre 1713, p. 35.
(2) *Comparaison de la musique italienne,* etc., t. II, p. 104.

la terminologie économique appellerait, même en art, la production et la consommation; et le succès serait bientôt assuré à quiconque tenterait de fonder à Paris, pour la musique vocale et instrumentale de concert, une sorte de spectacle, qui offrirait aux artistes un débouché permanent et qui servirait à démocratiser les jouissances musicales, en mettant à la portée de la bourgeoisie des plaisirs auparavant réservés à la cour ou aux classes les plus fortunées de la société française.

SECONDE PARTIE :

LES CONCERTS EN FRANCE

PENDANT LE XVIIIᵉ SIÈCLE

I

E privilège accordé à Lully par Louis XIV, en 1672, pour l'exploitation de l'Académie royale de musique, ne laissait à personne la liberté « de faire chanter aucune pièce entière en musique, soit en vers françois ou autres langues », sans la permission écrite de Lully ou de ses héritiers. Le premier soin de Philidor, lorsqu'en 1725 il songea à créer le *Concert spirituel*, fut donc nécessairement de s'assurer l'assentiment du sieur de Francine, gendre et successeur de l'auteur d'*Atys* dans la possession du même privilège.

Le succès immédiat de la nouvelle entreprise montra que Philidor avait eu raison de croire désormais suffisante l'attraction

exercée sur le public parisien par des auditions purement musicales; l'ouverture de
son concert fut un grand événement artistique, parce que précisément cette fondation venait à son heure et répondait au
goût croissant des amateurs pour tout ce
qui touchait à la musique. En peu de
temps, ce spectacle devint, à l'imitation
de l'Académie de musique, une institution
nationale, un rouage officiel de la vie musicale en France, une solide et lourde ma-
chine, réglée pour plus de soixante années
sur une marche presque immuable. Ses
longs et utiles services lui ont valu de fréquentes mentions dans tous les livres
relatifs à l'histoire de l'art français, et certains épisodes de ses brillantes destinées
ont été souvent racontés; aucun écrivain
ne lui a cependant consacré jusqu'ici
d'étude spéciale, et n'a tenté, en particulier, de dresser et de publier la série de
ses programmes. Notre ambition n'est pas
de combler cette lacune et d'entreprendre
une tâche aussi disproportionnée sans
doute à nos forces qu'au but de notre
travail actuel; nous voulons simplement
essayer de tracer une esquisse générale, où
le Concert spirituel, tout en occupant une
place prépondérante, n'apparaîtra point
isolé des autres manifestations analogues.

Anne-Danican Philidor, né à Paris le
11 avril 1681, était fils du premier mariage
d'André-Danican Philidor, dit l'aîné, ordinaire de la musique du Roi et garde de sa
bibliothèque de musique. Il écrivait depuis
1697 des airs de danse pour les ballets de
la cour, avait obtenu en 1702 la survivance
de son père dans la musique du Roi et
s'était acquis un modeste renom de compositeur par la publication en 1712 d'un livre
de *Pièces pour la flûte* (1). Le traité qu'il
conclut avec Francine, par-devant Caron
et Ballot, notaires à Paris, le 22 janvier 1725, lui donna, pour une durée de
trois ans et moyennant une redevance
annuelle de dix mille livres, permission
d'ouvrir à Paris des concerts de « musique
de chapelle », les jours où l'observation
des fêtes religieuses suspendait les représentations de l'Académie royale de musique. Ces jours, au nombre d'environ
trente-cinq par année, étaient la Purifica-
tion (2 février), l'Annonciation (25 mars),
les trois semaines de Pâques, comptées
depuis le dimanche de la Passion jusqu'au
lundi de Quasimodo, l'Ascension, la veille

---

(1) Sur Anne-Danican Philidor et sa famille, voyez
l'article de E. Thoinan dans le *Supplément* à la *Biographie universelle des musiciens*, t. II, p. 332 et suiv.

et le jour de la Pentecôte et de la Fête-
Dieu, l'Assomption (15 août), la Nativité
(8 septembre), la Toussaint et la Commé-
moration des morts (1er et 2 novembre), la
Conception (8 décembre), la veille et le jour
de Noël (24 et 25 décembre). Philidor s'en-
gageait à ne faire chanter aucun fragment
d'opéra, ni même aucun morceau dont les
paroles fussent françaises (1). La jouissance
de son bail commençait au 17 mars 1725 ;
dès le lendemain 18 (dimanche de la Passion), il inaugurait ses concerts.

Le local, obtenu de la bienveillance du
Roi, était une salle du palais des Tuileries,
dite Salle des Suisses, qui précédait les
« appartements ». Elle avait reçu un amé-
nagement spécial et une décoration jugée
très convenable par le rédacteur du *Mercure*. « On a construit, dit-il, pour placer
les symphonistes et ceux qui doivent
chanter, une espèce de tribune en amphithéâtre, appuyée contre le mur qui est du
côté des appartements, élevée de six pieds
sur trente-six de face et neuf de profon-
deur. Cette tribune, où l'on monte par un
petit perron et qui peut contenir au moins
soixante personnes, est fermée par une
balustrade rehaussée d'or, dont les balus-

---

(1) Archives nationales, O¹, 621.

tres, en forme de lyre, sont posés sur un
socle peint en marbre. Tout le mur sur
lequel la tribune est adossée est décoré
d'une perspective de très bon goût, qui
représente un magnifique salon et qui
offre un point de vue fort agréable; cette
peinture a été faite sur les dessins de
M. Berin (Berain), dessinateur ordinaire
du cabinet du Roi, par le sieur Le Maire,
peintre fort entendu dans ces sortes d'ouvrages. Ce salon est éclairé par douze
lustres et par quantité de girandoles garnies de bougies (1) ».

Hubert Le Blanc fait allusion aux
affiches qui furent posées dans Paris (2);
aucun moderne collectionneur ne peut,
croyons-nous, se vanter d'en posséder un
exemplaire ; mais les recueils périodiques
du temps nous ont du moins conservé le
programme de la première séance. Il se
composait d'une suite d'airs de violon, de
La Lande, d'un caprice du même auteur,
de son grand motet sur le psaume *Confitebor;* ensuite venaient un concerto de
Corelli appelé la *Nuit de Noël*, et pour
finir un second motet de La Lande, le

(1) *Mercure de France*, mars 1725, p. 615,
(2) HUBERT LE BLANC, *Défense de la basse de viole*,
p. 43.

Cantate Domino. L'exécution, commencée à six heures, fut terminée à huit, « avec l'applaudissement de toute l'assemblée ».

Pendant les soirées suivantes défilèrent deux par deux une douzaine d'autres motets de La Lande. Le maître, qui devait mourir à un an de là, — le 18 juin 1726, — eut la satisfaction de savourer ainsi, aux Tuileries, un genre de popularité qu'il n'avait pas prévu en travaillant jadis pour la chapelle royale, d'après les modèles de Lully et les indications de Louis XIV. Peut-être eut-il alors la révélation que ses « motets à grand chœur » n'avaient jamais été et ne seraient jamais nulle part mieux à leur place que dans cette salle de concerts, entre les balustres dorés en forme de lyre et la perspective de Berain, sous la lueur mondaine des girandoles. De l'ancien motet liturgique, ces œuvres n'avaient plus guère conservé que le titre et le langage ; c'étaient de grandes cantates dont les textes — psaumes, hymnes ou proses — étaient divisés, raccourcis ou répétés, selon les exigences de la facture musicale, en fragments successifs et variés, pouvant se détacher, se supprimer, se remplacer à volonté. Une ouverture ou du moins une ritournelle instrumentale précédait un premier grand chœur avec orchestre ; des récits et des duos, accom-

pagnés de solos de flûte, de violon ou de
basse de viole, alternaient avec d'autres
ensembles d'allures et de dispositions soigneusement contrastées ; la conclusion était
formée de nouveau par quelque imposante
réunion de toutes les voix, de tous les instruments. Dans tout le cours de l'ouvrage,
la recherche de la variété et celle de la symétrie l'emportaient sur le souci de l'expression, qui se trouvait tantôt solennelle et
vaguement religieuse, tantôt délibérément
indifférente ; dès que le texte prêtait à un
commentaire descriptif, apparaissaient les
formules d'usage, pour peindre l'image
indiquée ; des rythmes de pastorale et des
murmures de flûtes inclinaient un verset du
côté de la bergerie ; ou bien les timbales et
les trompettes, formant bande à part et
dialoguant avec l'orchestre et les voix, ame-
naient dans le psaume l'éclat d'une musique
guerrière. Les broderies, les agréments, les
« pretintailles », se pressaient dans les
récits destinés à d'habiles chanteurs. La
variation mélodique ornementale remplaçait l'art oublié de développer un thème :
il suffit, pour s'en convaincre, de lire, dans
la collection des motets de La Lande, sa
version de l'*O Filii* (1). L'ensemble de son

(1) *Motets de feu M. de La Lande*, etc., 1729 et suiv.,
vingt livres in-folio. *L'O Filii* est au livre II. Sur ce

œuvre religieux, étudié selon l'esprit du culte auquel il était destiné, laisse l'impression d'un monument d'architecture dont l'appropriation est sacrifiée à la façade. Si, poursuivant la même étude, on laisse volontairement à l'écart cet essentiel point de vue de la destination première, il faudra revenir en partie sur la sévérité fâcheuse du jugement primitif, et reconnaître l'incontestable mérite des grands chœurs majestueux, emphatiques et lourds, des airs tendres et gracieux, des dialogues semés de coquetteries mièvres, de tout ce charme vieillot d'un art où se confondent le crépuscule du grand siècle et l'aurore du rococo.

Dans une salle de concerts, toutes les qualités de ces œuvres ressortaient en plein relief et se pouvaient goûter sans réserves. Le public s'accoutuma donc aisément à les considérer comme le fondement obligé du répertoire. A l'intérêt, à la puissance d'action qu'elles possédaient par elles-mêmes, s'ajoutait le plaisir de les en-

---

sujet, nous nous permettons de citer notre conférence, *la Musique sacrée sous Louis XIV*, publiée dans la *Tribune de Saint-Gervais*, année 1899, et à part, in-8º, et nous prions le lecteur de vouloir bien y effacer (p. 79 de la *Tribune*, ou p. 13 de la brochure) les mots « trois ans après la mort de La Lande », qui constituent un impardonnable *lapsus calami*.

tendre exécuter par des artistes en vue,
que Philidor avait su réunir, et dont quelques-uns, attachés au service du Roi,
n'étaient connus que des personnes admises
soit aux offices religieux de la chapelle de
Versailles, soit aux divertissements de la
cour.

« Les récitants du concert, continue le
Mercure, sont les sieurs Francisque, Dominique, Le Prince, Granet, et l'abbé Ducros, tous de la musique du Roi ; Mlle
Antier, les sieurs Muraire, Cuvillier, Cochereau, Dun, Le Mire et Dubourg, de
l'Académie royale de musique. Les chœurs
sont composés de tout ce qu'il y a de meilleurs sujets de la musique du Roi, de l'Académie royale de musique et des principales
églises de Paris, où il y a des chœurs de
musique; il en est de même de ceux qui
composent la symphonie (1). » Les deux
artistes que le journaliste appelle simplement Francisque et Dominique étaient
deux chanteurs italiens de la musique du
Roi, Francisque La Fornara et Dominique
Flavoni ; — Nicolas Le Prince, attaché depuis 1712 à la musique de la chambre et
depuis 1721 à celle de la chapelle, devait
en devenir le doyen et y faire fonctions de

(1) *Mercure*. mars 1725, p. 616.

sous-maître (1); — Louis Ducros servait
auprès de lui comme basse-taille (2). A ce
groupe, venu de la cour, ne pouvait guère
être opposée de personnalité plus brillante
que Mlle Antier, qui joignait au titre de
« première actrice de l'Académie royale de
musique » celui de musicienne du Roi,
obtenu en 1721, avec une pension de douze
cents livres, pour avoir chanté dans les
ballets de la cour (3); — Jean Muraire,
Louis-Antoine Cuvillier père et Jacques
Cochereau étaient trois hautes-contre; le
dernier ne se bornait point à tenir des rôles
à l'Opéra et des parties à la chambre du
Roi, mais composait encore des recueils
d'*Airs* et des cantates de circonstance; —
Jean Dun fils possédait une sonore voix de
basse-taille (4).

Dès les premières séances, Philidor
réussit également à piquer la curiosité de ses
auditeurs en leur présentant l'un vis-à-vis
de l'autre, en « une espèce d'assaut », deux
virtuoses regardés alors comme « les deux

---

(1) Il mourut subitement le 28 avril 1757, âgé de
soixante-quinze ans.

(2) Il fut pensionné en 1736 et mourut après 1760.

(3) Elle mourut le 3 décembre 1747.

(4) Pour tous ces musiciens, voyez Campardon,
L'Académie de musique au XVIIIe siècle.

plus excellents joueurs de violon qui soient au monde », Baptiste Anet et Pierre Guignon. Le premier était fils de l'un des vingt-quatre violons ; il avait voyagé en Allemagne et en Italie, où Corelli lui avait enseigné « à bien jouer ses sonates, que fort peu de gens étaient en état d'exécuter » ; en possession du titre d'ordinaire de la musique du Roi, il devait se faire entendre assez fréquemment au Concert spirituel pendant les premières années de l'entreprise, en y jouant les œuvres de l'école italienne et ses propres compositions. Son départ pour la petite cour lorraine de l'ex-roi de Pologne Stanislas Leczinski, en 1738, laissa la première place à Pierre Guignon, qui était Piémontais, un peu plus jeune qu'Anet, et qui représentait pareillement l'école italienne, en interprétant, avec ses sonates et ses duos, les concertos de Vivaldi ; ses succès au Concert devaient se prolonger pendant vingt-cinq ans (1).

Le *Miserere* de Lully, celui de Nicolas

---

(1) Baptiste Anet mourut à Lunéville en 1755. Voyez Jacquot, *La musique en Lorraine*, p. 160. Son premier livre de sonates avait paru en 1724, le second en 1729. — Pierre Guignon, dernier possesseur du titre de *Roi des violons*, mourut à Versailles le 30 janvier 1774.

Bernier, maître de musique de la Sainte-
Chapelle du palais et de la chapelle du
Roi, furent, avec le *Cum invocarem* de ce
dernier, les premiers motets admis à partager avec ceux de La Lande l'honneur
d'ouvrir et de fermer les séances (1). Plusieurs fois, Mlle Antier fit entendre un
motet à voix seule, *O dulcis Jesu*, dont les
paroles, de l'abbé Pellegrin, et la musique,
de Destouches, avaient été composées
en 1717 pour une station de procession
chez la duchesse de Berry, au palais du
Luxembourg (2). Durant la seconde année,
de nouveaux noms d'auteurs et d'exécutants apparurent en abondance. L'un des
premiers fut celui de « feu Gilles », le musicien tarasconnais, dont la *Messe des Morts*
était à cette époque, et pour un demi-siècle
encore, admise au rang des chefs-d'œuvre.
Ce fut son *Beatus vir* que Philidor choisit

---

(1) Le *Miserere* de Lully avait été imprimé chez
Ballard, en 1684, en tête du recueil des *Motets à deux
chœurs pour la chapelle du Roy, mis en musique par M. de
Lully*, etc. — En 1703, 1713 et 1736 parurent trois livres
de *Motets à une, deux et trois voix, avec symphonie et sans
symphonie*, de Nicolas Bernier; le troisième fut une
publication posthume : Bernier, né à Mantes le
28 juin 1664, mourut à Paris le 5 septembre 1734.

(2) *Mercure*, avril 1725, p. 1140.

pour le représenter sur ses programmes (1).
Il accueillit ensuite le *Miserere* de Lallouette, maître de musique et bénéficier de
Notre-Dame de Paris ; œuvre à grandes
prétentions, qui n'était guère, au fond,
qu'une assez plate imitation du style de La
Lande (2) ; — un *Confitebor* de François
Petouille, maître de chapelle estimé dans
les provinces, qui devait l'année suivante
hériter l'emploi de Lallouette à Notre-
Dame (3) ; — d'autres compositions pareilles de Henri Desmarets, de Montéclair, de Dornel, de Guignard, simple
ordinaire de la musique du Roi, un *Quare
fremuerunt* de Philippe Courbois, et, du
même, un *Omnes gentes*, qui dut à son
accompagnement de « trompettes et tim-

(1) Jean Gilles, né à Tarascon, reçu enfant de chœur
à la cathédrale d'Aix en 1678, y devint organiste, chapelain et maître de chapelle, partit pour Agde en 1695
et mourut à Toulouse le 5 février 1705. Des copies de sa
messe et de sept grands motets existent à la Bibliothèque nationale.

(2) *Le Psalme Miserere à grand chœur et l'hymne Veni
Creator à trois voix et basse continue, par M. Lallouette*, etc.
Paris, Ballard, 1730, in-folio (livre second des motets de
Jean-François Lallouette).

(3) Ce motet existe en ms à la Bibl. nat. — François
Petouille, maître de chapelle à Langres, puis à Laon,
succéda à Lallouette en 1727, et mourut à Paris
en 1730.

bales », imité, lui aussi, de La Lande, la faveur de plusieurs exécutions (1) ; — le *Te Deum* que Colin de Blamont avait écrit pour le sacre de Louis XV, et qui n'avait pas pu y être exécuté, l'office ayant été, ce jour, par ordre, chanté en plain-chant. Enfin, Philidor lui-même se présenta comme auteur de motets, en offrant à ses habitués un *Domini est terra*.

Le premier « musicien étranger » entendu aux Tuileries fut un abbé italien nommé Palmerini, qui chanta, le 2 février 1726, un petit motet de sa composition (2). François Rebel fils et François Francœur, préludant à leur longue collaboration de compositeurs par une collaboration de virtuoses, commencèrent dans la même saison à se produire ensemble, dans

---

(1) Philippe Courbois, « maître de musique à Paris », avait en 1710 dédié à la duchesse du Maine son œuvre premier, un livre de *Cantates françaises à une et deux voix, sans symphonie et avec symphonie,* gravé à Paris, in-fol. Il fut admis en 1729 à faire chanter trois fois un de ses motets à la messe du Roi. (*Mercure*, novembre 1729, p. 2727).

(2) Il se rendit ensuite aux Pays-Bas et en Allemagne; sur le programme d'un concert donné à Hambourg, le 21 septembre 1726, il s'intitulait « Célèbre virtuose et bassiste ». (J. Sittard, *Geschichte der Musik und Concertwesens in Hamburg,* p. 69.)

des duos de violon. Le succès du flûtiste Michel Blavet effaça le leur et s'affirma si impérieusement, qu'il fallut le faire reparaître presque dans chaque concert ; la justesse de son embouchure émerveillait les amateurs, si peu habitués à ce genre de mérite, qu'ils le croyaient « impraticable » (1). Une partie du public déclara la flûte « préférable au violon » et Philidor s'ingénia à découvrir d'autres virtuoses sur l'instrument favori. Un certain Lucas parut le premier, puis Buffardin, Marseillais attaché au service de l'électeur de Saxe (2).

---

(1) ANCELET. *Observations sur la musique*, p. 28.

(2) Sur Blavet, voyez Fétis, t. I, p. 439, qui n'a pas donné le titre de ses *Sonates pour la flûte ;* le second livre parut en 1732, le troisième en 1740. — Pierre-Gabriel Buffardin, né à Marseille vers 1690, emmené à Constantinople par l'ambassadeur de France, entra le 26 novembre 1715 au service de l'électeur Frédéric-Auguste Ier, comme flûtiste de sa chapelle, à cinq cents thalers d'appointements ; cette somme fut doublée en 1741. Buffardin se fit entendre au Concert spirituel en 1726 et en 1737. Après trente-cinq ans de services, il obtint de Frédéric-Auguste II une pension de mille écus, et se retira en France, en 1750. Il avait eu pour élèves, à Dresde, Quantz, Gœtzel et Grassi. — Voyez Spitta, *J.-S. Bach*, t. I, p. 763; Furstenau, *Zur Geschichte der Musik am Hofe der Kurfürsten von Sachsen,* t. II, p. 95 ; le *Mercure* de juin 1737, t. I, p. p. 1209; les *Mémoires* du duc de Luynes, t. X, p. 298.

La célèbre Mlle Lemaure, « qui n'avait pas encore paru à ce concert », y débuta dans les récits du *Tc Deum* de La Lande, le 25 mars 1727, et y fut « fort applaudie »; désormais, elle allait partager, aux Tuileries comme à l'Académie royale de musique, les rôles et les succès avec Mlle Antier : « Les concerts spirituels sont fort courus, écrit Mlle Aïssé; la Antier et la Lemaure y chantent à enlever (1) ».

Une tentative digne de mention, première trace apparente d'une influence sensible de l'établissement du Concert sur la production musicale, se produisit le 30 mars 1727 : on fit ce soir-là l'essai d'un psaume *traduit en français* par Pellegrin, mis en musique dans la forme du « motet à grand chœur », par un ancien maître de chapelle de la cathédrale d'Arles, Alexandre de Villeneuve. L'exécution de ce morceau pouvait être regardée comme une infraction à l'engagement pris par Philidor

---

(1) *Mercure*, mars 1727, p. 615. *Lettres de Mlle Aïssé*, publ. par Piédagnel, p. 55. — Mlle Lemaure, qui avait débuté à l'Opéra en 1719, possédait depuis 1722 le titre de musicienne de la chambre du Roi, avec une pension de mille livres. Voyez, sur cette artiste, A. Jullien, *Le Monde et l'Opéra en 1735. Mlle Lemaure et l'évêque de Saint-Papoul.*

de ne faire chanter aucune composition
dont les paroles fussent françaises ; faut-il
supposer que cet article de son bail lui fut
rappelé, ou croire tout simplement que,
l'œuvre étant insignifiante et banale, personne n'y distingua le germe d'une forme
nouvelle, capable, en d'autres mains, de
prêter à des développements meilleurs ?
Toujours est-il que l'essai demeura stérile
et isolé, et que public et musiciens passèrent sans y entrer devant cette porte,
ouverte, comme par hasard, sur la route,
alors inconnue en France, de l'oratorio et
de la cantate religieuse en langue vul-
gaire (1).

A la veille du renouvellement de son bail,
Philidor prit de nouveaux arrangements
pour donner à son entreprise une extension
considérable. Vers la fin de 1727, il annonça
que, sans préjudice des séances spirituelles

---

(1) L'œuvre fut publiée dans la même année sous ce
titre : *Premier Concert Spirituel à I, II, III, IV voix avec
symphonie, sur une traduction française du psaume 96, Dominus regnavit exultet terra. Dédié à la Reine, par M. Villeneuve, cy devant maitre de musique de la métropole d'Arles. Se
vend à Paris, chez l'auteur*, etc. 1727. Le privilège, daté
de 1719, est accordé au sieur Alexandre de Villeneuve
pour « plusieurs motets avec des leçons de ténèbres, un
Miserere, et autre musique, tant vocale qu'instrumentale ».

données les jours de fêtes religieuses, son concert se continuerait deux fois la semaine en hiver et une fois en été, par des séances mélangées d'art profane et d'art sacré, qui commenceraient par un « divertissement », comprendraient des pièces de musique italienne et française, ainsi que des sonates, et se termineraient par un grand motet (1). La salle fut aménagée et décorée à nouveau ; on la divisa par l'établissement d' « une balustrade sur trois faces, la première opposée à la tribune où sont placés les symphonistes et les autres musiciens, la seconde en pan coupé, et la troisième allant se joindre à la tribune, du côté du jardin des Tuileries » ; cette balustrade servait à contenir six rangs de gradins élevés en amphithéâtre, où le prix des places était de quatre livres, tandis que l'on payait deux livres seulement pour s'asseoir sur les banquettes placées dans le milieu de la salle (2). Philidor dirigea le 20 décembre 1727 le premier de ces concerts français, où l'on exécuta le divertissement *Le Retour*

---

(1) *Mercure,* novembre 1727, p. 2709.

(2) *Mercure,* décembre 1727, p. 2941. — *Histoire de l'Académie royale de musique* (par Durey de Noinville et Travenol), 2ᵉ édit., 1757, p. 173.— HURTAUT et MAGNY, *Dictionnaire historique de la ville de Paris,* t. III, p. 530.

des dieux sur la terre, composé en 1725 par
Colin de Blamont pour le mariage de
Louis XV, et sa cantate *Didon,* nouvellement produite chez la Reine. Une grande
activité fut déployée pour arriver à varier
les programmes, tout en se conformant
fidèlement au plan fixé ; le répertoire de la
cantate, sensiblement antérieur à la fondation du Concert, mais que la mode n'avait
pas encore abandonné, fut mis largement
à contribution (1), et les petites pièces de
Batistin (J.-B. Stuck), de Du Tartre, de
Colin de Blamont, de Bourgeois, de Clerambault et autres, chantées par Mlle Lemaure, par Mlle Antier, par Mlle Delba ou
delle Barre, s'encadrèrent, pour le régal des
amateurs de chant français, entre les *Muses
rassemblées par l'Amour* de Campra, et son
Deus, in nomine tuo, entre le *Divertissement
sérieux et comique* de Renier (2) et un motet
de Mion, entre l'*Idylle de Sceaux* de Lully

---

(1) Sur la cantate, voyez l'étude de M. Ch. Malherbe,
en tête du troisième volume des *Œuvres complètes* de Rameau.

(2) Renier, qui mourut en 1731, avait publié en 1728
un premier livre de *Cantates françaises mêlées de symphonies,* et bientôt après, sans date, un second livre, intitulé
*Cantates françaises ou musique de chambre à voix seule et à
deux voix avec symphonie et sans symphonie avec la basse continue.*

ou des fragments de sa *Grotte de Versailles*
et les traditionnels motets de La Lande.
L'œuvre de circonstance que Colin de
Blamont avait écrite, sous le titre des
Présents des dieux, en l'honneur de la
double naissance de Mesdames, filles du
Roi, tint à son tour la place d'un divertissement. Auprès de Guignon et de Blavet
parurent de nouveaux virtuoses : l'excellent
violoniste Jean-Baptiste Senaillé, fils de
l'un des vingt-quatre violons du Roi et
lui-même « ordinaire de la musique de la
chambre », ne devait être applaudi que
pendant deux saisons ; il mourut à Paris
le 12 octobre 1730, âgé d'environ quarante ans (1) ; à Leclair était réservée une
plus longue carrière, une plus durable
renommée ; ses premières sonates, publiées
peu d'années auparavant, le faisaient déjà
regarder comme un « fameux violon » : les
œuvres qu'il composa et joua par la suite
initièrent le public français à des difficultés
inconnues d'exécution et ne tardèrent point
à passer pour « ce qu'il y avait de plus

---

(1) HERLUISON, *Actes d'état civil d'artistes musiciens*,
p. 38. — Les cinq livres de *Sonates à violon seul, avec la
basse*, de Senaillé, avaient paru en 1710, 1712, 1716, 1721
et 1727.

parfait » dans la littérature du violon (1).

Entre les œuvres instrumentales qui firent le plus de plaisir, on remarqua un « concerto de trompettes, hautbois, cors de chasse et timbales, avec les chœurs´ de toute la symphonie », de la composition du Génois Antonio, ancien membre de la musique particulière du duc d'Orléans : on le joua le 23 mars 1728 (2). Un mois auparavant, le 21 février, avait été exécuté « un concerto de chalumeau (schalmey), avec les accompagnements de symphonie qui forment les chœurs. Cet instrument, qui est fort en usage en Allemagne, imite le hautbois et la flûte à bec. Le tout ensemble parut assez singulier et fit

---

(1) *Lettres sur les hommes célèbres sous le règne de Louis XV* (par Daquin), tome 1, p. 132. — Jean-Marie Leclair l'aîné, né à Lyon le 16 mai 1697, mourut assassiné dans la nuit du 22 au 23 octobre 1764, dans une maison qu'il avait fait bâtir à Paris « près la Croix du Trahoir », entre les deux barrières Saint-Martin. Ses *Sonates,* dont le premier livre parut en 1723, le quatrième après 1747, sont au premier rang des productions de l'ancienne école française du violon. — Nous retrouverons plus loin Leclair le cadet ou le second

(2) Giovanni-Guido Antonio dédia, en 1707, au duc d'Orléans un livre de *Motetti ad una e piu voci con sinfonia,* et fit paraître en 1726, un livre I de *Sonates à violon seul avec accompagnement de basse et de clavecin.*

plaisir (1). » Le concerto, dont le *Mercure*
ne nomme ni l'auteur, ni l'interprète, paraît
avoir été la première incursion du Concert
des Tuileries dans le domaine alors ignoré
de la musique allemande; depuis le milieu
du XVIIᵉ siècle, les dilettanti français
croyaient connaître la musique italienne;
ils ne se sentaient, à l'égard de l'art germa-
nique, aucun intérêt. Lecerf de la Viéville
avait, en une ligne dédaigneuse, mentionné
« les Allemands, dont la réputation n'est
pas grande en musique (2) », et lorsque,
vers 1705, Pantaleon Hebenstreit était
venu jouer du tympanon ou pantalon chez
Ninon de Lenclos, on l'avait jugé « d'autant plus digne de curiosité, qu'il venait
d'un pays peu sujet à produire des hommes
de feu et de génie (3) ». Il nous faudra
poursuivre jusqu'à l'année 1738 avant de
rencontrer un nom allemand, celui de
Telemann, sur les programmes du Concert.

(1) *Mercure*, février 1728, p. 385.
(2) *Comparaison de la musique italienne et de la musique
françoise*, 2ᵉ partie, p. 100.
(3) *Dialogue sur la musique des anciens*, par l'abbé de
Châteauneuf, p. 4.

II

L E Concert fonctionnait depuis trois ans d'une façon régulière et en apparence prospère, lorsque de graves difficultés financières faillirent amener sa ruine. Philidor n'était pas l'unique propriétaire de l'entreprise. Il avait des commanditaires, que la « précision » grandement admirée des exécutions musicales satisfaisait moins que celle des comptes. L'un de ces bailleurs de fonds, Michel de Lannoy, huissier des ballets du Roi, éleva de telles contestations, que Philidor fut obligé de se retirer. Sa démission précéda de peu de mois son décès, qui arriva à Versailles, le 8 octobre 1728.

Trois associés : Michel de Lannoy, Pierre Simard et le compositeur Jean-

Joseph Mouret (1), s'entendirent pour continuer l'affaire, qui marcha deux ans sans
encombre; les embarras reparurent dans
l'été de 1730, après la mort de Lannoy. Sa
veuve, Marie Regnard, engagea contre
Simard et Mouret un procès en restitution
d'une somme de dix mille livres, qu'elle
prétendait due à son mari; le Châtelet de
Paris lui donna raison par sentence du 10
novembre; ses adversaires sollicitèrent du
Roi la grâce d'évoquer la cause à son conseil, afin de la renvoyer à deux arbitres
choisis pour en régler l'issue à l'amiable.
Ce point leur fut accordé par un arrêt du
conseil d'État du 20 avril 1731, qui désigna
pour commissaires du Roi deux anciens
avocats au Parlement, les sieurs Normant
et Langlois. Ceux-ci, jugeant en dernier
ressort, déchargèrent Simard et Mouret
des condamnations précédentes et fixèrent
à deux mille livres les droits de la veuve
de Lannoy. Moitié de cette somme lui
avait déjà été payée. Il fut réglé que les
dépens seraient compensés entre les parties, et l'affaire se trouva close par cet
arrêt définitif, daté du 16 juillet 1731 (2).

Mais au même moment, la direction de

---

(1) Sur Mouret, voyez Fétis, t. VI, p. 219.
(2) Archives nationales, V7, 162.

l'Académie royale de musique avait changé
de mains, et se trouvait officiellement confiée, depuis le 1er juin 1730, pour une durée
de trente-deux ans, au sieur Gruer. L'article 2 de l'arrêt du conseil d'Etat qui le
mettait en possession, cassait et annulait
toutes les permissions données par ses prédécesseurs pour raison du Concert. Il fallut
donc que Simard et Mouret traitassent avec
lui sur nouveaux frais ; ils signèrent, le
15 août 1731, un bail de neuf années pour
lequel fut exigée d'eux une redevance annuelle plus élevée : douze mille livres (1).
Trois jours plus tard, le 18 août, un nouvel
arrêt du conseil destituait Gruer de son
privilège. Lecomte, son successeur, accepta
le bail comme valable ; mais Mouret, que
tant de difficultés avaient lassé, résolut de se
retirer de l'entreprise et réussit à se faire
décharger à l'amiable, le 20 avril 1733, de
la garantie solidaire qu'il avait consentie ;
il était temps pour lui de retirer son épingle
du jeu, car, peu de semaines après, le 30 mai,
la direction de l'Académie royale de musique passait de Lecomte à Eugène de Thuret, qui ne tarda guère à déposer au Châtelet une plainte contre Simard, demeuré seul
entrepreneur du Concert, sous prétexte de

(1) Archives nationales, O1, 621.

non-exécution des clauses de son bail; le jugement qui termina cette longue affaire prononça que, « faute par Simard d'avoir payé audit sieur de Thuret la somme dont il était redevable, les meubles et ustensiles servant à la décoration de la salle seraient prisés et adjugés audit sieur de Thuret, en déduction de son dû (1) ».Après quoi l'Académie royale de musique commença, le 25 décembre 1734, à régir par elle-même le Concert des Tuileries.

Tant de péripéties n'avaient ni suspendu les séances, ni modifié les programmes habituels du Concert; sous l'une comme sous l'autre direction, il y eut concert spirituel les jours de fêtes religieuses, concert français les mercredis ou les samedis. Mouret, chargé depuis la démission de Philidor de leur organisation artistique, ne changea rien au plan fixé par son prédécesseur ; il se contenta d'admettre des œuvres nouvelles, les siennes principalement; ses grands et ses petits motets, son *Te Deum* avec timbales et trompettes, son prologue de l'opéra *les Fêtes de Thalie*, ses divertissements *le Guy l'an neuf*, *les Amours de Silène*, *la Beauté couronnée* (ce dernier tiré de l'opéra *le Temple de Gnide*), ses cantates *le*

---

(1) Archives nationales, O¹, 621.

*Bal, la Mort de Didon, Andromède et Persée,
Eglé*, son *Hymne à l'Amour*, une suite d'airs
de fanfares avec trompettes, timbales,
hautbois et violons, composés pour un
souper du Roi à l'hôtel de ville de Paris,
rappelèrent fréquemment aux auditeurs ses
talents variés de compositeur profane et
religieux. Aux grands motets de La Lande,
Bernier, Gilles, Campra et autres, il ajouta
peu à peu le *Benedixisti* de Couperin, le
Te Deum, le *Super flumina*, le *Domine in
virtute tua* de Gomay, le *Lauda Jerusalem*
de l'abbé Gaveau, qui se chantait encore
en 1752, après la mort de son auteur (1),
l'*Exultate justi* de Bordier, maître de chapelle de l'église des SS. Innocents. Le
Concert des Tuileries devenait un débouché fort utile, vers lequel se dirigeaient
avec empressement les musiciens de toutes
les parties de la France; Henri Madin et
Blanchard étaient encore en fonctions dans
des cathédrales de province lorsque furent
exécutés au Concert des motets de leur
composition; l'un de ceux de Madin, un
Diligam te, devait lui survivre et rester au
répertoire, à côté de celui de Gilles sur le

---

(1) Le ms. de ce motet est à la Bibliothèque nationale, ainsi que celui d'un *Judica me* du même auteur.

même texte, jusqu'à 1762 (1). L'abbé de
La Croix, chapelain et maître de musique
de la Sainte-Chapelle du Palais, donna en
1729 un motet à trois basses-tailles, qui put
passer pour une sorte de curiosité (2). Plusieurs motets et cantates classèrent Louis
Lemaire au nombre des fournisseurs les
plus actifs du Concert, où ses œuvres,
d'une absolue nullité, réussissaient par
leur facilité, par leur banalité même, et par
l'usage ou l'abus des formules vocales à la
mode (3).

---

(1) Henri Madin, maître de chapelle à Tours, passa le
10 octobre 1737 à la cathédrale de Rouen, et devint
en 1738 sous-maître de la chapelle du Roi pour le quartier d'octobre. Antoine-Louis-Esprit Blanchard fut maître
de chapelle à Besançon, puis à Amiens, avant de recevoir, la même année que Madin, sa nomination de
sous-maître de la chapelle du Roi pour le quartier de
juillet; ayant quitté le petit collet et s'étant marié
en 1757, il dut vendre sa charge de précepteur des pages,
resta surintendant de la musique du Roi et mourut
en 1775.

(2) L'abbé François de La Croix mourut en 1759.

(3) Louis Lemaire, né vers 1693, élève de Brossard à
la maîtrise de Meaux, est l'auteur de cantates publiées
en 1724 sous le titre des *Quatre Saisons* ; de deux recueils
d'*Airs mêlés de vaudevilles*, 1725 ; de *Motets à une et deux
voix avec symphonie et sans symphonie, chantés au Concert
spirituel du château des Thuilleries depuis 1728 jusqu'à 1733,
divisés en dix-huit Saluts* ; de quarante-quatre cantatilles
publiées séparément de 1720 à 1744; d'un livre de *Fan-*

Quand il lui arrivait de manquer de copie, Mouret empruntait à *Jephté*, de Montéclair, une sarabande, à *Roland*, de Lully, une bergerie, joignait à ces deux morceaux quelques bribes de sa composition, ajustait sur le tout les paroles du *Pange lingua* et, grâce à l'interprétation de Mlle Lemaure, obtenait aisément que « cette nouveauté » fût « très applaudie (1) ». Un élément de succès était encore cherché dans l'à-propos des exécutions ; une sorte de tradition s'établissait, qui faisait revenir à date fixe des œuvres d'actualité : le jour de la Toussaint ou le jour des Morts, on trouvait immanquablement au programme le *De profundis* de La Lande, ainsi qu'un « Carillon funèbre par toute la symphonie » ; le 25 décembre, une suite d' « Airs de Noëls pour les instruments ». Le 29 janvier 1733, les théâtres ayant été forcés de chômer, à cause de la mort du roi de Sardaigne et de son service à Notre-Dame, le Concert s'empressa de donner une soirée de circonstance, avec le *De profundis* et le Carillon funèbre. Tous les ans, pendant la saison des plaisirs cynégétiques, on exécutait une ou plusieurs fois la *Chasse du Cerf*, de Morin, œuvre relativement ancienne, puisque sa première audition remontait à un séjour de Louis XIV à Fontainebleau, en 1708. Divisée en sept scènes, que rattachait tant bien que mal l'action supposée d'une chasse chez Diane, cette longue partition offrait une succession variée de symphonies graves et gaies, de chœurs, d'airs à boire, de fanfares de chasse sur les thèmes d'usage en vénerie, et représentait assez bien le type du *Divertissement* de concert (1).

C'était, si l'on veut, un agrandissement de la cantate, portée aux proportions d'un acte d'opéra et formant le pendant profane du motet à grand chœur, puisqu'il se composait comme lui d'ensembles et de solos distribués avec un plus grand souci de la variété et de la symétrie, que du contenu littéraire à traduire. Dans

------

(1) *La Chasse du Cerf, divertissement chanté devant Sa Majesté à Fontainebleau, le vingt-cinquième jour d'aoust 1708, mis en musique par M. Morin, ordinaire de la musique de Msr le duc d'Orléans. Ce divertissement est mêlé de plusieurs airs à boire.* A Paris, chez Christophe Ballard, 1709, in-fol. obl. de 160 pages. — J.-B. Morin avait été l'un des créateurs de la cantate française, dont il publia quatre livres en 1706, 1707, 1709 et 1712.

les chœurs, un ton gracieux remplaçait la
majesté obligée des œuvres sur paroles
latines ; dans les solos, il n'y avait guère
de différence entre les deux genres de composition. La mythologie fournissait généralement le sujet du poème, pour lequel
des frais d'invention ou de style n'étaient
pas jugés nécessaires. Si nous parcourons
la liste considérable des divertissements
exécutés de 1728 à 1734 au Concert, nous
voyons passer, avec la *Chasse* de Morin et
les œuvres déjà mentionnées de Mouret,
l'*Union de la musique française et de la
musique italienne*, de Batistin (1), qui était
certainement d'actualité, à la veille des
représentations de la troupe des Bouffons ;
le *Triomphe de Daphné*, de Paulin, maître
de musique du chapitre de Saint-Honoré,
et ses *Titans vaincus par Apollon* (2) ;
l'*Union de l'Amour et de l'Hymen*, de l'or-

(1) Sur J.-B. Stuck, dit Batistin, qui mourut à Paris
en 1755,. et dont les quatre livres de *Cantates françaises*
avaient paru en 1707, 1708, 1711 et 1714, voyez Fétis,
t. I, p. 269.

(2) Paulin, qui avait été bénéficier à Notre-Dame de
Paris avant de devenir maître de musique de Saint-
Honoré, était l'auteur d'un livre de *Motets* et fournissait
de petits airs au *Mercure*. Le livret d'une pastorale de
sa composition, *les Amants constants,* est en ms. à la Bibliothèque nationale.

ganiste Daquin ; l'*Automne ou le Triomphe de Bacchus*, de Lemaire; le *Temple de Paphos*, de Clérambault fils ; les *Sauvages*, de Campra, et son *Apothéose d'Hercule;* les *Elèves d'Apollon*, de Dornel. On essayait aussi de ranimer dans la salle des Tuileries des œuvres de circonstance écrites pour la cour ou pour l'Opéra, comme le *Soleil vainqueur des nuages*, de Clérambault, qui avait servi en 1721, à l'Académie royale de musique, à célébrer le rétablissement de la santé du Roi (1).

Les récits des grands motets, les petits motets à voix seule, les solos des divertissements, les cantates à une ou deux voix, fournissaient d'amples prétextes à la virtuosité des chanteurs. Mlle Lemaure se prodiguait. C'est par elle que fut chanté, le 22 novembre 1728, le *Berger fidèle*, de Rameau, un maître dont le nom ne devait, chose singulière, qu'un très petit nombre de fois figurer sur les programmes du Concert. Mlle Eremans, qui appartenait aussi à l'Opéra et à la musique du Roi, débuta aux Tuileries dans les récits de

---

(1) Louis-Nicolas Clérambault père, organiste de Saint-Sulpice et de la maison de Saint-Cyr, mourut à Paris en 1749. Ses cinq livres de *Cantates françoises,* publiés de 1710 à 1726, jouissaient d'une grande vogue.

deux motets de La Lande, et se distingua
bientôt dans l'exécution des cantates (1).
Mlle Bastolet, qui arrivait de province et
avait brillé aux concerts de Dijon, se fit
une spécialité des airs italiens. Le début
de Mlle Fel eut lieu le 1er novembre 1734,
tout à la fin de la direction Simard (2).
Mlles Bourbonnais, Lenner, Petitpas, com-
plétaient le personnel féminin des solos (3);
elles avaient pour partenaires principaux
Ducros, Dun et Benoît, dit l'abbé Benoît,
dont la « grande et agréable voix » de
basse-taille était fort appréciée à la chapelle du Roi (4). Jéliotte chanta pour la
première fois au mois de mai 1733, et fit
immédiatement admirer sa « très belle voix

---

(1) Mlle Eremans, attachée à l'Opéra depuis 1721,
avait été nommée musicienne de la chambre du Roi en
même temps que Mlle Lemaure, le 12 mars 1722.

(2) Sur Mlle Fel, voyez Campardon, l'*Académie de musique,* etc., t. I, p. 306 et suiv., et un article de M. Ad.
Jullien, dans l'*Art,* tome IV, p. 329 et suiv.

(3) Mlle Lenner, qui chantait au Concert depuis 1731,
fut admise en 1745 à la musique du Roi, et passa
en 1769 à la vétérance, « n'ayant plus de voix »; elle
vivait encore en 1779. — Mlle Petitpas avait débuté à
l'Opéra en 1725.

(4) Claude Benoît fut attaché à la chapelle du Roi
jusqu'à 1760.

de haute-contre » (1) ; — Bérard, qui devait
acquérir plus tard un certain renom de
professeur, par la publication d'un traité
de l'*Art du chant* (2), parut dans quelques
séances de la même année ; il venait, presque en même temps que Jéliotte, de débuter
à l'Opéra.

Après la courte apparition du chanteur
Palmerini, plusieurs années s'étaient écou-
lées sans qu'arrivât un second musicien
étranger. Le 28 septembre 1729, « le sieur
Annibalino, fameux musicien italien et
premier acteur de l'Opéra de Londres,
chanta seul pour la première fois un motet
latin dans le vrai goût de la musique italienne, et deux petits airs italiens ; le tout
fut fort applaudi » (3). Un troisième chanteur de la même école, Bordicio, chanta le
8 décembre 1730 « deux ariettes qui furent
goûtées, dit prudemment le *Mercure*, par

---

(1) *Mercure,* mai 1733, p. 1030. — Sur Pierre Jéliotte,
voy. Campardon, t. II, p. 11.

(2) Ce traité, dédié à Mme de Pompadour, parut
en 1755.

(3) *Mercure,* septembre 1729, 2e vol., p. 2298. — Annibalino, Portugais d'origine, instruit en Italie, fut un des
chanteurs que Juan V, roi de Portugal, fit venir d'Italie
à Lisbonne pour sa chapelle et son théâtre d'opéra,
en 1737. Voyez Vasconcellos, *Os musicos portuguezes,*
t. I, p. 8.

ceux qui aiment cette sorte de chant » (1).
Le séjour du compositeur Giovanni Bononcini à Paris, en 1733, fut un événement
plus considérable. Ce maître arrivait de
Londres, où il avait été pendant quelques
années le rival de Hændel et le protégé du
duc de Marlborough ; la découverte d'un
plagiat commis vis-à-vis de Lotti avait
ruiné sa réputation d'artiste et ses affaires
financières, et il était parti d'Angleterre à
la suite d'un aventurier qui exploitait
comme alchimiste la crédulité publique.
Ce fut par une œuvre de musique religieuse
qu'il se produisit au Concert. Selon les
termes du *Mercure*, le 7 février 1733, « le
sieur Buononcini, ci-devant maître de
musique des empereurs Léopold et Joseph,
connu par un grand nombre d'ouvrages de
musique en tout genre, et entre autres par
soixante-dix-huit opéras de sa composition
qu'il a fait exécuter en Italie, sa patrie, à
la cour de Vienne et en Angleterre, fit
chanter au Concert spirituel du château
des Tuileries de la musique latine, qui fut
trouvée admirable dans toutes ses parties,
tant par la composition que par l'exécution ». Le 2 avril, il fit entendre un *Miserere*, dans lequel « la demoiselle Eremans

chanta différents récits dans le goût italien,
qui firent plaisir » (1).

Très lentement, la connaissance des
œuvres étrangères pénétrait ainsi dans le
public parisien ; nous verrons un peu plus
loin que le Concert spirituel ne jouait en
cela qu'un rôle secondaire, et suivait simplement un mouvement commencé ailleurs.
Loin d'être, ainsi qu'on aime à le leur
reprocher aujourd'hui, systématiquement
favorables à tout ce qui vient du dehors,
les amateurs capables à cette époque de
raisonner leurs préférences réclamaient
pour les Français l'avantage du « bon
goût naturel » et de « l'exécution tendre et
noble », en un mot, la supériorité sous le
rapport de l'expression. « Il faut avouer,
dit l'un d'eux, que la majesté de la musique
française traite les sujets héroïques avec
plus de noblesse, et convient bien mieux
au cothurne. Dans la musique italienne,
tout y paroit uniforme, la joie, la colère,
la douleur, l'amour heureux, l'amant qui
craint ou qui espère ; tout y semble peint
avec les mesmes traits et du mesme carac-

(1) *Mercure*, février 1733. p. 394, et avril 1733, p. 816.
— Sur Giovanni Bononcini, voyez Köchel, *Joh. Jos. Fux*,
p. 63 et suiv. ; Chrysander, *G.-F. Handel*, t. II, passim,
et Valdrighi, *I tre Bononcini da Modena*, 1882, in-8°.

tère; c'est une gigue continuelle, toujours
petillante, toujours bondissante... Il arrive
même souvent que la musique italienne
exprime tout autre chose que ce que les
paroles signifient » (1). Sur ce terrain, la
critique trouvait, du premier coup, le
défaut de la cuirasse; mais quand il s'agissait d'apprécier des productions instrumentales, elle ne pouvait plus s'appuyer
sur l'argument péremptoire de l'expression,
et se montrait irrésolue; en présence des
sonates et des concertos italiens, certains
juges admiraient « les desseins nouveaux
de leurs figures, si bien imaginés et si heureusement conduits, la vivacité pétillante
de leurs imitations redoublées, la variété de
leurs chants, la diversité de leurs tons et de
leurs modes si bien enchaînés les uns aux
autres, leur harmonie recherchée et sça-
vante » (2); d'autres se sentaient tout de
suite lassés de ce *brio* perpétuel. Pour
concilier les deux opinions, d'honnêtes
musiciens s'appliquaient à écrire « dans le
style italien », à la manière des collégiens
qui calquent des vers latins sur les mètres
de Virgile. Les airs que Mlle Bastolet chan-

---

(1) *Mercure*, novembre 1713, p. 6 et suiv., Dissertation
sur la musique italienne et française, par M. de L. T.
(2) *Mercure*, loc. cit.

tait aux Tuileries étaient, le programme
l'indique, des « airs italiens », mais sans
garantie, sans la déclaration : « dans le
vrai goût de la musique italienne », qui
accompagnait ceux chantés par Annibalino
ou Bordicio.

L'avertissement des *Concerts de symphonie* publiés en 1730 par le violoniste
Aubert est, sous ce rapport, tout à fait
caractéristique : « Quoique les concertos
italiens ayent eu quelque succès depuis
plusieurs années en France, où l'on a rendu
justice à tout ce que Corelli, Vivaldi et
quelques autres ont fait d'excellent dans
ce genre, on a cependant remarqué que
cette sorte de musique, malgré l'habileté
d'une partie de ceux qui l'exécutent, n'est
pas du goût de tout le monde, et surtout de
celui des dames, dont le jugement a toujours déterminé les plaisirs de la nation.
De plus, la plupart des jeunes gens, croyant
se former la main par les difficultés et les
traits extraordinaires dont on charge
depuis peu presque tous ces ouvrages,
perdent les grâces, la netteté et la belle
simplicité du goût français. On a encore
observé que ces pièces ne peuvent s'exécuter ni sur la flûte, ni sur le hautbois que
par un très petit nombre de gens illustres.
C'est ce qui a déterminé à essayer un

genre de musique qui non seulement fût
plus aisé à entendre, mais aussi dont l'exécution fût à la portée des écoliers plus ou
moins habiles comme à celle des maîtres,
et où toutes sortes d'instruments pussent
conserver leurs sons naturels et les plus
imitateurs de la voix, ce qui a toujours dû
et doit toujours être leur objet. Le projet
de l'auteur a été de joindre des traits vifs
et de la gaieté à ce que nous appelons des
chants françois ; il ne se flatte pas de
l'avoir rempli ; mais il ouvre la carrière à
de plus habiles. Ces pièces peuvent s'exécuter à grand chœur, comme les concertos,
et sont très utiles pour les académies, et
tout ce qui s'appelle orquestre (1). »

Tandis qu'en neuf ou dix années d'existence, le Concert des Tuileries n'avait
exercé dans le double domaine de la musique vocale religieuse et profane aucune
action sensible, — puisqu'il s'était borné
à puiser dans le répertoire usuel de la

---

(1) *Concerts de symphonie, par M. Aubert, intendant de la
musique de S. A. S. M. le Duc, ordinaire de la chambre du
Roi et de l'Académie royale de musique.* Paris, 1730. —
Jacques Aubert rendait au Concert spirituel de fréquents
services comme violoniste et compositeur ; il y exécutait
ses *Sonates,* dont le premier livre avait paru en 1719, et
des duos avec Guignon. Il mourut à Belleville (Paris),
le 19 mai 1753.

chapelle royale ou des maîtrises, et dans celui de la cantate et du divertissement, — son influence fut réelle sur la direction de la musique instrumentale. Le mouvement qui se dessinait en faveur du violon et du violoncelle contre la viole et ses dérivés fut accéléré et définitivement clos dès les premières saisons du Concert, par le double effet de l'adoption d'une vaste salle et des importations italiennes. Les sonates et les concertos de Corelli, de Vivaldi, de Geminiani ne pouvaient s'exécuter que sur le violon ; le violon pouvait seul devenir l'instrument principal d'un orchestre. Son avénement ne fut pas salué avec un égal empressement par tous les musiciens : Hubert Le Blanc, porte-parole des partisans de la viole, l'accusait d'être « criard, perçant et dur, fatigant au joueur », incapable de « disputer à la viole la délicatesse de son toucher et son harmonie fine de résonnance »; il incriminait sa « basse condition », ajoutant avec mépris que « le ton élevé et le son éclatant du violon ne sentent du tout point sa personne de qualité, ni une éducation noble »; il lui reprochait d'avoir inauguré pour lice, aux Tuileries, « une salle énorme en grandeur, une salle d'espace immense », où les effets lui devenaient aussi favorables que nuisibles à la viole. « Voilà, s'écriait-il, voilà ce que fait le violon, il cherche à se procurer un grand espace, d'où, se tenant loin des auditeurs, il puisse les flatter, ou son ton aigu être absorbé par la multitude de leurs habits ». Le violoncelle était traité de « misérable cancre, hère et pauvre diable » (1).

Ni le pamphlet de Le Blanc, ni le talent des derniers élèves de Marais ou de Forqueray ne pouvaient prévaloir contre la vogue justifiée du violon. Chaque programme du Concert des Tuileries contenait au moins une sonate ou un concerto de violon. A Pierre Guignon, qui brillait par « la plus belle qualité de son », par « des tournures et des saillies qui variaient son jeu », par un style d'exécution « fier et hardi qui en imposait à la tête d'un orchestre » (2), — à Leclair, qui n'avait « pas son pair dans une exécution de la dernière justesse des accords » (3), et auquel tout au plus reprochait-on quelque froideur, — à Jacques Aubert, aux Italiens Madonis et Toscano, s'ajoutèrent en 1733 Somis, « fa-

---

(1) HUBERT LE BLANC, *Défense de la basse de viole contre les entreprises du violon et les prétentions du violoncel.* Amsterdam, 1740.

(2) ANCELET, *Observations sur la musique,* p. 15.

(3) LE BLANC, p. 52.

meux joueur de violon du roi de Sardaigne », en 1734 Mondonville, pour une
courte apparition seulement. Par les œuvres connues de ces différents virtuoses,
par les termes des jugements rencontrés
chez les écrivains de leur temps, il est
aisé de voir que la rapidité des traits,
le brillant de l'exécution, la justesse des
accords dans l'emploi de la double corde,
étaient chez eux des qualités courantes. Si
l'on en croit Le Blanc, la chose la plus difficile, pour les violonistes français, aurait
été de « soutenir une ronde », ainsi que le
savaient faire les chanteurs ou les flûtistes :
« L'archet prenant sur la corde donne une
colonne de son maniable, comme la colonne
d'eau l'est au sortir du jet d'eau sur la
bouche duquel on tient la main... De quelle
beauté seroit le jeu de violon, qui auroit à
sa disposition la force du jet d'eau de Saint-
Cloud ! Quel enflé ou diminué il y auroit à
faire ! Comme on seroit capable de soutenir une ronde ou plusieurs, qui est l'échoue-
ment du violon et le triomphe de la voix
et de la flûte (1). »

On ne demandait pas à l'exécution instrumentale d'avoir de l'âme et de l'expression. La satisfaction de l'oreille, trouvée

_____

(1) LE BLANC, p. 24.

dans la justesse, et son amusement, cherché dans la vélocité des traits, dans l'ap-
préciation de la difficulté vaincue, étaient
les premiers motifs pour complimenter un
virtuose. L'éloge superlatif décerné par la
critique consistait à dire qu'un morceau
avait été joué « avec toute la justesse possible, avec toute la précision imaginable ».

III

OUS devons ici interrompre l'historique du Concert spirituel, afin de
nous renseigner sur ce qui, en fait
d'auditions musicales, avait immédiatement précédé, accompagné ou suivi la
fondation de Philidor.

Depuis la mort de Louis XIV s'était dé-
placé en France, pour l'art aussi bien que
pour toute la vie intellectuelle et sociale,
ce qu'on pourrait appeler le centre de
gravité. L'influence du pouvoir souverain
ne se manifestait plus par une ingérence
directe, active et impérieuse du Roi ; elle
se faisait sentir seulement par le contre-
coup des habitudes de la cour sur celles

de la ville, sans qu'il y eût direction effective, ni souci volontaire de protéger ou
d'encourager l'art.

Avant de se trouver investi des lourdes
fonctions de régent du royaume, Philippe
d'Orléans s'était montré un fervent amateur de musique. Il avait accepté beaucoup
de dédicaces, récompensé beaucoup de
musiciens, présidé, au Palais-Royal, à des
auditions très brillantes, et pratiqué, sous
la direction de Charpentier, de Campra, de
Gervais, de Desmarets, la composition, en
écrivant jusqu'à des opéras que ces divers
maîtres s'étaient tenus pour honorés d'achever ou de corriger. Pendant ses huit années
de régence, le prince eut d'autres affaires
et manifesta d'autres goûts. On le vit pour-
tant fréquenter les concerts que donnait
chaque mois Crozat, trésorier de l'Ordre,
« le plus riche homme de Paris », à ce que
disait Saint-Simon, et qui avait possédé
avant Law le monopole du commerce avec
la Louisiane. Dans ces concerts, les exécutants étaient partie des amateurs et partie des professionnels ; l'internonce y dai-
gnait jouer de l'archiluth ; Mlle Guyot, fille
d'un avocat au Parlement, joignait, sur le
clavecin, « la délicatesse et le brillant du
toucher à une science parfaite de la composition » et à « l'art d'exécuter sur-le-champ

toutes les musiques les plus difficiles » (1);
elle avait pour rivale, dans les mêmes soirées, et sur le même instrument, la jeune
Mlle Boucon, non moins excellente virtuose,
à laquelle Rameau dédia l'une de ses *Pièces
en concert*, et qui épousa, beaucoup plus
tard, le compositeur Mondonville (2).
Comme cantatrice, on applaudissait chez
Crozat Mlle d'Argenon, nièce du peintre La
Fosse (3); comme chanteur, Antonio Pacini, de la musique du Roi (4); et comme ins-

(1) Elle mourut jeune, en 1728. — Voyez *Journal et
Mémoires de Mathieu Marais,* publié par M. de Lescure,
t. III, p. 92; Titon du Tillet, *Le Parnasse français,*
p. 636; et pour les réunions de Crozat en général, le
Journal de Rosalba Carriera pendant son séjour à Paris,
traduit et annoté par Alfred Sensier, p. 181, 195, 229
(aux dates des 30 septembre et 22 novembre 1720).

(2) Pour le mariage de Mlle Boucon avec Mondonville, vers 1747, voyez la biographie de ce compositeur, dans le *Nécrologe des hommes célèbres,* année 1772.
Le morceau de Rameau intitulé *La Boucon* est le second
du deuxième concert, dans ses *Pièces en concert,* publiées
en 1741. (Œuvres complètes, tome II.) Un portrait de
Mme de Mondonville « appuyée sur un clavecin », par
La Tour, figura au salon de 1752.

(3) Le *Mercure* de novembre 1719, p. 108, contient une
pièce de vers adressée à Mlle d'Argenon par M. Boucon,
père de la jeune claveciniste.

(4) Antonio Pacini, qui appartenait depuis 1707 à la
musique du Roi, mourut à Versailles en 1745.

trumentistes, Antonio, qui jouait de la flûte,
et Rebel, le violoniste. Un dessin de Watteau, qui est au musée du Louvre, conserve
le souvenir de ces concerts et les portraits
de ces quatre derniers artistes.

Les concerts de Crozat se prolongèrent
au delà du temps de la Régence. Pendant
l'été de 1724, ils avaient lieu deux fois la
semaine en sa maison de la rue Richelieu,
et se composaient « des plus belles voix et
des meilleurs instruments » D'après Mathieu Marais, dont le récit diffère légèrement de celui du *Mercure*, ils se confon-
daient avec le « Concert italien » que Mme
de Prie avait, en cette même année, imaginé d'établir et d'entretenir sans qu'il lui
en coûtât rien, au moyen d'une association
de soixante souscripteurs, versant chacun
400 livres par an; le total (24,000 livres)
permettait d'engager de nombreux et
célèbres artistes; par une imitation des
habitudes italiennes, on s'amusait à appeler les membres de cette société *gli
Academici paganti*; seuls, les souscripteurs
pouvaient assister aux séances, qui se donnèrent primitivement chez Crozat, puis
dans une salle du Louvre, deux fois la
semaine (1). En juillet, août et septembre

(1) *Mercure,* octobre 1724, p. 2228; Math. Marais,
t. III, p. 91.

1724, pendant les vacances de l'Opéra de
Londres, parut à ce concert un groupe de
chanteurs italiens que le *Mercure* énumère : la signora Cuzzoni, la signora Durastanti, les sieurs Boschi, Bernessat (Berenstadt) et Brigouzi (1). Le succès de la Cuzzoni, en particulier, fut très grand, si
grand, que le duc de Bourbon s'empressa
de l'appeler en son château de Chantilly,
pour l'y faire chanter en présence du jeune
Louis XV. Elle y reçut, avec beaucoup
d'applaudissements, « des marques de la
libéralité du Roi, du duc de Bourbon et de
différents seigeurs » ; l'épilogue de l'histoire, contée par le duc de Luynes, montre
que ces largesses ne furent à la hauteur ni
des espérances, ni de l'avidité de la cantatrice : « Elle comptait, apparemment, au
moins sur quelques gros diamants; de
sorte que, quand on lui apporta, de la
part du Roi, une boîte d'or avec le portrait de S. M., elle détacha le portrait et
jeta la boîte dans les fossés (2) ».

---

(1) Francesca Cuzzoni, plus tard Sandoni-Cuzzoni,
était à cette époque au faîte de ses succès à Londres,
où elle chantait les opéras de Hændel. — Margarita
Durastanti et Gaetano Berenstadt avaient été engagés à
Dresde, par Hændel, peu d'années auparavant. — Giuseppe Boschi, chanteur basse, chantait à Venise avant
de se rendre à Londres.

(2) *Mémoires* du duc de Luynes, t. X, p. 198.

La mort de Mme de Prie, en 1726, ne mit pas fin aux séances du Concert italien, dont elle avait été, avec Crozat, la fondatrice. Au mois de décembre de cette même année, il recommença « avec plus de succès que jamais », les jeudis et samedis, dans un salon du palais des Tuileries, différent de celui qu'occupait depuis quelques mois le Concert spirituel. « Quoiqu'il ne soit composé, dit le *Mercure*, que de dix-huit instruments et de deux voix de femmes, il produit un effet admirable, par la force et l'éclat de l'harmonie, que de très habiles maîtres, tant françois qu'italiens, exécutent avec tout l'art, l'intelligence, la vivacité et la finesse imaginables. En sorte qu'on ne sauroit pousser la perfection plus loin, soit pour l'accompagnement, soit pour la pièce. Dans la musique vocale, la justesse et l'expression sont poussées au dernier période, par le touchant et le vrai dans tous les caractères. » L'écrivain ne nomme aucun des virtuoses, dont il continue ainsi l'éloge : « Les deux demoiselles qui chantent à ce concert, où il n'entre que des gens de goût qui se sont imposé chacun une certaine somme qu'on paye deux fois par an pour fournir aux frais, sont Romaines, et d'un mérite au-dessus de toute louange. Les instruments consistent en

violons, flûtes, bassons, alto-viola, violon-
celli, un clavecin et une contrebasse. On
n'exécute que de la musique italienne (1). »

En même temps existait, sous la protection du prince de Conti (2), le concert des
Mélophilètes, « où, dit Mathieu Marais,
tout le monde entre, où personne ne paie,
et où il n'y a aucun musicien de profession » (3). Ses membres se réunissaient en
effet pour s'amuser eux-mêmes à l'exécution ; ils faisaient rimer et composer spécialement pour leurs séances de grands
divertissements ; l'un d'eux, le *Triomphe
des Mélophilètes*, idylle en musique versi-
fiée par Bouret en 1725, est dédié au prince
de Conti ; la scène en est placée dans la
salle même du concert ; les interlocuteurs
sont Apollon, Pan, Mercure, Polymnie,
Euterpe, l'ombre de Lully, l'ombre de
Corelli. Ces deux ombres, précédées
d' « une symphonie qui exprime un bruit
souterrain », ont pour escorte la « troupe
des ombres de ceux qui ont excellé dans
leur art » ; leur entrée est accompagnée de

---

(1) *Mercure*, avril 1727, p. 746.

(2) Louis-Armand de Bourbon, prince de Conti, né
en 1695, membre du Conseil de Régence depuis le
4 avril 1717, mort à Paris le 4 mai 1727.

(3) Mathieu Marais, t. III, p. 92.

l'exécution de « quelques beaux morceaux
de Lully, comme la passacaille d'*Armide* »,
et de l'une des plus belles sonates de
Corelli; après « un petit prélude dans le
goût italien », l'ombre de Corelli décerne
aux Mélophilètes un satisfecit rimé :

> Ils ont embelli leur modelle
> En prêtant à nos Airs une grace nouvelle.
> C'est nous rendre encore plus qu'ils n'ont reçu de nous
> Mais bien loin d'en être jaloux
> Nous rentrons satisfaits dans la Nuit éternelle (1).

Une autre pièce du même genre, le *Concert des Melophilettes*, *feste galante*, exécutée
cinq ans après, avait pour auteurs Carolet,
un des fournisseurs habituels du théâtre de
la Foire, et le musicien Cordelet, plus tard
maître de musique de l'église Saint-Germain-l'Auxerrois. Les divinités de l'Olympe
y descendaient encore une fois pour complimenter les Mélophilètes, et Apollon leur
disait pour dernière recommandation :

---

(1) *Le Triomphe des Mélophilètes, Idylle en musique, dédiée*
à S. A. S. Mgr le prince de Conty, par M. Bouret, L.G.D.G.
A Paris, de l'imprimerie de Prault, 1725, in-8° de
25 pages. Le compositeur n'est pas nommé. Bouret,
lieutenant général au bailliage de Gisors, est l'auteur
d'un poème sur les Progrès de la musique sous le règne
de Louis le Grand.

> Que l'amour préside à vos festes,
> Qu'il soit l'ame de vos concerts,
> Qu'il borne en ces lieux ses conquestes ;
> Publiez à l'envy la douceur de ses fers (1).

En dehors de ces réunions régulièrement organisées et périodiquement renouvelées au profit d'un nombre restreint de sociétaires, les Parisiens pouvaient jouir assez facilement du plaisir d'assister à des séances musicales. L'allemand Nemeitz, dans son curieux livre du *Séjour de Paris*, destiné à guider les voyageurs de condition dans l'art de « faire un bon usage de leur tems et leur argent », conseille aux jeunes étrangers s'arrètant à Paris de s'exercer à la musique, s'ils y ont de la disposition ; car, dit-il, « cela donne l'entrée dans le grand monde, et l'on peut assister aux meilleurs concerts, qu'on peut avoir tous les jours, avec une pleine liberté, et passer beaucoup d'heures qui seroient sans cela désagréables ». Imprimé en 1727, le livre de Nemeitz se rapporte aux faits observés à Paris peu d'années auparavant ; l'auteur n'y parle pas du Concert des Tuileries, mais mentionne les concerts donnés « chez le duc d'Aumont, qui fut ambassadeur en

---

(1) Nous ne connaissons de cet ouvrage que le livret inédit daté de 1730 (Bibliothèque nationale, ms fr. 9315).

Angleterre immédiatement après la paix
d'Utrecht, chez l'abbé Grave, chez Mlle de
Maes, qui en donna un par semaine ordinairement, et puis chez M. Clerambault,
qui en eut un tous les quinze jours ou trois
semaines. Tous ces concerts furent composez par les meilleurs maîtres de Paris.
Celui de M. Clerambault eut ceci de remar-
quable, qu'une jeune fille d'environ onze
ans jouoit du clavecin, et qu'elle accompa-
gnoit d'une habileté et d'une grace peu
communes. Les concerts de la fameuse
demoiselle La Guerre n'ont plus été joués
depuis quelques ans. Cette demoiselle a
composé tant de belles pieces et même
quelques operas, dès sa jeunesse. Les concerts chez Mlles Ecuiers furent peu fré-
quentez, et on put y jouer en attendant une
reprise d'ombre, dans une antichambre (1). »

La multiplicité des petits concerts était
un signe visible de la diffusion de la culture musicale dans toutes les classes de
la société. On constatait aisément que le
goût de la musique devenait universel et
que, grâce à l'établissement fréquent de
nouveaux concerts à Paris et en province,

(1) Nemeitz, *Séjour de Paris, c'est-à-dire instructions
fidèles pour les voyageurs de condition,* etc. Leyde, 1727,
p. 69.

la profession de symphoniste devenait fort
bonne (1).

Le peuple, exclu de ces assemblées,
avait une fois l'an accès gratuit au grand
concert de musique instrumentale que,
depuis la fin du règne de Louis XIV, l'Académie royale de musique donnait le 24 août,
veille de la Saint-Louis, dans le jardin des
Tuileries. Un feu d'artifice y servait d'in-
termède. Le Roi, pour y assister, prenait
place sous un dais que l'on dressait sur la
terrasse, et d'où il répondait aux acclama-
tions des « gens de considération » que ce
concert « ne manquait jamais d'attirer »,
et de la foule qui se mèlait à eux, puisque
ce jour était le seul où « le peuple, les sol-
dats et les domestiques » entraient dans ce
jardin (2). Les symphonies de Lully, c'est-
à-dire ses ouvertures et des airs de danse
choisis dans ses ballets, formèrent pendant
près d'un siècle le répertoire principal de
ce concert en plein air, qui se renouvelait
exceptionnellement, en dehors de la Saint-

---

(1) *Mercure,* avril 1727, p. 747.
(2) *Mercure,* août 1719, p. 166; septembre 1726,
p. 2153; septembre 1733, page 2073. — *Journal historique*
de l'avocat Barbier, édit. de la Société de l'hist. de
France, t. IV, p. 459; — *Journal* du marquis de Dangeau, édit. Soulié, t. XVII, p. 369.

Louis, pour célébrer un événement national. La naissance du Dauphin, en 1729,
occasionna une semblable audition. Les
« sujets », les chœurs et les instrumentistes
de l'Opéra y exécutèrent des morceaux
spécialement appropriés à la circonstance :
le chœur « Que la trompette éclate »,
tiré des *Stratagèmes de l'amour*, de Destouches ; celui de *Phaéton*, de Lully, « Que
les mortels se réjouissent » ; des airs de
ballets de Lully, de Destouches, et de
Rebel, et pour finir « trois Vive le Roy
en faux-bourdon, avec trompettes et timbales » (1).

A la cour, un nombreux personnel musical fonctionnait officiellement ; mais
Louis XV n'accordait guère aux musiciens que la part d'attention distraite et
polie jugée indispensable par l'étiquette.
Après son mariage avec Marie Leczinska
(4 septembre 1725), il se déchargea volontiers sur cette douce et timide princesse
du soin de présider aux auditions de cour ;
les « concerts de la Reine » furent imaginés pour remplacer les « appartements »
d'autrefois ; cinq ou six fois par mois, à
Versailles, à Marly, les « ordinaires de la
musique de la chambre » et les « cantatrices

---

(1) *Mercure,* septembre 1729, p. 2021.

du concert de la Reine », réunis sous la conduite du surintendant en semestre, exécutaient, acte par acte, des opéras tout entiers, empruntés au répertoire courant de l'Académie de musique, et surtout à celui particulier desdits surintendants : car chacun d'eux, lorsqu'il prenait son semestre, s'empressait d'épousseter ses partitions et de les substituer à celles de son collègue. Qu'on lui servît d'ailleurs les opéras classiques de Lully ou ceux de Destouches ou de Colin de Blamont, Marie Leczinska s'en souciait peu et s'en apercevait à peine. « La Reine dit qu'elle aime la musique, écrit le duc de Luynes, et en effet il y a des opéras qui lui plaisent et de petits airs pour la vielle; mais elle aime encore mieux le cavagnole, quoiqu'elle n'en convienne pas (1). »

L'occasion où elle marqua jamais le plus de satisfaction, ce fut aux charlataneries imitatives du musicien Jacques Lœillet; elles sont ainsi décrites par un contemporain : « Le 1er de ce mois (août 1727), le sieur Lœillet, musicien de l'électeur de Bavière, qui possède divers instruments, et qui sçait les allier avec un talent admi-

---

(1) *Mémoires* du duc de Luynes, tome VII, p. 266. On sait que le cavagnole était un jeu de cartes.

rable, divertit beaucoup la Reine et toute
sa cour. Il commença par le basson, le violon, la flûte allemande, la flûte douce, la
flûte à voix (*sic*), en faisant deux parties,
et le hautbois. Il passa ensuite derrière un
paravent, et chanta un motet à quatre parties, accompagné d'un violon et de deux
flûtes. Le sieur Lœillet fit entendre, après,
les deux flûtes et une voix qui chantoit la
basse, à quoi un grand chœur de musique
succéda. Il parut interrompu par une querelle et batterie, où l'on croyoit entendre
des cris de femmes et d'enfants, le bruit que
font des hommes, l'épée à la main, et le
tumulte que pourroient faire quarante personnes, qu'on entendroit crier au secours,
au guet, et l'arrivée du guet à pied et à
cheval. La Reine, ne pouvant s'imaginer
qu'un homme seul pût faire tant de différentes parties, fit entrer le sieur Lœillet
dans sa chambre en présence de tout le
monde, et S. M. loua beaucoup un talent
si extraordinaire ». Elle voulut donner au
Roi le même spectacle, et Lœillet dut
recommencer le lendemain ses prouesses (1).

On ne dit pas si la récompense fut en
proportion du succès, et si le musicien s'en
montra plus content que la Cuzzoni de sa

(1) *Mercure,* août 1727, p. 1905.

boîte d'or; les états de la maison du Roi
nous apprennent seulement que Jacques
Lœillet reçut un brevet « de hautbois de la
chambre du Roi et écurie de Sa Majesté » (1).
N'eût-ce pas été grand dommage de laisser
cet homme précieux retourner chez l'électeur de Bavière?

Au bout de dix ans que le concert des
Tuileries existait, la Reine manifesta le
désir d'en avoir « une image ». L'étiquette
ne permettant pas aux souverains de se
rendre à Paris pour d'autres spectacles
que celui de l'Opéra, — et encore de
façon tout exceptionnelle, — il fallut que
Destouches, surintendant en semestre,
organisât dans les appartements de Versailles une imitation du Concert spirituel;
il eut soin, bien entendu, de prendre parmi
ses propres ouvrages les deux motets que
les musiciens de la chapelle du Roi, unis à
ceux de la chambre, exécutèrent le 23 mars
1735 (2). La curiosité de la Reine fut d'autant plus vite rassasiée, qu'elle entendait

---

(1) Il mourut en 1746, et le Roi fit don à sa veuve
d'une pension de trois cents livres. — Il est inutile
d'ajouter que Jacques Lœillet n'a de commun que le nom
avec Jean-Baptiste Lœillet, cité par Fétis d'après
Hawkins.

(2) *Mercure,* mars 1735, p. 594.

constamment les mêmes œuvres à la chapelle. Une nouvelle expérience fut faite en
1740. Cette fois, un concerto de Guignon
se plaça entre un grand motet de Destouches et deux de Mondonville (1).

Décidément, la bonne Reine inclinait
davantage vers des choses moins ardues.
En octobre 1746, à son concert, à son
dîner, « la demoiselle Marianne, allemande », lui fit un sensible plaisir en chantant « des airs italiens, allemands, espa-
gnols et français, imitant avec sa voix les
accompagnements, avec beaucoup d'art(2) ».
C'était presque aussi beau que Lœillet.

(1) *Mercure*, avril 1740, p. 787.
(2) *Mercure*, octobre 1746, p. 170.

IV

SI la création du Concert spirituel
fut, à Paris, sans action réelle sur
les concerts de sociétés ou les
concerts particuliers, elle eut encore moins
d'influence sur les Académies de musique
établies dans les provinces. Plusieurs
d'entre elles dataient du siècle précédent ;
leur nombre s'était accru par l'effet de
l'exemple donné de cité à cité, et quelques-
unes faisaient parler d'elles jusque dans la
capitale.

L'Académie des Beaux-Arts fondée à
Lyon en 1713 ne donnait pas seulement des
concerts hebdomadaires : elle organisait
encore des fêtes extraordinaires, dont
l'une, en 1721, fut offerte sur la Saône à la
femme de l'intendant de la généralité ; les

académiciens avaient frété une flottille[1]
composée de quatre gondoles, d'un bri-
gantin et d'un grand bateau chargé de
fleurs et de joueurs de violons, de flûtes et
de hautbois (1). Le sieur Bergiron de
Briou, pendant six années directeur des
concerts, contribuait à leur répertoire par
des cantates françaises (2); son successeur,
Paul de Villesavoye, fut chargé en 1726
par les magistrats de Lyon de composer et
de faire exécuter le motet d'un salut
annuel « pour la conservation de la santé
du roi » (3).

D'autres concerts, qui se donnaient en
même temps à Lyon, place des Jacobins,
causaient, par la concurrence, d'assez graves préjudices à l'Académie des Beaux-Arts.
Celle-ci, endettée, fit appel aux consuls;
ses membres se vantèrent de n'avoir « rién
épargné pour attirer à Lyon les sujets les
plus propres à plaire au public et à rendre

---

(1) *Mercure,* juillet 1721, tome II, p. 8.

(2) *Mercure,* février 1730, p, 335.

(3) *Inventaire-Sommaire des Archives communales,* etc.,
Lyon, BB 289. — Paul de Villesavoye, né en 1683,
devint par la suite organiste et maître de chapelle de la
cathédrale de Strasbourg, y dirigea, le 5 octobre 1744,
la musique exécutée pour l'entrée de Louis XV, et
mourut le 28 mai 1760. Voyez LOBSTEIN, *Beiträge zur
Geschichte der Musik im Elsass,* p. 32.

le concert un des plus beaux du royaume »,
et confessèrent avoir cru « que les citoyens
s'empresseraient davantage de soutenir »
leur entreprise. La ville, accédant à leur
requête, promit une subvention pour six
ans, qui fut renouvelée (1).

La municipalité de Nantes s'intéressait
également à la prospérité de son Académie
de musique : « Elle se soutient à merveille,
disait une lettre du maire en 1728. Notre
nombre de cent cinquante académiciens
est rempli depuis longtemps, et tous les
fonds payés pour une année. Chaque aca-
démicien ayant le droit de donner un billet
d'entrée gratis à une dame, le tout compose
une assemblée d'élite de trois cents personnes, deux fois par semaine, dans la salle
du concert, où règne beaucoup d'ordre et
de silence (2) ».

En plus des administrations urbaines,
les représentants du pouvoir royal donnaient encore volontiers à de semblables
associations une protection officielle. Le
concert de Marseille, fondé en 1716, avait

(1) *Invent.-Somm.*, etc. *Lyon*, BB 293.—EMM. VINGTRI-
NIER, *Le Théâtre à Lyon au XVIIIᵉ siècle*, p. 12.

(2) *Archives historiques, artistiques et littéraires.* t. I,
p. 270.

pour patron le maréchal de Villeroi (1); les statuts de l'Académie de musique de Troyes avaient été approuvés en 1728 par le gouverneur de Champagne, et la municipalité lui prêtait, pour ses séances, la grande salle de l'hôtel de ville (2). Il en fut de même à Lille depuis 1733 (3). A Dijon, des concerts publics et payants, donnés dans la maison d'un maître des comptes, précédèrent, en 1725, la constitution d'une académie, transportée au « Logis du Roi », dans la grande salle à manger de l'hôtel du gouverneur (4). L'intendant de la généralité de Moulins, en accordant son patronage au concert fondé dans cette ville en 1736, eut soin de remarquer que cet établissement, « outre l'agrément qui en est inséparable », serait aussi « d'une grande utilité en ce que, d'une part, il servira à occuper les habitants à un exercice noble et, de l'autre, contribuera à l'éducation et

---

(1) A. ROSTAND, *La Musique à Marseille,* dans les *Mémoires de l'Académie de Marseille,* 1872-1874, p. 371.

(2) A. BABEAU, *Les Académies de musique de Troyes,* dans l'*Annuaire de l'Aube,* tome LVII, 1883, deuxième partie, p. 81 et suiv.

(3) L. LEFEBVRE, *La Musique et les Beaux-Arts à Lille.*

(4) CHABEUF, *Dijon, monuments et souvenirs,* p. 300 et suiv.

à la perfection des enfants » (1). Au dire d'un auteur local, le concert de Caen avait plus de vertus encore : « Il illustre la ville, soulage les pauvres, occupe les oisifs, réunit les citoyens, adoucit les mœurs, répand la paix dans les cœurs et la sérénité dans les esprits. C'est un fonds pour l'artisan et le marchand, un asile pour l'étranger, et un plaisir pour tout le monde (2) ».

Ces mérites sociaux étaient garantis par la rédaction de statuts qui, presque littéralement copiés d'une ville à l'autre, fixaient minutieusement le mode d'admission des associés. Généralement, ils étaient au nombre d'une centaine : cent à Troyes, à Nancy; cent vingt à Strasbourg ; cent cinquante à Nantes. Le règlement de Clermont - Ferrand (1731) permettait à « toute personne de condition honnête » de se faire inscrire (3); celui de Moulins

---

(1) E. BOUCHARD, *L'Académie de musique de Moulins au XVIIIe siècle,* dans les *Réunions des Sociétés des Beaux-Arts des départements,* t. XI, 1887, p. 592 et suiv.

(2) Fragments des *Nouvelles littéraires* de Caen, 1740, cité par CARLEZ, *La Musique et la société caennaise au XVIIIe siècle (Mémoires de l'Académie de Caen,* t. XXXIX, 1884, p. 109 et suiv.).

(3) A. TARDIEU, *Histoire de la ville de Clermont-Ferrand,* t. I, p. 646. — *Règlement de l'Acad. de mus. de la ville de*

excluait celles « qui font profession des arts
mécaniques ». La cotisation annuelle variait
selon les localités : elle était d'un louis à
Caen, de quarante-huit livres à Moulins
avec réduction de moitié pour les souscripteurs habitant à plus de six lieues de distance ; les membres honoraires, à Pau, depuis 1718, ne versaient pas moins de cent
livres par année (1). Partout, les étrangers
étaient admis sur présentation, les dames
sur billets distribués par les académiciens ;
l'article 10 du règlement de Troyes pres-
crivait à ceux-ci d'avoir « attention à ne
donner de billets d'entrée qu'aux dames
qui peuvent honorer l'Académie, et à qui
les amusements de la musique puissent
convenir, de manière qu'elles puissent être
également satisfaites, et des concerts, et
de la bonne compagnie qu'elles y auront
formée ». Presque mot à mot, le même
article était reproduit à Nantes (2) ; les
règlements de Nancy et de Strasbourg
traitaient discrètement de l'admission des

Clermont-Ferrand du 11 sept. 1731, imprimé à Clermont-
Ferrand, in-4º.

(1) Inventaire-Sommaire des Archives départementales,
Basses-Pyrénées, D 13.

(2) MELLINET, De la musique à Nantes, dans la Revue du
Breton, t. II, 1837, p. 216.

dames (1); les enfants âgés de moins de
dix ans étaient refusés, à Nancy, de crainte
« qu'ils ne troublent la tranquillité du concert » ; et comme en toute réunion mondaine l'élément militaire était fort recher-
ché, certaines académies lui réservaient
gracieusement des places de faveur. Les
statuts nancéens disaient : « Les directeurs
envoyeront par chaque concert deux billets
au commandant de MM. les cadets, pour
qu'il les distribue à ceux d'entre eux qu'il
jugera à propos ». A Strasbourg, la garni-
son étant très considérable, les directeurs
de l'Académie remettaient pour chaque
séance, aux commandants des corps de
cavalerie, d'artillerie et d'ingénieurs mili-
taires, trois billets par régiment, bataillon
ou corps ; de plus, l'entrée était libre pour
« MM. les officiers de l'état-major de la
place et leurs familles » ; en des villes
moins favorisées sous le rapport militaire,
— Moulins, entre autres, — les mêmes
politesses s'adressaient aux fonctionnaires
civils : maire, échevins, procureur du roi,
secrétaire de la ville. Les auditeurs ecclé-

---

(1) Les textes de ces deux règlements ont été publiés,
pour Nancy, dans A. JACQUOT, *La Musique en Lorraine*,
p. 135 et suiv.; pour Strasbourg, dans LOBSTEIN, *Beiträge zur Geschichte der Musik im Elsass*, p. 116 et suiv.

siastiques ne faisaient pas partout défaut ;
si, plusieurs fois, les chanoines du chapitre
cathédral de Chartres firent défense à leurs
maîtres de chapelle de mener les enfants
de la maîtrise « aux concerts où il y avait
des femmes », et d'y assister eux-mêmes (1) ;
par contre, l'évêque de Bayeux souscrivit
à la fondation du concert de Caen, « sur
la considération qu'il s'agit d'un divertissement honnête » ; des prêtres prirent part,
avec des magistrats, à l'établissement de
l'Académie de Pau, et l'archevêque de
Lyon, en voyage, ne fit point difficulté
d'assister, le 2 septembre 1722, à « un concert des plus magnifiques », que donnèrent
en son honneur les membres de l'Académie
d'Orléans, et dans lequel furent exécutés
des fragments d'*Ajax*, de Bertin, et le
Dixit Dominus, de Campra (2). Par égard
probablement pour les membres du clergé,
l'Académie de musique de Tours, fondée
en 1724, et qui donnait ses séances deux
fois par semaine dans un hôtel « bâti tout
exprès », avait soin de substituer pendant

---

(1) CLERVAL, *L'Ancienne maîtrise de Notre-Dame de
Chartres*, p. 203.

(2) *Mercure*, octobre 1722, p. 94. — *Ajax* avait été
joué à l'Opéra le 20 avril 1716.

le carême, des motets aux fragments
d'opéras (1).

Après tant de précautions prises pour
assurer aux réunions un public agréablement composé et d'une irréprochable
tenue, il ne faut pas s'étonner si, pour dernier trait du tableau, le nouvelliste nor-
mand dit que les concerts de ce genre
servaient quelquefois à préparer des mariages (2); l'Académie de Nancy, en se donnant pour devise : *Allicit et sociat*, semblait
avoir prévu et souhaité la chose. Ainsi
préludaient nos pères aux proverbiaux
rendez-vous bourgeois du théâtre national
de l'Opéra-Comique. Mais quelque amu-
sant que puisse être cet aspect des anciens
concerts de province, nous sommes plutôt
désireux d'en connaître le côté vraiment
musical.

Des amateurs formaient partout le noyau
de la troupe vocale et instrumentale, dont
l'importance numérique ne variait pas
moins que les capacités. Tandis que l'Académie d'Orléans se glorifiait de mettre en
ligne jusqu'à soixante-dix exécutants, celle
de Tours n'en comptait que trente-cinq ou
quarante. Habituellement existait une

(1) *Mercure*, janvier 1726, p. 172; janvier 1731, p. 169.
(2) *Nouvelles littéraires*. de Caen, 1740.

démarcation entre les membres honoraires,
qui subvenaient aux dépenses par leur cotisation, et les membres associés, qui ne
souscrivaient pas, mais qui exécutaient
leur partie dans les concerts. Ces derniers
étaient tenus, à Nancy, de faire preuve, dans
une sorte d'examen, d'une habileté suffisante; mais cette prescription rassurante
manque dans les règlements de la plupart
des autres sociétés. Pour contrebalancer
la maladresse artistique de la majorité,
les académies s'attachaient quelques musiciens à gages, qu'elles étaient souvent
obligées de chercher au loin, à grands
frais. Nous voyons, par exemple, les échevins et les officiers du concert de Besançon faire en, 1733, au violoniste Leclair
le cadet, des offres réitérées et si avan-
tageuses, que pour le retenir à Lyon, « sa
patrie », la municipalité de cette ville dut
lui garantir une pension annuelle et via-
gère de trois cents livres, « à la charge de
rester attaché au service de la ville et de
l'Académie des Beaux-Arts, tant qu'elle
subsistera, en convenant de ses appointements avec MM. les officiers, comme aussi
de continuer ses soins pour l'éducation des
enfants de la ville et même des étrangers,
dans l'art de jouer du violon, dont il a
acquis une connaissance parfaite, et qui

lui peut être aussi utile à Lyon que partout ailleurs ». L'augmentation de cette pension, portée à cinq cents livres en 1841, ne décida point Leclair à rester longtemps à Lyon : on le retrouve, quelque temps après, avec sa femme à l'Académie de Moulins, qui comptait aussi, parmi ses symphonistes, Pierre Yzo et Dauvergne père. A la même époque, le directeur du Concert de Lyon était François Grenet, l'auteur du *Triomphe de l'harmonie*, joué à l'Opéra de Paris le 9 mai 1737 (1).

Le frère aîné du grand Rameau, Claude-François Rameau, tenait le clavecin aux Concerts de Dijon, qui se continuèrent, sous sa direction et celle du violoniste et

---

(1) *Inventaire-Sommaire des Archives communales de Lyon,* BB 297 et suiv. — Les actes consulaires orthographient le nom du violoniste : *J.-M. Le Clerc.* S'il existait un doute sur l'identification de cet artiste avec Leclair cadet, il serait levé par le titre de son unique œuvre gravé : *Premier livre de Sonates à violon seul avec la basse continue, composées par* M. *Leclair le second, pensionnaire de la Ville de Lyon et Premier Violon de l'Académie de musique.* A Paris, *chez* M. *son frère,* la Veuve Boivin, etc. In-folio, s. d. (vers 1740). La dédicace à M. Perrichon, prévôt des marchands et commandant pour S. M. dans la ville de Lyon, est signée *J.-M. Leclair le second.* Les initiales des prénoms des deux frères étaient donc identiques, et les auteurs qui ont appelé le cadet Antoine-Remy se sont trompés.

chef d'orchestre Cappus, pendant un espace
de treize ans, de 1725 à 1738. Quatre chanteuses, « la Bastolet, la Cataldi, la Walbrun
et la Jolivet », y luttaient de prétentions
plus, disait-on, que de talent; le chanteur
Bourgeois, « usé à Paris », et auquel restait
plus d'art que de voix, avait un engagement
fixe à cent pistoles d'appointements; Gabriel Guillemain, bon musicien, formé
partie à Paris, dans la maison du comte de
Rochechouart, et partie en Italie, sous
Somis, tenait la partie de premier violon.
Malgré le mérite évident de quelques-uns
de ses membres, l'Académie de musique
de Dijon n'arrivait encore qu'à d'assez mé-
diocres résultats, et un auditeur ironique
se plaisait à dire que « le concert eût été
fort beau, s'il y avoit eu des musiciens »,
mais que c'était « un charivari noté » (1).

---

(1) Extraits du journal de Lantin de Damerey, dans
la revue *Les Deux Bourgognes*, tome VIII, p. 54 et 293 ;
Henri Chabeuf, *Dijon, monuments et souvenirs*, p. 300 et
suiv. — Sur Claude Rameau, voyez nos articles : *Notes
et croquis sur J.-Ph. Rameau. I, Sa famille,* dans le *Guide
Musical* des 24 avril et 1er mai 1898. — J.-B. Cappus
recevait une pension de la ville de Dijon, dont il était
le musicien officiel ; il fit chanter en 1728, au Concert de
Dijon, un divertissement, *Le Retour de Zéphyre ;* en 1729,
à la Sainte-Chapelle de Dijon, un *Te Deum* pour la naissance du Dauphin ; en 1730, au Concert de la Reine, à
Versailles, un divertissement, *Les Plaisirs de l'hiver.* —

Le même jugement aurait pu probablement être porté sur la plupart des établissements semblables, d'autant plus qu'à mesure que leur nombre allait en grandissant, le recrutement de leur personnel professionnel devenait plus difficile. Vers 1750, nous voyons les directeurs aux abois recourir à la publicité des feuilles d'avis pour répandre au loin leurs offres : ceux du Concert de Bordeaux demandent à la fois une voix de femme, une basse-taille, une haute-contre ; ils promettent des appointements « proportionnez aux talents, et les plus forts qu'on reçoive dans les provinces » ; ils font valoir l'agrément de la ville, la facilité d'y trouver des élèves ou des emplois dans les maîtrises : mais ils demandent aux candidats de fournir de « bons témoignages des maîtres

---

Nous avons vu que Mlle Bastolet passa du Concert de Dijon au Concert des Tuileries. — Louis-Thomas Bourgeois, ancienne haute-contre de l'Opéra de Paris, avait quitté ce théâtre en 1711 pour devenir maître de chapelle à Toul, puis à Strasbourg ; il mourut à Paris en 1750. — Gabriel Guillemain quitta Dijon pour devenir en 1738 ordinaire de la musique du Roi ; nous retrouverons au Concert spirituel ses concertos et ses symphonies ; en 1770, Guillemain, en proie à de graves embarras financiers, et ne pouvant obtenir du trésor royal, vide, l'arriéré qui lui était dû, se tua de plusieurs coups de couteau.

de l'art ». — Saint-Malo a besoin d'une
basse chantante, Nantes de toutes sortes
de sujets, Rouen de deux chanteuses
auxquelles sont proposés des appointements de mille à quinze cents livres ;
Rennes n'en offre que huit cents à une
cantatrice « qui ait la voix belle, qui
chante avec goût, et qui soit bonne musicienne »; mais, si peu qu'elle sache ensei-
gner, elle pourra se « faire pour mille
écus d'écolières, en ne prenant que vingt
sols par leçon » ; et la « subsistance »
est à Rennes « de plus de moitié à meilleur compte qu'à Paris » (1).

Quelles que fussent les capacités des
Académies de province, leurs ambitions
ne connaissaient guère de bornes. L'Opéra
de Paris, n'ayant rien à craindre de leur
lointaine concurrence, les laissait puiser
dans son répertoire et chanter, par actes
entiers, les partitions anciennes et nouvelles. On se piquait de ne point retarder
sur les goûts de la capitale, et si les
œuvres de Lully faisaient souvent le fond
des programmes, on y joignait volontiers
celles des maîtres du jour : à Dijon, Claude
Rameau fit exécuter l'opéra de son frère,

(1) *Annonces, affiches et avis divers,* 21 juin et 13 septembre 1752, 31 janvier, 9 février et 11 juillet 1753.

Hippolyte et Aricie, dès l'année qui suivit sa première représentation ; les académiciens de Moulins firent en 1742 à Méhémet Haïd Pacha, ambassadeur turc en voyage, les honneurs d'une pompeuse audition des *Fêtes grecques et romaines*, de Colin de Blâmont. En outre des opéras, l'on interprétait dans les concerts provinciaux, comme aux Tuileries, les motets de La Lande, les cantates de Batistin, de Clérambault, etc., les sonates italiennes et françaises. Très peu d'œuvres originales des compositeurs locaux paraissent s'y être mêlées. J.-B. Cappus, à Dijon, donnait de temps en temps un divertissement ; le sieur Chupin du Breuil composa, en 1735, le *Triomphe de l'harmonie ou l'établissement du Concert de Clermont-Ferrand*, pour célébrer la fondation de cette société (1) ; Bordery, maître de musique du Concert de Lille, y faisait chanter un psaume, et des cantatilles qu'il publiait à Paris (2) ; à

(1) Le livret, de M. Bompart de Saint-Victor, fut imprimé à Clermont en 1735. — *Mercure*, juillet 1736, p. 1605.

(2) *Les Amours champêtres, deuxième cantatille nouvelle pour un dessus avec accomp. de violons, flûtes et hautbois,.... par M. Bordery, maître du Concert de Lille en Flandre.* Chez le sieur Le Clerc, 1745, in-fol.' — L'exécution en 1747 du *Psaume XCV*, de Bordery, est citée par M. L. Lefebvre.

Caen, l'on exécutait en 1740 l'*Amour désarmé par Bacchus*, cantate de Vigneron, musicien de cette ville, en 1742 une cantatille anonyme, le *Concert de Caen*, en 1749 un grand divertissement composé par Poix, maître de chapelle de l'église Saint-Pierre(1); les associés du Concert d'Amiens eurent en 1755 la primeur d'un opéra, *Daphnis et Amalthée*, dont la musique avait, disait-on, été écrite par une jeune fille de seize ans, Mlle Guenin (2). Les Marseillais virent plus fort l'année d'après : un petit garçon de douze ans, Louet, fils d'un commissaire des galères, fit exécuter sous sa direction, « par plus de cinquante musiciens, dans le grand Concert de la ville érigé en Académie de musique », un *Confitebor* à grand chœur, qui fut trouvé admirable,

---

(1) CARLEZ, ouvr. cité.

(2) *Mercure,* novembre 1755, p. 214. — Sur le Concert d'Amiens et l'Académie d'Aix-en-Provence, voy. les *Sentiments d'un harmoniphile sur différents ouvrages de musique,* 1757, p. 77 et suiv.— Il y avait encore des concerts à Grenoble, à Douai, et jusque dans d'assez modestes petites villes : Carpentras, par exemple, avait son Académie de musique, dont le règlement fut imprimé en 1719. Voy. BARJAVEL, *Dictionnaire historique de Vaucluse.*

redemandé, et suivi d'un *Cœli enarrant,*
d'un *Beati omnes,* etc. (1).

A Troyes, nous notons encore, en 1756,
l'exécution au Concert d'un *Te Deum* du
sieur Mouton, maître de musique de l'église
Saint-Etienne ; en 1763, celle d'un divertissement du sieur Nerat (2). Malgré tout, le
rôle des concerts provinciaux restait secondaire et effacé. Il y avait extension, diffusion ; il n'y avait rien qui ressemblât à la
fertile décentralisation des petits Etats
allemands ou italiens, à la même époque.

---

(1) *Annonces, affiches et avis divers,* 12 mai et 26 juillet 1756, 4 mai 1757. — Alexandre Louet, que Fétis fait
naître en 1753 au lieu de 1744, devint un bon claveciniste, se fixa à Paris, donna deux motets au Concert
spirituel en 1771, fut attaché au Concert de la Reine, et
servit quelquefois d'accompagnateur à Marie-Antoinette. Son opéra-comique. *La Double clef, ou Colombine
commissaire,* essuya une chute à la Comédie-Italienne
en 1786. Voyez la *Correspondance littér.,* t. XIV, p. 427.

(2) *Annonces, affiches,* etc., 8 septembre 1756 et
3 août 1763.

V

ORSQUE, après la saisie des meubles du Concert des Tuileries, en 1734, l'Académie royale de musique résolut de continuer cette entreprise à son compte, elle se proposa d'abord de donner des séances « tant spirituelles qu'autres » (1); mais, par le fait, elle supprima complètement les concerts français et se renferma dans ce qui avait été primitivement l'unique dessein de Philidor : offrir, les jours de fêtes religieuses et de fermeture des théâtres, des auditions en majeure partie composées de « musique de chapelle ». La direction de l'orchestre fut confiée à Rebel père, qui battait la mesure à l'Opéra, et que ses titres officiels, aussi bien que le

_____

(1) Archives nationales, O¹ 621.

succès de ses pièces instrumentales, avaient
mis en évidence (1). I! conduisit, le 25
décembre 1734, le premier concert donné
sous la nouvelle administration. Le programme comprenait une suite de noëls en
symphonie, deux motets de La Lande, un
motet à voix seule, de Mouret, chanté par
Mlle Fel, trois différents concertos joués
par Blavet, Leclair et Guignon, et pour
finir, un troisième grand motet de La
Lande, son *Cantate Domino*.

Pendant les premières années de la nouvelle direction, l'apparition de quelques
nouveaux solistes, dont un certain nombre
arrivaient de l'étranger, parut seule rompre
l'immuable monotonie de festins musicaux
dont La Lande et son école fournissaient
toujours les morceaux de résistance. Du
30 mars au 29 mai 1735, les deux frères
Alessandro et Geronimo Besozzi donnèrent
des auditions répétées de concertos et de
duos de leur composition pour hautbois et

---

(1) Jean-Ferry Rebel était fils de Jean Rebel, chanteur
taille de la musique du Roi ; il était beau-frère de La
Lande et père de François Rebel, comme lui violoniste
et compositeur. Il avait commencé par compter au
nombre des vingt-quatre violons du Roi, était devenu
en 1718 compositeur de la musique de la chambre, et
possédait depuis 1733 la survivance de la charge de
surintendant, qu'occupait Destouches.

basson, et furent « extrêmement applaudis ».
Le 1er novembre suivant eut lieu l'exhi-
bition assez bizarre de « la demoiselle
Taillart », qui joua une sonate sur la flûte
traversière. Cherchant à renouveler le fruc-
tueux succès des Besozzi, la direction engagea, pendant le carême de 1736, un
hautboïste, Ignace, et un bassoniste, Brunet, auxquels elle fit exécuter un répertoire
analogue de duos ; puis elle essaya du
violoncelliste Lanzetti, musicien du roi de
Sardaigne. Mlle Hotteterre, « jeune personne nouvellement arrivée de province »,
joua, pendant le carême et l'été de 1737,
des sonates de violon de Leclair ; Zucca-
rini, violoniste italien, obtint des éloges
pour ses concertos et ses duos avec Guignon ; son compatriote, le violoniste Angelo Valotti, lui succéda, et l'on vit revenir
le flûtiste Buffardin, une ancienne connaissance, que onze ans d'absence avaient fait
oublier (1). Le 25 mars 1738, le sieur
Litterin, « trompette de la musique du roi
de Sardaigne », sonna une pièce de sa
composition, et dans la même année, les
noms du violoniste Cupis et du violon-

---

(1) *Mercure*, juin 1737, t. I, p. 1209 : « Le sieur Buffardin... exécuta pour la première fois un concerto de
flûte », le 30 mai. Buffardin avait déjà joué au Concert
spirituel en 1726. Voyez ci-dessus, p. 129.

celliste Barrière furent inscrits sur les programmes, auprès de ceux, toujours en faveur, de Guignon, d'Aubert et de Blavet. J.-B. de Cupis, frère de la célèbre Camargo, plut par « un jeu coquet et séduisant », et parut « très capable de réunir en lui le sentiment,le tendre et le doux de M. Leclair, avec le feu, le brillant et le surprenant de Guignon » (1).

Du côté vocal, les débuts étaient plus rares. Turier, basse-taille, attaché comme gagiste à la Sainte-Chapelle, et plus tard à l'Opéra de Bordeaux, avait chanté des airs italiens ; le 24 décembre 1736, le sieur Coremans était venu faire entendre « un air italien du fameux M. Handel ».

(1) *Mercure*, juin 1738, p. 1116.— La famille de Cupis compta plusieurs musiciens. Celui dont il est ici question s'appelait Jean-Baptiste, ou du moins J.-B. Cupis : il signait ainsi, en 1738, la dédicace au duc d'Antin de ses *Sonates à violon seul, avec la basse continue,* premier œuvre. D'après Ancelet, il était frère de la danseuse Marie-Anne de Cupis de Camargo, et par conséquent aussi de Charles de Cupis, violoniste à l'orchestre de l'Opéra en 1746, et de François de Cupis, né à Paris en 1732. Voyez JAL, *Dictionn. crit. de biogr. et d'hist.*, article Camargo, et CAMPARDON, *L'Académie roy. de mus.*, t. I, p. 157. — Sous le nom de Cupis le jeune, sans prénom, ont été publiés à Paris chez Le Menu, sans date, mais après 1760, une *Méthode nouvelle et raisonnée pour apprendre à jouer du violoncelle,* et un *Recueil d'Airs choisis des meilleurs auteurs ajustés pour le violoncelle.*

Quelques nouveaux motets portaient les
signatures de Chéron, musicien d'orchestre
à l'Opéra, ancien élève de Bernier à la
Sainte-Chapelle, — de Cordelet, maître de
musique de l'église Saint-Germain l'Auxerrois, — de Brice, musicien du Roi, —
de Duluc, alors maître de chapelle à
Chartres (1) — et du compositeur allemand J.-Ph. Telemann; ce dernier, chanté
le 25 mars 1738, fut « fort goûté ».

Le 8 septembre suivant fut inaugurée,
par une œuvre symphonique intitulée
« Concerto à trois chœurs », la série des
compositions de Mondonville, jeune artiste
méridional, dont la première apparition,
comme violoniste, au même concert, en
1734, avait passé presque inaperçue.
Maintenant habile compositeur et virtuose
sûr de lui-même, il allait devenir, pour une
longue période, le principal soutien de l'entreprise. « Il y a déjà quelque temps, écrit
le duc de Luynes à la date du 18 avril 1739,
qu'un musicien nommé Mondonville, qui
n'a pas encore vingt-cinq ans, paroît

---

(1) Jean-Baptiste Duluc, prêtre, originaire du diocèse
de Bazas, fut maître de chapelle à Tours avant 1730, à
Notre-Dame de Paris de 1730 à 1733, à Chartres de
1734 à 1737, devint maître de chapelle de la cathédrale
de Rouen en 1753, et mourut en cette ville le 25 octobre 1761.

s'acquérir une grande réputation; il a
donné plusieurs motets qui sont fort estimés; outre cela, il joue du violon d'une
façon singulière, et il passe pour être au
pair de tout ce qu'il y a de mieux (1). »
Ces lignes reflétaient l'impression générale,
et le duc appliquait au jeu de Mondonville
la même épithète que le rédacteur du
Mercure : celui-ci l'avait jugé « aussi admirable que singulier » (2). Plus tard, quand
l'opéra de *Titon et l'Aurore* eut, dans la
guerre des Coins, fait perdre aux Bouffonistes une bataille rangée, ils devinrent les
ennemis acharnés de Mondonville, l'accu-
sèrent d'intrigues, de fausseté et de bas-
sesse, et affectèrent pour son talent un
injurieux mépris. La notice qui fut écrite
au moment de sa mort par un des auteurs
de la *Correspondance littéraire* rappelle
aigrement ses succès de violoniste, et les
dit obtenus grâce à « de petits airs de guin-
guette qui transportèrent le public de Paris

---

(1) *Mémoires* du duc de Luynes, t. II, p. 413. — Jean-
Joseph Cassanea de Mondonville, né à Narbonne
en 1711, n'avait pas vingt-cinq ans, comme le croyait
Luynes, mais vingt-huit ans, en 1739. Reçu en 1740 à
la survivance de Campra, comme sous-maître de la chapelle du Roi, il prit en 1745 possession effective de ce
poste, qu'il quitta par démission en 1758. Il mourut le
8 octobre 1772.

(2) *Mercure*, mars 1739, p. 589.

et qu'on n'aurait pas écoutés dans les ta-
vernes en d'autres pays » (1). Encore que la
lecture des œuvres de Mondonville ne com-
mande point de véritable admiration, la par-
tialité de cet arrêt est flagrante. Ancelet nous
explique mieux ce qui plaisait et surprenait
dans son jeu : « Mondonville, dit-il, en
paraissant sur la scène, étonna par le feu et
la rapidité de son exécution (2) ». Il n'interprétait pas exclusivement ses propres concertos, mais au contraire se servait souvent
de ceux de Guignon. L'enthousiasme des
amateurs fut porté à son comble lorsque, le
11 avril 1745, Mondonville et Guignon se
présentèrent ensemble pour jouer un duo.
« On ne peut pas décrire, dit un assistant,
combien ces symphonistes ont fait briller
de grâces et de feu dans les différents
morceaux (3). »

Ses motets, sans atteindre au rang de
chefs-d'œuvre, réussirent de prime abord,
parce qu'ils venaient à leur heure et qu'ils
continuaient ceux de La Lande, ainsi que

---

(1) *Correspondance littér. de Grimm, Diderot, Raynal,
Meister,* etc., octobre 1772, édition Tourneux, t. X,
p. 84. A cette date, Diderot et Meister étaient, en
l'absence de Grimm, les rédacteurs ordinaires de la
Correspondance.

(2) ANCELET, ouvr. cité, p. 16.

(3) *Mercure,* avril 1745, p. 140.

les toiles de Jouvenet avaient continué les peintures de Lebrun. Un caractère commun de convention décorative apparentait les deux arts. Les proportions imposantes, les perspectives ouvertes sur de banales architectures, le groupement théâtral de personnages académiques, le coloris opaque de Jouvenet, correspondaient aux longs ensembles symétriques, aux formes creuses, aux remplissages prévus, aux effets massifs de sonorité des motets de Mondonville. Un succès prompt et éclatant salua leur éclosion. L'Académie royale de musique, gérant le Concert spirituel, comprit immédiatement ce que pourrait lui rapporter le concours régulier d'un homme aussi précieux ; elle prit l'engagement de servir à Mondonville un traitement annuel de douze cents livres, « pour ses motets et pour jouer du violon », et fit un large emploi de ses deux genres de talent.

Douze motets furent composés en quinze ans, soit pour le Concert, soit pour la Chapelle du Roi (1) ; ils reçurent tous, aux

---

(1) Ces douze motets (dont huit seulement sont cités par les biographes de Mondonville), sont : *Bonum est,* — *Cantate Domino,* — *Cœli enarrant* (1749), — *De profundis* (1748), — *Dominus regnavit,* — *In exitu,* — *Jubilate,* — *Lauda Jerusalem* (1742), — *Laudate Dominum* (1756), — *Magnus Dominus,* — *Nisi Dominus* (1743), — *Venite*

Tuileries, le même accueil admiratif, et chacun d'eux parut et reparut à maintes reprises. Le *Dominus regnavit* était « toujours écouté avec la même attention et le même applaudissement » ; on ne se lassait jamais d'entendre le *Nisi Dominus ;* on découvrait dans le *De profundis* des « beautés sublimes », qui le faisaient regarder comme « un des plus beaux morceaux d'harmonie » que Mondonville ait composés, « car on ne le peut comparer qu'à lui-même » ; le *Venite exultemus*, enfin, était proclamé, « sans contredit, son chef-d'œuvre » (1).

Le rival le plus heureux de Mondonville pendant cette période dans le répertoire du motet, fut Boismortier, dont le *Fugit nox* dut à l'intercalation de noëls populaires le privilège de rester pendant plus de vingt ans le morceau obligé du programme, pour le 25 décembre. Musicien léger, producteur infatigable, Boismortier n'avait nullement songé à traiter des thèmes en contrepoint, à les développer, à les fondre dans le tissu

---

exultemus (1750). Aucun n'a été imprimé. Des copies en partition du *Cantate Domino,* du *Cœli enarrant,* du *Dominus regnavit,* de l'*In Exitu* et du *Magnus Dominus,* existent à la bibliothèque du Conservatoire de Paris.

(1) *Mercure,* décembre 1746, p. 166; avril 1748, p. 125; février 1751, p. 186; mars 1753, p. 196.

musical ; il s'était contenté, ou, comme
disait La Borde à sa louange, il avait
trouvé « le secret » d'employer des « noëls
qui sortaient du cadre, et dont les chants
mélodieux se mariaient agréablement avec
des récits, des chœurs et des symphonies
qui paraissaient n'y avoir aucun rapport » ;
complètement désaccoutumés de tout ce
qui ressemblait à la polyphonie, le public et
les musiciens se crurent en présence d'un
« travail pénible », qui avait dû « coûter
infiniment » à son auteur, et ils l'applau-
dirent « avec transport », parce qu'ils le
trouvaient joli et le supposaient difficile (1).

L'*Exaudiat* de Boismortier (1741) et sa
Sonate en quatuor eurent une beaucoup
moins longue existence que son *Fugit nox*.
Le *Lauda Jerusalem* de Levasseur alterna
plusieurs fois avec ceux de Chéron et
de Mondonville. Un moindre succès fut
obtenu par quelques motets nouveaux de
l'abbé Vignot, ancien élève de la maîtrise
de Notre-Dame de Paris, — de Levens,
plus connu comme théoricien (2), — de
Corrette, dont la médiocrité féconde ne

---

(1) La Borde, *Essais sur la musique,* t. III, p. 392 et
suiv.

(2) Levens fut maître de chapelle à Bordeaux, puis à
Toulouse. Son *Abrégé des règles de l'harmonie* parut
en 1743.

doutait jamais de rien. — de Fanton,
maître de musique à la Sainte-Chapelle du
Palais (1). L'*In exitu* d'Adolfati, exécuté le
2 juin 1748, fut la dernière nouveauté
offerte aux habitués du Concert par la
direction de l'Opéra. Nous ne devons pas
omettre la mention d'une ode de J.-B.
Rousseau, mise en musique par Royer, qui
fut chantée le 25 décembre 1746, faisant
exception à la règle qui interdisait au Concert l'usage de la langue française. L'origine du morceau expliquait cette faveur :
peu de semaines auparavant, le Dauphin,
chez qui les courtisans admiraient le goût
de la musique et de la lecture, avait remarqué l'*Ode à la fortune*, et suggéré à Royer,
son professeur de chant, l'idée de la mettre
en musique ; un tel désir valait un ordre ;
bien que la tâche parût malaisée, « les vers
de cette ode n'étant point faits pour être
chantés », Royer s'y appliqua et eut soin
d'écrire sa composition pour la voix de
son royal élève, qui était une basse-taille.
Il en fit un « divertissement durant environ
trois quarts d'heure » ; le Dauphin le chanta
chez Mesdames, « avec les accompagnements » ce qui fut pour toute la

_____

(1) Abel-François Fanton prit possession du poste de
maître de musique de la Sainte-Chapelle en 1745, et
mourut en 1757.

cour un nouveau sujet de crier au miracle, attendu qu'il ne faisait « que de commencer à apprendre la musique ». Au Concert spirituel, ce fut le chanteur Benoît qui remplaça le Dauphin (1).

Les auditions de virtuoses semblaient multipliées à dessein pour compenser la rareté relative des œuvres inédites. Une brève énumération fera passer sous les yeux du lecteur les principaux noms ajoutés à ceux de Mlle Fel, de Jéliotte, de Benoît, de Blavet, de Guignon, de Mondonville, soutiens fidèles des programmes et solistes favoris du public.

Mlle Selim ne fit, en 1738, qu'un assez court service (2); — Mlle Chevalier débuta simultanément au Concert et à l'Opéra, en 1741; elle devait y chanter pendant plus de vingt ans (3); — Mlle Rotisset, ensuite appelée Mlle de Romainville, musicienne du Roi depuis 1738, fit admirer sa « très belle voix » au Concert, dans les motets,

(1) *Mémoires* du duc de Luynes, t. VIII, p. 14, 15. — Louis, Dauphin de France, né en 1729, mourut en 1765.

(2) Marie-Françoise Selim (que le *Mercure* appelle Celime) partit pour la province et se fixa à Lyon, pensionnée par le Consulat à titre de première chanteuse de l'Académie des Beaux-Arts.

(3) Sur Marie-Jeanne Fesch, dite Chevalier, voyez CAMPARDON, *L'Académie de musique* t. I, p. 121 et suiv.

avant de se faire remarquer à l'Opéra (1);
— Mlle Monza, qui parut en 1741, était
une actrice italienne de l'Opéra de Londres
et chantait des ariettes « dans le vrai goût
de son pays »; — Mlle Riquier, venue de
Marseille, fut chargée fréquemment, à
partir de 1747, de récits dans les motets;
— François Poirier, basse-contre de la
musique du Roi, et Antoine-Nicolas
Malines, chanteur excellent de la Sainte-
Chapelle du Palais, devinrent, dans la
même période, deux des plus utiles colla-
borateurs du Concert (2).

La partie instrumentale de chaque programme consistait en sonates et concertos,
exécutés dans la plupart des cas par leurs
auteurs. En tète du petit nombre d'instruments considérés alors comme aptes à
être entendus en solo, se tenait le violon,
fier de sa jeune royauté. Le Roy (1735),
Petit (1738), Dupont (1739), Canavas l'aîné,
Labbé, Gaviniés (1741), Mangeant (1742),
Piantanida (1743), Pagin (1747), vinrent

---

(1) Elle épousa en 1752 M. de Maison-Rouge, rece-
veur général des finances et fermier général. — Voyez
les *Mémoires* de Luynes, t. II, p. 161, et t. XI, p. 454.

(2) François Poirier avait succédé le 17 mars 1745 à
Antoine Pacini, dans la musique du Roi. — Antoine-
Nicolas Malines, dit l'abbé Malines, entra en 1738 à la
Sainte-Chapelle, et mourut en 1768.

tour à tour disputer à Guignon et à Mondonville une part de leurs succès. Ceux qui ne se confinaient pas dans l'interprétation de leur propre musique recouraient volontiers aux concertos de Vivaldi, — entre lesquels le *Printemps* était surtout préféré, — aux duos de Guignon et de Leclair. Pagin, qui avait reçu des leçons de Tartini, jouait les sonates de son maître, et Mangeant les concertos de Guillemain, trop timide, disait-on, pour affronter aux Tuileries la vue d'un nombreux public.

Le violoncelle eut pour représentants, de 1744 à 1747, Chrétien, Massart et Martin. On entendit les flûtistes Græf, allemand, élève de Buffardin (1739), Rostenne, qui joua un concerto, à lui seul, sur deux flûtes à bec (1740); le hautboïste Celle, le bassoniste Ruault; un trompettiste allemand, Freihamer, renouvela en 1739 l'essai tenté par Litterin l'année précédente; Mlle Levi, arrivant de Rennes, joua, le 2 février 1745 et plusieurs fois ensuite, des sonates ou des concertos sur le pardessus de viole, de manière à s'attirer les louanges du *Mercure :* « Elle tira de cet instrument des sons plus vifs et plus parfaits qu'il n'en produit ordinairement, et promena son archet sans aigreur jusqu'au plus haut du manche... La vivacité de son jeu n'altère point les grâces tranquilles de sa contenance, et n'excite point en elle ces mouvements presque convulsifs, qui échappent quelquefois aux plus habiles symphonistes (1). »

Quelques-uns de ces débutants appartenaient à l'espèce si souvent insupportable des enfants prodiges, que les entrepreneurs de spectacles commençaient à exploiter. Chrétien, Gaviniés, Labbé, ouvraient, il faut l'avouer, très brillamment la série; les deux derniers se présentèrent ensemble, le 8 septembre 1741, dans une sonate à deux violons de Leclair; ils étaient à peu près du même âge, Gaviniés ayant treize ans, et Labbé, quatorze, et se trouvaient tous deux à l'entrée d'une belle carrière (2).

---

(1) *Mercure*, février 1745, p. 172, et mars 1745, p. 163.

(2) Jean-Baptiste Chrétien, né vers 1730, avait été élève de Campra parmi les pages de la musique du Roi: un motet de sa composition fut chanté à la chapelle royale en 1746; resté comme Ordinaire au service du Roi, il se fit apprécier comme violoncelliste, donna aux Concerts de la cour, le 2 octobre 1752, un divertissement, *Iris ou l'orage dissipé,* sur la convalescence du Dauphin, quelques symphonies au Concert spirituel, et mourut en 1760, à la veille de la représentation de son opéra *les Précautions inutiles,* qui fut joué le 22 juillet à l'Opéra-Comique. — Sur J.-B. Saint-Sevin, dit Labbé, et Pierre Gaviniés, voy. FÉTIS, t. I, p. 5, et t. III, p. 430.

Deux jeunes gens, presque deux enfants, Philidor et Cardonne, débutèrent au même âge, non comme instrumentistes, mais comme compositeurs. Tous deux avaient été élevés parmi les pages de la musique du Roi ; tous deux avaient eu l'honneur, à la fin de leurs études, de faire exécuter un ou plusieurs motets de leur composition à la chapelle de Versailles. Un motet de Philidor fut chanté au Concert spirituel le 15 août 1743 ; un de Cardonne, pendant la saison de Pâques 1743.

VI

ENTRE toutes les innovations que le temps et le génie des maîtres introduisent de génération en génération dans l'art musical, l'accroissement numérique de l'orchestre et l'adoption de nouveaux instruments ont à toutes les époques excité la défiance et l'opposition d'une notable partie du public. De même qu'en 1677 La Fontaine se plaignait qu'il fallût désormais « vingt clavecins, cent violons pour plaire », — de même qu'en 1876 les habitués des Concerts Pasdeloup sifflaient, à la simple vue, l'entrée des instruments supplémentaires venant compléter l'orchestre pour la marche funèbre du *Crépuscule des dieux*, — de même, vers 1740, se trouvait-il des amateurs et des critiques

pour déplorer amèrement le bruit et le
« mauvais goût » des concerts. L'un s'exprimait en vers :

> Nos concerts ne nous touchent plus
> Si le monstrueux assemblage
> De vingt instruments superflus
> N'y fait un bachique tapage (1).

Un autre, en simple prose, accusait de
tout le mal les grands concertos, dans lesquels on se jetait « à corps perdu ». Il y en
a de beaux, concédait-il, « mais ils ont
mis notre jeunesse dans le goût du bruit et
du grand bruit, et l'on y perd certainement
du côté de la délicatesse, de l'élégance et
de la sensibilité. Ce goût devient malheureusement si général, qu'on peut dire que
le bon goût est fort gâté, et qu'à force de
donner dans les difficultés, dans la bizar-
rerie et dans l'extravagance, sous prétexte
de nouveauté, nous n'avons plus qu'un pas
à faire pour tomber dans la barbarie » (2).
La barbarie n'était pas loin, en effet,
mais nullement du côté où l'écrivain la
cherchait ; elle se révélait dans l'engoue-
ment que la société polie manifestait
pour les instruments champêtres, précisément dans le moment où la constitution

---

(1) *Mercure,* octobre 1739, p. 2355.
(2) *Mercure,* août 1738, p. 1736.

d'une école française de violon et les progrès naissants de l'orchestre symphonique
semblaient devoir diriger les amateurs vers
une meilleure conception de l'art. En attendant que Marie-Antoinette fît installer une
vacherie à Trianon, les princesses de la
cour de Louis XV se costumaient en
pseudo-bergères pour jouer de la musette
et de la vielle ; ces pauvres engins musicaux devenaient, sous le pinceau des
Nattier, des Drouais, l'accessoire de leurs
portraits, et, par la force de la mode, ils
envahissaient tous les salons, tous les bou-
doirs. Pour suffire à la demande, les facteurs détruisaient de beaux luths anciens,
qu'ils métamorphosaient en vielles ; les
enseignes de leurs boutiques étaient *à la
Vielle royale, à la Musette de Colin, à la Belle
vielleuse* (1). Bâton cadet s'appliquait à
perfectionner la vielle, en y ajoutant trois
touches (2) ; la musette, cependant, plaisait
davantage aux femmes, parce qu'elle « effa-
çait dans sa parure tous les autres instruments », et qu'elle comportait l'addition de

---

(1) C. PIERRE, *les Facteurs d'instruments de musique,* p. 84
et suiv. — *Colin* désigne ici le joueur de musette Colin
Charpentier.

(2) Il fit réaliser son invention par le facteur François
Feury ou Fevry.

pompons, de franges et de rubans (1). L'on croyait, en l'écoutant, se reporter à « ces temps fortunés où les Pasteurs pour plaire à leurs belles, et pour les engager, unissoient la voix à ses sons doux et flatteurs », et l'on se sentait « un foible étonnant pour la bergerie » (2).

Tout une littérature surgissait, où se combinaient des mélanges d'une ou de plusieurs vielles, d'une ou de plusieurs musettes, avec des tambourins, des flûtes, des violons, des dessus et basses de viole. Baptiste Anet, le violoniste, n'avait pas dédaigné d'écrire en ce genre deux re- cueils de pièces dédiées à l'un des plus fameux virtuoses sur la musette, Colin Charpentier (3). Les « plus beaux airs » de l'opéra de *Jephté* étaient « ajustés » par Chédeville le cadet, qui donnait de son crû des livres d'*Idées françoises*, d'*Amuse- ments champêtres*, d'*Amusements de Bellone*,

(1) ANCELET, *Observations sur la musique*, p. 32.

(2) *Lettres sur les hommes célèbres*, etc., (par Daquin), t. I, p. 152.

(3) *Deuxième œuvre de M. Baptiste Anet contenant deux Suites de pièces à deux musettes qui conviennent à la flûte traversière, hautbois, violon, comme aussi aux vielles. Se vend à Paris, chez l'auteur*, etc., 1726. — *Second œuvre de mu- settes par M. Baptiste, ordinaire de la musique du Roy*, etc. *Se vend à Paris, chez le Sr Boivin*, etc., 1730.

de *Galanteries amusantes;* Chédeville l'aîné multipliait les *Duos galants,* et Boismortier, qui n'avait, disait-on, pas son pareil pour les pièces « aisées, simples et agréables », publiait les *Loisirs du bercail* (1). Les maîtres qui enseignaient à jouer de ces instruments, — les Hotteterre, les Chédeville, les Danguy, les Bâton, Colin Charpentier, Ravet, Belleville, — étaient « mieux récompensés de leurs travaux que les meilleurs organistes » (2). Danguy et Charpentier portaient la vielle et la musette jusqu'au Concert spirituel, où les 24 et 25 décembre 1731, 1732, 1733, ils exécutèrent des airs de noëls populaires, arrangés par eux-mêmes ou par Corrette, avec accompagnement d'orchestre; et les ennemis de la « musique bruyante » étaient ravis de pouvoir opposer au « charivari des sonates » ces airs anciens, qui « plaisent toujours aux oreilles sensibles aux agréments simples de la nature » (3).

C'était faire acte de courage que d'oser se raidir contre un entraînement si général; le timide Ancelet, qui ressentait

(1) *Les loisirs du bercail ou simphonies pour une musette ou vielle et un violon, sans basse, par M. de Boismortier.*

(2) ANCELET, p. 31.

(3) *Mercure,* décembre 1746, t. II, p. 165.

pour les instruments champêtres une médiocre sympathie, craignait « d'indisposer la multitude de leurs partisans », en ne leur rendant « que faiblement justice » : car, disait-il, « tout ce qui est soutenu par la mode est non-seulement à l'abri de tout reproche, mais ceux qui y résistent sont exposés à la risée publique » (1) Quelques amis sincères de la véritable musique osaient plus ouvertement protester ; ils s'indignaient que l'on eût « arraché de la main des aveugles et des pastres » la musette et la vielle, faites pour « des villageois totalement ignares » (2). Ils demandaient qu'on reléguât « aux guinguettes » ces

> Instruments grossiers, maladroits,
> De qui le rustique langage
> Prouve qu'ils sont faits pour les bois,
> Et pour les fêtes de village (3).

Une curieuse estampe anonyme, intitulée *Nouveau Parnasse lyrique*, représentait une double rangée de dames et de gentilshommes jouant de la vielle, de la

---

(1) ANCELET, *Observations*, p. 31.

(2) *Lettre de M. l'abbé Carbasus... sur la mode des instruments de musique* (1739), p. 11 et 37.

(3) *Mercure*, août 1738, p. 1721, et octobre 1739, p. 2355.

musette, de la serinette, du tambourin, du galoubet, sur l'escarpement d'un mont Parnasse couronné par un âne brayant (1).

D'autres amateurs savaient heureusement s'élever plus haut dans la culture musicale, et concevoir de l'art un idéal différent. Au premier rang se distinguait personnellement le prince d'Ardore, ambassadeur des Deux-Siciles, qui jouait bien du clavecin et qui réunissait, pour des concerts exquis, dans l'ancien logis de Law, place Vendôme, Mlle Fel, Mme Vanloo, Jéliotte, le violoniste Cupis, le flûtiste Blavet (2). Chez Mme de Lauraguais, l'on entendait encore le même Blavet, cheville ouvrière des grands et des petits concerts, et que le comte de Clermont avait choisi pour diriger, avec Pagin pour premier

---

(1) Bibl. nat., cabinet des Estampes. La gravure porte les signatures : *C sol ut pinxit, G ré sol sculp.*, et ce distique :

L'ignorance et le mauvais goût
En ce siècle règlent tout.

(2) *Mémoires du duc de Luynes*, t. IV, p. 128. et t. VI, p. 422. Mme Vanloo, à laquelle les éditeurs des *Mémoires* donnent les prénoms d'Anne-Antoinette-Christine, était fille du violoniste Giovanni-Battista Somis, et femme du peintre Charles-André Vanloo, dit Carle Vanloo.

violon, l'orchestre excellent de sa résidence de Berny (1).

Mme de Pompadour, sur la scène des
« Petits-Cabinets », prenait une part active à des spectacles musicaux où l'art
était simplement un moyen de s'amuser
et de plaire. Imitant une ancienne fantaisie
de la Reine, elle s'offrit, en 1748, le plaisir
de trois concerts spirituels, qu'exécutèrent
avec elle les amateurs formant sa troupe
ordinaire et quelques artistes choisis dans
le corps de la musique du Roi. Le duc de
Luynes a pris grand soin de nous trans-
mettre les détails de ces séances : Le jeudi
saint, 11 avril, « on exécuta le *Miserere* à
grand chœur de M. de La Lande ; ensuite
Jéliotte chanta un petit motet qu'il a composé. On chanta ensuite un motet de Mondonville qui est parfaitement beau ; c'est
Jubilate Deo omnis terra ». Le vendredi
saint, il y eut « deux motets de Mondonville ; l'un est *Venite exultemus*, et l'autre
Dominus regnavit. C'est la plus belle musique qu'on puisse entendre. Entre les
deux motets, le petit Chrétien a joué une

_____

(1) J. Cousin, *le Comte de Clermont,* t. II, p. 3 et suiv. —
Louis de Bourbon, comte de Clermont, abbé de Saint-
Germain des Prés, né en 1709, mourut à Paris le
16 juin 1771.

sonate de violoncelle de sa composition qu'il a très bien exécutée. Ensuite, Mondonville et Guillemain ont joué ensemble plusieurs petits airs doublés, triplés et brodés avec tout l'art possible ; ces duos, qui sont d'une exécution fort difficile, sont de la composition de Guillemain ». Le lundi saint, enfin, entre le *Dominus regnavit* de La Lande, et le *Magnus Dominus* de Mondonville, M. de Dampierre joua une pièce de viole de sa propre composition, accompagné par Mondonville (1).

L'imitation des programmes du Concert des Tuileries était, on le voit, fidèle : mais cette « musique latine », maigre régal de carême, attirait peu le Roi, qui n'assistait qu'à une petite partie des séances. Mme de Pompadour, abandonnant les motets à la chapelle, se hâta de revenir au menu plus affriolant des comédies et des actes d'opéra (2).

Continuant les traditions de Crozat, les financiers rivalisaient avec les princes. Le fermier général Ferrand donnait depuis 1730 environ des concerts très recherchés,

_____

(1) *Mémoires du duc de Luynes,* t. IX, p. 9 et p. 11.

(2) Voyez sur ces spectacles : AD. JULLIEN, *Histoire du théâtre de Mme de Pompadour, dit théâtre des Petits-Cabinets,* 1874, in-8.

dans lesquels paraissaient Mlles Lemaure,
Pélissier et Duval, le chanteur Tribou,
les joueurs de viole Roland Marais fils et
Forqueray, le violoniste Marchand, le
jeune organiste Daquin, et, au milieu d'eux,
comme claveciniste, Joseph-Hyacinthe
Ferrand, fils du maître de la maison, et
élève de François Couperin (1).

Quels que fussent le luxe et l'intérêt
artistique de ces brillantes soirées, celles
qu'offrait un autre fermier-général, Le
Riche de La Pouplinière, les éclipsaient.
Mieux qu'aucun de ses rivaux de la finance
ou de la cour, mieux que le comte de
Clermont ou la marquise de Pompadour,
mieux que l'administration du Concert
spirituel, La Pouplinière savait se procurer
les plaisirs les plus raffinés de l'art, en faire
jouir une société nombreuse, deviner les
talents nouveaux, et offrir aux compositeurs pour des auditions d'essai, un théâtre
spacieux et des interprètes d'élite. Si des

---

(1) Sous le titre de *Souvenirs d'un octogénaire,* Maurice
Bourges a publié dans la *Revue et Gazette musicale de Paris,*
année 1845, une série de feuilletons semi-romanesques,
écrits, dit-il, en 1789 par Jos.-Hyac. Ferrand ; nous
aurions plus de confiance en leur authenticité, si nous
n'y reconnaissions pas mot pour mot des passages
empruntés, par exemple, aux *Mémoires* de Marmontel.

anecdotes connues ont fixé son nom dans la mémoire des lecteurs que charme la chronique scandaleuse du XVIIIe siècle, l'histoire de la musique française doit lui accorder une honorable place, que d'ailleurs ses contemporains savaient définir : « Les musiciens en général, dit Ancelet, doivent être pénétrés de reconnaissance envers M. D. L. P. Il a toujours été le protecteur des Arts. et le citoyen qui a fait le mieux les honneurs de la France, en accordant généreusement des secours et sa protection non seulement aux Français, mais encore aux étrangers qui ont paru avec des talens distingués. S'il a joui lui-même du bien qu'il a fait, il a partagé ses plaisirs avec ses amis, et avec ceux qui sont en état d'entendre, de comparer et de juger (1) ».

Encore qu'il soit difficile de classer dans un ordre clair une série de faits rapportés

---

(1) ANCELET, p. 35. — Alexandre-Jean-Joseph Le Riche de La Pouplinière, né à Paris en 1692, fermier général depuis 1718, mourut le 5 décembre 1762. Les *Souvenirs d'un octogénaire* disent qu'il « faisait facilement les airs de brunettes », qu'il avait entre autres composé celui *O ma tendre musette,* et que Rameau, son professeur de musique, lui emprunta quelques mélodies : le menuet des *Talents lyriques,* le récit « Un roi qui veut être heureux », du *Temple de la gloire,* et la deuxième chanson d'Hébé dans *Castor et Pollux.*

d'une façon très vague par quelques-uns
de ceux qui en avaient été les acteurs ou
les témoins (1), on peut cependant essayer
d'introduire une chronologie très générale
dans l'histoire des concerts de La Pouplinière. Tout d'abord, les biographes de
Rameau nous montrent le financier accueillant, abritant et protégeant l'organiste
dijonnais avant ses débuts de compositeur
dramatique ; le titre de l'une des *Pièces en
concert* (la première de la troisième suite),
appelée la *La Poplinière*, appuie leurs dires
par une sorte de dédicace (2); le logis
accordé au maître et à Mme Rameau dans
l'hospitalière maison du fermier général,
ne semble avoir été occupé par eux que

(1) *Mémoires* de Marmontel, édit. 1804, t. I, p ₂96 et
p. 312. — *Mémoires* de Mme de Genlis, édit. 1825, t. I,
p. 81 et suiv. — *Note concernant l'introduction des cors dans les
orchestres*, écrite par Gossec vers 1810, insérée en 1829
dans la *Revue musicale* de Fétis, t. V, p. 218 et s. — *Souvenirs d'un octogénaire*, dans la *Revue et Gazette musicale*, du
3 août 1845. — *Souvenirs* et *Derniers Souvenirs* d'Adolphe
Adam (des faits véridiques y sont enveloppés dans
d'agréables, mais douteuses broderies). — Article La
Pouplinière, dans la Biographie Didot, tome XXX,
p. 867. — V^ss· de Janzé, *les Financiers d'autrefois, Fer-
miers généraux*, p. 101 et suiv.

(2) Les *Pièces en concert* furent publiées en 1741. Voyez
œuvres complètes de Rameau, tome II.

pendant peu d'années, car en 1737 leur
domicile était déjà rue des Bons-Enfants :
mais l'auteur de *Castor et Pollux* venait
faire entendre chacun de ses nouveaux
ouvrages chez son ancien protecteur, et
jouer, les jours de fête, sur l'orgue de sa
chapelle, « des morceaux de verve étonnants ».

L'événement qui rompit à grand bruit,
en 1748, le ménage de La Pouplinière,
suspendit pour un petit nombre d'années
les séances musicales, qui reprirent, plus
brillantes que jamais, en 1751. Dans cette
deuxième période, le financier prit à ses
gages, selon les termes de Marmontel, « le
meilleur concert de musique qui fût connu
dans ce temps-là. Les joueurs d'instruments logeaient chez lui, et préparaient
ensemble le matin, avec un accord merveilleux, les symphonies qu'ils devaient exécuter le soir.... Tous les habiles musiciens
qui venaient d'Italie, violons, chanteurs et
chanteuses, étaient reçus, logés, nourris
dans sa maison, et chacun à l'envi brilloit
dans ses concerts ». Marmontel, en bon
piccinniste, ne parle que des Italiens ;
Gossec ajoute au tableau un complément
important, en mentionnant les Allemands :
« Ce fut, dit-il, M. Le Riche de La Pouplinière qui le premier amena l'usage des cors

à ses concerts, d'après les conseils du célèbre Jean Stamitz. Cet amateur, jouissant d'une immense fortune, entretenait un nombreux corps de musique, composé d'artistes distingués, parmi lesquels se trouvaient deux cors, deux clarinettes et trois trombones, qu'il avait appelés d'Allemagne. Tous les grands musiciens, français et étrangers, dans tous les genres, y étaient accueillis, entendus et comblés de largesses ».

Dans ce texte, il faut avant tout remarquer le nom de Jean Stamitz, dont le séjour à Paris, ignoré ou négligé par ses biographes et par les historiens de la musique, nous paraît devoir être considéré comme ayant exercé une action capitale sur la création et le développement de la symphonie en France (1). Né en 1719 à Deutschbrood en Bohême, Jean Stamitz appartenait depuis 1741 au service de l'Electeur palatin, qui l'avait remarqué à Francfort pendant les fêtes du couronnement de l'empereur Charles VII, et

---

(1) Fétis, qui avait publié en 1829 l'écrit de Gossec dans sa *Revue musicale*, ne s'en est point souvenu lorsque, dans sa *Biographie univ. des musiciens*, t. VIII, p. 111, il a confondu le voyage à Paris de Jean Stamitz père, en 1754, avec celui de Charles Stamitz fils, en 1770.

l'avait emmené dans sa résidence de Mannheim, pour en faire d'abord l'un des violonistes de son orchestre, puis un de ses
deux maîtres de concerts, et enfin le directeur de la musique de sa chambre (1). La
date du séjour de l'artiste à Paris est fixée
à 1754 par les programmes du Concert
spirituel : le 8 septembre de cette année,
Stamitz exécuta lui-même, dans la salle
des Tuileries, un concerto de violon et une
sonate de viole d'amour de sa composition, lesquels furent précédés d'une « symphonie nouvelle à cors de chasse et hautbois », pareillement signée de lui. Le 26
mars 1755, fut jouée une autre de ses symphonies, « avec clarinets (sic) et cors de
chasse ». Les deux cornistes étrangers que
La Pouplinière avait fait venir d'Allemagne pour figurer dans son orchestre et
qui se faisaient entendre accessoirement au
Concert des Tuileries, s'appelaient Syry-
neck et Steinmetz (2); les deux clarinettistes,

---

(1) Il conserva cette position jusqu'à 1757. Voyez
Fr. Walter, *Geschichte des Theaters und der Musik am
Kurpfalzischen Hofe*, p. 102, 210 et 368.

(2) Ils jouèrent un concerto au Concert spirituel le
16 avril 1754, et peut-être dès le 8 septembre 1749 la
« symphonie à cors de chasse » de Guignon, que le
Mercure dit jouée « par des cors de chasse allemands ».

Gaspard Proksch et Flieger ; auprès d'eux
l'on voyait encore un autre artiste allemand,
Gaiffre ou Gœpfer, qui jouait de la harpe :
et pendant longtemps, il n'y eut pas à Paris
d'autres exécutants sur ces trois sortes
d'instruments.

Gossec, qui était lui-même attaché dans
le même temps au concert du fastueux
fermier général, s'est attribué le mérite
d'avoir introduit le premier les cors et les
clarinettes à l'Opéra, dans deux airs composés pour les débuts de Mlle Sophie Arnould, le 15 décembre 1757. Nous avons
cru longtemps à l'exactitude de ce rensei-
gnement, qu'une étude plus attentive cor-
rige et même dément. Avant Gossec, le
grand Rameau avait dès 1751 employé les
cors et les clarinettes dans les airs de,
ballet d'*Acante et Céphise;* leur présence
dans la partition de cet ouvrage avait été
remarquée par H. Lavoix, qui n'avait pas
osé se prononcer sur la date réelle de leur
introduction à l'Opéra, l'œuvre ayant été
gravée sans millésime (1). Le témoignage
du *Mercure* lève toute hésitation ; son
rédacteur, en rendant compte de la représentation, dit qu' « on a extrêmement
goûté... dans la fête des chasseurs, les airs

(1) H. LAVOIX, *Histoire de l'instrumentation*, p. 231.

joués par les clarinettes » (1). Gossec, lorsqu'il se servit en 1757 des cors et des clarinettes, ne faisait donc qu'imiter Rameau, Stamitz et les autres compositeurs qui avaient, au théâtre ou au concert, utilisé depuis six ans les ressources nouvelles de l'orchestre de La Pouplinière.

Il y a lieu d'apporter une rectification analogue à l'opinion longtemps admise, et naguère soutenue par nous-même (2), sur le rôle joué par Gossec dans la création de la symphonie. Né le 17 janvier 1734 (3), entré, nous dit-on, en 1751 on 1752 chez La Pouplinière, Gossec n'avait que vingt ans lorsque Stamitz vint à Paris. Les symphonies du concertmeister allemand, qui passent déjà, avec une grande apparence de vérité, pour avoir influencé les premières œuvres de Haydn en ce genre, furent très probablement les modèles de celles que Gossec écrivit, depuis 1752 selon les uns, depuis 1754 selon d'autres,

---

(1) *Mercure de France*, décembre 1751, t. II, p. 178.

(2) Dans notre *Histoire de la symphonie à orchestre*, 1882, p. 33 et suiv.

(3) C'est la date relevée sur l'acte de baptême de François-Joseph *Gossé* (sic), et publiée par P. Hédouin (*Notice sur Gossec*, dans son volume intitulé *Mosaïque*, 1856, in-8).

et peut-être bien un peu plus tard encore :
car, si l'on s'en rapporte au témoignage
contemporain, mais souvent incertain, de
La Borde, il devint « à vingt-trois ans »,
c'est-à-dire en 1757 seulement, le chef
d'orchestre des concerts de La Pouplinière (1). Une succession rigoureuse est
impossible à fixer, car d'une part les programmes de ces concerts manquent absolument, et d'autre part les éditions françaises de musique instrumentale mises
au jour à cette époque sont, presque sans
exception, dépourvues de dates ; les asser-
tions des écrivains contemporains ou
postérieurs sont vagues ou contradictoires, et la série des programmes du
Concert spirituel ne présente qu'un écho
plus ou moins retardataire des innovations accomplies chez le fermier général.
Nous reviendrons, dans les prochains chapitres, sur les symphonies exécutées aux
Tuileries ; qu'il nous suffise d'avoir indiqué
ici le rôle joué à Paris même par Jean
Stamitz dans la création ou l'acclimata-
tion de cette forme musicale. Son séjour
chez La Pouplinière, son apparition au
Concert spirituel laissèrent dans la mémoire du public français des souvenirs

(1) LA BORDE, *Essais sur la musique*, t. III, p. 428.

assez prolongés et assez flatteurs pour que, une vingtaine d'années après, son fils Charles s'empressât de les rappeler : sur les titres italiens ou français des quatuors et des symphonies qu'il fit graver à Paris, il eut grand soin de s'annoncer comme le « fils du fameux Stamitz » (1) ; un catalogue de l'éditeur Venier, gravé vers 1780, réunit, parmi les symphonies, l'œuvre XI de *Stamitz padre, a corni, obboe o clarini obbligati*, et l'œuvre II de *Stamitz filio*, avec *corni e obboe ad libitum;* les compositions des deux maîtres, et bientôt celles d'un troisième Stamitz, Antoine, second fils de Jean, furent donc simultanément connues des musiciens français, à la fin du XVIIIe siècle (2).

---

(1) Nous citerons comme preuve deux œuvres que Fétis n'a pas connues : *Sei Quartetti per due Violini, viola e basso, i quali potranno esse esequirli a grande orchestra,…* *da Carlo Stamitz, figlio del famoso Stamitz e virtuoso di musica di S. A. S. Elettorale palatina. Opera Prima.* A Paris, au bureau d'abonnement musical, etc. — *Six Simphonies à deux violons, alto et basse, cors et hautbois,…, par C. Stamitz, fils du fameux Stamitz, compositeur de M. le duc de Noailles,… Œuvre VI.* Paris, chez Sieber, etc.

(2) La bibliographie des œuvres des trois Stamitz est rendue assez épineuse par l'absence de prénoms sur quelques-unes ; il faut en tous cas se mettre en garde contre les inexactitudes de Fétis. On le voit entre autres

Les amateurs modestes, auxquels n'é-
tait point accessible le luxe d'auditions
pareilles à celles de La Pouplinière,
trouvaient assez facilement la possibilité
d'assister ou de prendre part à des concerts
de chambre. Le *Tableau de Paris* pour
1759 désigne comme donnant des « concerts réglés » de temps en temps, en
hiver, « Mme Dumont, rue de la Sourdière ;
M. Damonau, rue du Petit Lyon ; M. le
Mis de Saché, rue Cassette ; M. de Mon-
dion, quai d'Anjou ; M. Jacottau, vieille
rue du Temple ; Mme Rutgi, rue Plâtrière ;
M. Rodrigue, concert abonné, place Ven-
dôme » (1). Le sieur J.-B. Dupuits des
Bricettes dirigeait une école de musique,
où il donnait « tous les jours des leçons,

---

détails reprocher à Choron et Fayolle d'avoir dit qu'Antoine joua longtemps à la chapelle du Roi : « c'est une
erreur, prononce-t-il, car son nom ne figure sur aucun
état de cette chapelle ». Or, Antoine Stamitz figure bel
et bien comme violoniste sur les états de la musique du
Roi, depuis 1782 jusqu'à 1789, et il prend la qualité
d' « Ordinaire de la musique du Roi » aux frontispices
de ses *Six Sonates en duos pour deux violons, œuvre première
des Sonates en duo,* etc., Paris, chez Baillon, et de ses *Six
Quatuors concertans pour deux violons, alto et violoncelle,
8e livre de quatuors,* etc., à Paris, chez Boyer, etc.

(1) *Tableau de Paris pour l'année 1759* (par de Jeze)
p. 240 et suiv. — Nous retrouverons au chapitre VIII
le compositeur Rutgi ou Rugge.

et, trois fois la semaine, des concerts pour
apprendre l'ensemble, et aller de mesure » (1). Pour de telles réunions se
publiaient des œuvres susceptibles d'adap-
tations et de modifications diverses : Aubert faisait en sorte que ses *Concerts de
symphonies* convinssent indifféremment aux
cordes, aux flûtes, aux hautbois ; Rebel
avertissait l'acheteur de sa symphonie *les
Eléments*, qu'elle était « gravée de façon
à pouvoir estre exécutée en concert par
deux dessus de violon, deux flûtes et une
basse », et il ajoutait au titre de sa *Fantaisie* cet avis : « La contrebasse, trompettes
et timbales embellissent fort cette pièce ;
les personnes qui en voudront avoir les
copies s'adresseront à M. Lallemand, co-
piste de l'Opéra ». Un divertissement que
le sieur de Villeneuve fit jouer en 1742,
devant l'ambassadeur de Turquie, fut
annoncé comme formé de petits morceaux
très variés, ouverture, tempête, chacone,
marche française, marche turque, airs « de
caractère », passepieds, menuets, rigau-
dons, ariettes chantantes, duos, chœurs,
le tout « de facile exécution, et dans le
bon goût », se pouvant jouer « avec cinq
personnes seulement, savoir, un dessus

---

(1) *Mercure*, juin 1757, t. II, p. 133.

et une basse-taille, deux violons et un
clavecin, ou basse continue de viole, ou de
violoncel; et pour les grands concerts, on
y joindra les parties chantantes des
chœurs, flûtes, hautbois, trompette, avec
tous les instrumens convenables » (1).

L'assistance des petits concerts était
formée « d'une grande quantité de gens
désœuvrés et d'un petit nombre de connaisseurs. Les dames en font l'ornement,
et donnent de l'émulation aux acteurs.
Plusieurs d'entre elles sont en état de juger
les talens et même de prononcer; la grande
quantité aussi n'y viennent que pour s'amuser, causer, ou s'y montrer. Un grand
nombre de jeunes gens inconsidérés, qui
n'ont pour objet que l'assemblée, viennent
s'y faire voir, et blâment par air ce qu'il
faudroit applaudir (2) ». La description,
qui est de 1757, demeure vraie dans le
Paris de 1900 : seulement, au lieu de s'y
appliquer au public des concerts, elle convient à celui de l'Opéra. Une autre phrase
du même écrivain n'a pas non plus perdu
tout à-propos; elle montre que les matinées
d'élèves, fléau des familles modernes,

---

(1) *Mercure,* mai 1742, p. 1189 et suiv., sur Villeneuve,
voyez-ci-dessus, p. 130.

(2) ANCELET, *Observations sur la musique,* p. 38.

étaient déjà connues des bourgeois de
l'ancienne France, qui les recherchaient
ou les redoutaient, selon leur lien de
parenté avec les exécutants : « Les pères
et les mères y mènent leurs enfants, pour
leur procurer une certaine hardiesse et
confiance, si nécessaires pour jouer ou
chanter en public ; ils veulent aussi jouir
des dépenses qu'ils ont faites pour leur
éducation. On est assommé par ces talents
naissans, de sonates et de cantatilles, que
l'on est forcé d'applaudir pour plaire aux
parents ».

VII

ALGRÉ l'apparente continuité de ses succès, le Concert spirituel périclitait; ses recettes avaient baissé, et l'administration de l'Académie royale de musique ne trouvait plus qu'un avantage douteux à en conserver l'entreprise. En juin 1747, elle avertit le public que les séances seraient interrompues pendant l'été (1). L'année suivante, elle jugea prudent de céder à d'autres l'exploitation du Concert. Au lieu des 10,000 livres de redevance annuelle qu'au début Philidor avait payées, au lieu des 12,000 que le directeur Gruer avait un moment prétendu toucher, l'Opéra, traitant en 1748 avec le

_____

(1) *Mercure,* juin 1747, p. 118.

compositeur Royer, ne lui demanda plus
qu'une somme de 6,000 livres par chacune
des trois premières années, 7,500 par chacune des trois suivantes, et 9,000 par chacune des huit dernières, le bail étant signé
pour quatorze ans, et devant expirer avec le
privilège du sieur Tréfontaine, directeur
actuel de l'Opéra (1).

Bourguignon d'origine, fils d'un officier
de l'armée de Savoie, Joseph-Nicolas
Pancrace Royer était arrivé à Paris vers
1725, s'était fait remarquer comme maître
de clavecin, et possédait, depuis le mois
de novembre 1734, la charge de « maître
de musique des enfants de France » ; son
ballet héroïque, *Zaïde*, avait réussi, et le
public le tenait pour « un homme très savant », ayant « infiniment le goût du
chant » (2). Pour la direction du Concert,
il s'associa Caperan, violoniste et maître
de chant, « ordinaire de la musique du Roi
et de l'Académie royale de musique », et il
s'assura la collaboration de Mondonville,
en lui garantissant la continuation du

---

(1) Archives nationales, O¹, 621.

(2) *Mémoires du duc de Luynes*, t. **XIV**, p. 12. — Royer
acheta en 1753, de B. de Bury, une des charges de
maître de musique de la chambre du Roi, et mourut
à Paris, presque subitement, le 11 janvier 1755.

paiement annuel de 1,200 livres, qui lui avait été accordé auparavant « pour ses motets et pour jouer du violon », et qui désormais lui fut promis pour ses compositions seulement, sans qu'il continuât ses services de virtuose. La réouverture du Concert fut annoncée pour le Iᵉʳ novembre 1748, fête de la Toussaint. On informa les Parisiens des « soins et des frais » que Royer ne ménageait pas « pour mettre la salle de spectacle en état de plaire aux dames par sa distribution commode et l'arrangement des places » (1). Au jour dit, « un très grand concours d'auditeurs » répondit à l'appel, et se montra très satisfait des dispositions nouvelles de la salle. « Le théâtre du Concert, dit le *Mercure*, fait voir au fond un grand ordre d'architecture, divisé par un jeu d'orgues, qui embellit le spectacle et fortifie l'accompagnement. Cet orgue est savamment touché par M. Chéron. L'orquestre est mieux coupé, et les concertans sont placés favorablement pour les voix, pour la symphonie et pour l'assemblée. Un rang de loges remplit agréablement le tour de la salle ; on y entre par un corridor et des escaliers commodes. Ces loges sont sur-

(1) *Mercure*, octobre 1748, p. 187.

montées d'une galerie qui les couronne
sans les charger. Le plain-pied est garni
de bancs à dos et de chaises » (1).

Le programme de cette première séance
ne différait en rien des usages précédents.
Il comprenait le motet à grand chœur : *In
exitu*, d'Adolfati ; un concerto joué sur la
flûte allemande par Taillard ; un *Jubilate*,
à grand chœur, de Fanton ; un petit motet
de Mouret, chanté par Mlle Duval, élève
de Royer : un concerto de Tartini, exécuté
par le violoniste Pagin ; et pour finir, le
De profundis de Mondonville.

Ce maître était toujours le favori du
public. S'il ne se faisait plus applaudir
comme violoniste, il se multipliait comme
compositeur : à ses motets, sans cesse
exécutés, il ajouta bientôt la transcription
de ses sonates de clavecin « mises en grand
concerto », c'est-à-dire orchestrées ; puis,
le samedi saint 1er avril 1751, il donna la
première audition d'une œuvre de genre
nouveau, un concerto avec voix, dont le
plan est ainsi expliqué par le rédacteur du
Mercure : « M. Mondonville a imaginé qu'un
concerto seroit plus agréable, parce qu'il
seroit plus varié, si on y joignoit aux diffé-
rens instrumens qui ordinairement l'exé-

_____

(1) *Mercure,* novembre 1748, p. 167.

cutent, les différentes voix qui répondent
à ces instrumens. Il est parti de là pour
donner une première partie au violon et
une seconde à une voix capable de rendre,
en imitation, tous les traits de l'instrument.
Les chœurs lui ont servi pour les parties
de basse, de haute-contre, de taille ; ainsi
son concerto une fois composé, il a pris
en canevas des paroles latines dont le sens
répond à l'expression de sa musique (1) ».
L'œuvre comprenait une introduction d'orchestre, un *presto* dialogué par la voix et le
violon avec chœur, un *adagio* pour violon
seul, et deux « tambourins » servant de
mouvement final (2). Sa réussite, assurée
d'avance, et à laquelle contribuaient la
virtuosité de Mlle Fel et de Gaviniés,
s'affirma par de nombreuses auditions, et il
sembla que le Concert eût découvert un
nouveau filon aurifère. Il en avait grand
besoin, car le succès des grands motets

---

(1) *Mercure,* mai 1752, p. 181.
(2) Nous n'avons pas découvert de copies des concertos avec voix, de Mondonville, qui n'ont pas été
gravés. On doit probablement se les représenter comme
l'extension du genre imaginé par le même compositeur
dans ses *Pièces de clavecin avec voix ou violon,* etc., Œuvre V^e, à Paris, chez l'auteur, rue des Vieux Augustins, etc.

classiques s'amoindrissait de façon inquié-
tante; on les maintenait au répertoire par
habitude et par nécessité, mais on commençait d'y pratiquer des retouches analogues à celles qui s'effectuaient sans
vergogne à l'Opéra, pour les reprises d'ouvrages anciens : un fragment du *Te decet*
de Gilles fut en 1749 « enrichi de plusieurs
morceaux excellents par un musicien célèbre », qui pouvait bien être Royer en
personne : d'autant plus que l'année suivante il fit ouvertement la même opération
au *Requiem* de Gilles.

Les nouveautés du genre n'étaient point,
en général, de bien rare qualité. Le *Laudate*
de Béthizy, celui de Davesne et son *Deus
misereatur*, le *Dominus est terra* de Lefebvre, organiste de l'église Saint-Louis-en-
l'Ile, le *Dixit incipiens* du chanteur Richer,
le *Nisi Dominus* de Belissen, maître de
musique du concert de Marseille, les petits
et les grands motets des deux violoncellistes Giraud et Martin, ne marquèrent pas
d'une trace durable leur passage au répertoire. Rameau, en 1751, s'amusa à faire
chanter son motet *In convertendo*, composé, dit le *Mercure*, « il y a près de quarante ans », retouché pour la circonstance;
et qui était l'excursion intéressante d'un
grand génie dramatique dans un domaine

étranger (1). Après que les bouffons furent
arrivés d'Italie, et tandis que la querelle
s'agitait autour de l'Opéra, la direction du
Concert eut l'idée de mettre à profit la curiosité excitée par les discussions des
partis, en donnant, le 16 avril 1753, la première audition du *Stabat mater* de Pergolèse, « motet célèbre dans toute l'Europe »,
et qu'elle eut l'habileté d'annoncer, de
vanter, et de faire désirer. L'œuvre ne fut
cependant goûtée d'abord que d'une partie
des habitués, de ceux qui soutenaient partout la musique italienne et affectaient de
se poser en « connaisseurs » ; le gros public
eut tout le temps de s'y accoutumer, car
on la lui fit réentendre chaque année plusieurs fois, en entier ou par fragments,
pendant la saison de Pâques. Dès 1754,
on en faisait le « morceau d'honneur »
pour la semaine sainte (2). Albanese et
Dota en furent les premiers interprètes (3) ;

---

(1) Cette œuvre, dont le ms. appartient à la Bibliothèque nationale, a été publiée dans le t. IV des *Œuvres
complètes* de Rameau.

(2) *Mercure*, mai 1753, p. 165 et suiv., et les années
suivantes, aux volumes d'avril et mai. — *Annonces, affiches
et avis divers,* du 10 avril 1754.

(3) Egidio Albanese, chanteur et compositeur, servit
pendant trente ans à la musique du Roi, et obtint la
vétérance en 1774 avec une pension de deux mille livres,

puis, en 1754, Albanese le chanta avec
Guadagni; il y avait des « morceaux ajoutés », ce qui nous montre assez clairement
que, ni cette fois ni d'autres, l'œuvre n'était
donnée tout entière; les versets suppri-
més pendant quelques saisons pouvaient,
en reparaissant, lui rendre un regain de
nouveauté, auquel, à vrai dire, les amateurs ne tenaient guère : « En France,
remarquait judicieusement un journaliste,
on aime beaucoup entendre ce qu'on a
beaucoup entendu » (1). L'habitude d'écouter en carême le *Stabat* de Pergolèse devint
une loi que la direction du Concert ne
pouvait plus enfreindre : pour avoir essayé, en 1785, de le remplacer par le *Sta-*
bat de Haydn, elle se vit durement rappeler
à « l'antique usage » (2). La supériorité
de l'œuvre de Pergolèse sur toutes celles
que le même texte avait inspirées à
d'autres maîtres paraissait d'avance hors
de doute, et bien rares étaient les critiques
assez osés pour mettre une sourdine à

qui était égale au chiffre de ses appointements. — Pierre
Dota, dit l'abbé Dota, parce qu'il portait le petit collet,
était Napolitain, fut envoyé à Paris par M. de Puisieux,
en 1737, chanta chez le cardinal de Fleury, entra dans
la musique du Roi, et obtint la vétérance en 1761.

(1) *Mercure*, avril 1786, p. 246.
(2) *Mercure*, avril 1785, p. 125.

leur enthousiasme. « On y remarque plus
d'un contresens musical, plus d'un défaut
de convenance », écrit l'un d'eux en
1765 (1); un autre, seize ans plus tard :
« On ne peut se dissimuler qu'il y ait
quelques défauts » dans cet ouvrage; Pergolèse « a sacrifié l'expression à un chant
agréable, et on trouve dans le *Stabat* des
strophes qui ont même une teinte de
gaieté » (2). Interprété de 1753 à 1791 par
les plus renommés chanteurs (3), le *Stabat*
de Pergolèse survécut à l'institution du
Concert spirituel, traversa la Révolution,
et conserva, presque jusqu'à nos jours, une
partie de son ascendant sur les tempéra-
ments que « subjuguent et remuent magi-
quement », comme Nietzsche, « les mé-
lismes d'opéra italien ».

---

(1) *Lettres sur l'état présent de nos spectacles* (par Nic.
Bricaire de La Dixmerie), p. 74.

(2) *Journal de Paris*, du 15 avril 1781.

(3) Albanese avec Dota (1753), ou Guadagni (1754), ou
Mlle Hardy (1764), ou Mlle Beauvais (1766); — Potenza
avec Mme Mingotti (1760); — Richer avec Mme Philidor
(1770), ou Nihoul (1777); — Nihoul avec Savoj (1778), ou
Mme Todi (1779); — Mme Todi avec Murgeon (1783);
— Lays avec Mme Saint-Huberty (1781), ou David
(1786), ou Babbini (1787), ou Chardiny (1789), — David
avec Beauvalet (1785), Viganoni avec Mme Morichelli
(1791), etc.

L'installation d'un grand orgue dans la salle du Concert fut une des plus heureuses innovations de la direction Royer. Touché alternativement par Chéron, Daquin et Jolage (1), il servit à soutenir la basse des grands motets, et permit de rendre au *Fugit nox* de Boismortier un regain d'intérèt, par l'adjonction d'interludes qui brodaient et variaient les airs de noëls ; de mème, on mélangea le *Requiem* de Gilles d'un nouveau genre de « carillon funèbre » exécuté sur l'orgue.

Le personnel du Concert, augmenté dans l'hiver de 1750, formait un total de quatre-vingt-sept exécutants, dont quarante-huit chanteurs et cantatrices pour les récits et les chœurs, et trente-neuf instrumentistes.

La plus ancienne liste nominative des membres du Concert spirituel qui ait été conservée se rapporte à l'année 1751 et

---

(1) André Chéron, ancien enfant de chœur et organiste du petit orgue de la Sainte-Chapelle du Palais sous Nicolas Bernier, avait fait chanter quelques motets à la chapelle du Roi, dont il était « Ordinaire », et au Concert spirituel. — Daquin, depuis 1739 organiste de la chapelle du Roi, touchait également les orgues de Notre-Dame et de Saint-Paul. — Jolage fut organiste de l'église des Petits-Pères, avant de partager par quartiers, avec Daquin, Du Bousset et Couperin, l'orgue de Notre-Dame.

forme un document assez intéressant pour mériter ici une reproduction (1). Nous distinguons par des caractères *italiques* les noms des musiciens faisant en même temps partie de la troupe de l'Académie royale de musique :

VOIX RÉCITANTES. Dessus : Mlles *Fel*, *Chevalier*, Duperey, *Le Mierre* (plus tard Mme Larrivée). — Hautes-contres : *Poirier*, Bèche. — Basses-tailles : Benoît, Maline, *Gelin*.

CHŒURS. Premiers dessus chantants : Mlles Du But, Houbaut, MM. Simon, Matreaux, Bourgeois, Le Chantre. — Seconds dessus chantants : Mlles Lévy, Alin, Foliot, MM. Chabrun, Watrin, Bergeron père, Colet. — Hautes-contres : *Chappotin*, Lépine, de La Croix, *Ferret*, Beroyer, Odart [Godart]. — Tailles : Avril, Orban, *Rochette*, Duchenet, *Fel*, Bornet, *Roze*. — Basses-tailles : *Dun*, Dumas, Albert, *Bertrand*, Horde. — Basses-contres : *Le Mesle*, Barbier, Laubertie, Prestat, Le Fevre, Levesque, Basquillon, *Gelin*.

SYMPHONIE. Orgue : Cheron. — Violons :

(1) Elle se trouve dans l'*Almanach historique et chronologique de tous les spectacles*. Paris, 1752, p. 127 (première année de l'Almanach des Spectacles.)

Gaviniés, Canavas, *Dun fils*, *Despréaux*,
Blondeau, *Dupont*, *Travenol*, *Langlade*,
Piffet, Veneris, Mangean, Beaudeau, *Exau-
det*, Vibert, David l'aîné, Sanry. — Basses :
Edouard, *Forcade*, *Habram*, Saublay, Dun,
Labbé — Contrebasses : *Gianotti*, Vincent.
— Bassons : *Brunel*, *Garnier*, *Capel*. —
Partie : *Plessis*, Levy. — Flûtes et haut-
bois : Taillard, *Despréaux*, Monnot, *Sal-
lentin*, *Bureau*. — Timbales : Vincent. —
Trompette : Stoffel. — Cors de chasse :
Hebert « et son camarade ».

En dehors de ce personnel fixe, le directeur Royer s'efforça, comme ses prédécesseurs, de tenir en haleine la curiosité du
public en lui présentant fréquemment de
nouveaux virtuoses. Les plus dévoués partisans du chant italien ne trouvèrent à
Mme Frasi qu' « une voix factice et peu de
goût » (1); ils firent meilleur accueil à
Mme Wendling, qui dialoguait avec la flûte
de son mari, et à Mme Violante de Vestris
(plus tard Mme Vestris de Giardini), qui
arrivait de Florence et se faisait pareille-

(1) *Correspondance littéraire de Grimm*, etc., t. II, p. 91.
— Giulia Frasi, qui se fit entendre au Concert le
15 août 1751, avait débuté au King's theater de Londres,
en 1743; elle chanta longtemps en Angleterre dans les
oratorios de Hændel, et vint mourir à Calais.

ment accompagner de la flûte d'Angelo Vestris, son frère. Mais les dilettanti s'extasièrent surtout devant Mme Mingotti « première cantatrice du roi d'Espagne », qui joignait à une voix charmante « une aisance, une exécution prodigieuse, et un profond savoir » (1).

Un concert extraordinaire fut donné le 5 novembre 1753 pour l'audition du célèbre Caffarelli, que le Roi avait fait venir de Naples, pendant l'été, « pour amuser la Dauphine »; logé à Versailles dans une maison que l'intendance des Menus-Plaisirs avait retenue pour lui, il y tenait aux frais du Roi une table de huit couverts, servie par deux valets à la livrée royale, avait à ses ordres un carrosse des écuries du Roi, et recevait un traitement de soixante-quinze livres par jour, avec les pré-

---

(1) Jean-Baptiste Wendling parut au Concert, seul, comme flûtiste, en 1751, puis avec sa femme, Dorothée Wendling, née Spourni, le 27 mars 1752. — Mme Regina Mingotti, née Valentini, qui avait chanté à Dresde et à Naples avant de se rendre à Madrid, se fit entendre au Concert les 11 mai et 1er juin 1752, et de nouveau le 8 septembre 1754. — Mlle Violante de Vestris, qui chanta pour la première fois le 15 août 1752, devint quelques années plus tard une des cantatrices ordinaires du Concert spirituel : elle figure en 1756 sur la liste du personnel, parmi les « voix récitantes ».

sents traditionnels de boîtes et tabatières
d'or (1). Moyennant quoi il chantait « de
fort bonne grâce » à Versailles, à Bellevue,
à la Chapelle du Louvre. Il avait su flatter
Grimm en écrivant une satire contre la
musique française, satire dans laquelle il
feignait d'avoir été conduit à l'Opéra par le
petit prophète de Bœmischbroda : en récompense, le vaniteux ami des encyclopé-
distes l'accablait de louanges (2). Au Concert spirituel, Caffarelli chanta deux
ariettes italiennes. « On admira l'art et le
goût de son chant, sa prodigieuse exécution, la beauté et la douceur de ses tenues,
la finesse et la science de ses points
d'orgue, et l'on rendit avec transport tout
l'hommage dû à son prodigieux talent et à
sa grande réputation » (3).

Quoique Guignon ne se fut pas encore
tout à fait retiré de la carrière, Pagin,
Gaviniés et Labbé occupaient le premier
rang comme violonistes; ni Venier, ni
Sohier aîné, du Concert de Lille (1750), ni

(1) *Mémoires du duc de Luynes,* t. XII, p. 471, et t. XIII,
p. 10.
(2) *Correspondance littéraire de Grimm,* etc., t. II, p. 274.
On sait que Grimm avait publié sous le titre du *Petit
prophète de Bœmischbroda* un pamphlet contre la musique
française.
(3) *Mercure,* décembre 1753, p. 176.

Canavas, ni Carminati, du Concert de
Lyon (1753), ne purent les en déposséder.
Felice de Giardini, se rendant d'Italie à
Londres, joua plusieurs concertos, en 1750,
et des duos avec Venier (1); Mme Tasca,
Vénitienne, de la musique de l'Empereur,
se présenta le 8 septembre de la même
année, avec un concerto de sa composition,
« dans le goût de Vivaldi »; en 1751, on
entendit Chiabran, qui se parait volontiers
de son titre de neveu de Somis. L'apparition de Pugnani, le 2 février 1754, fut
saluée avec enthousiasme par les « connaisseurs », qui dirent ne point connaître
de talent supérieur; peu de semaines après,
ils prononcèrent que Domenico Ferrari
était « la perfection même », et que Van
Malder, maître de concert du prince
Charles de Lorraine, avait « un archet fier,
beaucoup de précision et des pratiques à
lui » (2). Ainsi que nous l'avons indiqué

---

(1) Son début à Londres. le 27 avril 1751, dans un
concert de la Cuzzoni, fit sensation. Voyez POHL, *Mozart
in London*, p. 170.

(2) *Mercure*, mars 1754, p. 193; mai 1754, p. 183; septembre 1754, p. 188. — Sur Pugnani, voyez la brochure
de A. BERTOLOTTI, *Gaetano Pugnani e altri musici di To-
rino nel secolo XVIII*, Milan, 1891. — Sur les Van
Malder, voyez VANDER STRAETEN, *La Musique aux Pays-
Bas*, t, V, p. 160 et suiv.

plus haut, ce fut encore dans la même
année, le 8 septembre 1754, que Jean Stamitz exécuta au Concert spirituel un concerto de violon et une sonate de viole
d'amour.

Entretemps, Mme Haubaut avait essayé
(1750) de renouveler les succès obtenus
précédemment sur le pardessus de viole
par sa sœur, Mlle Lévi; Sodi était venu
jouer (1750) des solos de mandoline; — et
les frères Merchi (1753) avaient fait connaître, ou reconnaître, aux Parisiens un peu
surpris, le maigre instrument à deux cordes
pincées qui se cultivait encore en Italie
sous le nom de *colascione*, que Mersenne
avait décrit en l'appelant *colachon*, et que
les écrivains français du XVIIIe siècle, per-
dus dans les difficultés d'une orthographe
inconnue, nommaient *calsoncini, calisson-
cini* ou *calichonchini* (1). Les gazetiers ne
saisissaient pas mieux la construction des
noms propres étrangers, et plus d'un virtuose allemand ne nous est désigné par eux
que d'une manière incorrecte : il en est
ainsi pour Gœpfer, qui fut, en 1749, le

(1) *Mémoires du duc de Luynes,* t. XII, p. 471. — *Mercure,* juin 1753, t. II, p. 163. — *Tableau de Paris pour
l'année 1759* (par de Jeze), p. 207.

premier harpiste entendu aux Tuileries, et que le *Mercure* appelle Geopffem ; pour le hautboïste Zollikofer, qu'en 1748 il nomme Solicoffe ; pour le bassoniste France ou Franck de Kermajun ou de Kermazinc ; et pour le flûtiste Gœtzl, dont en 1750 il orthographie le nom Goatzl et Goeul ; il renonce tout simplement à désigner les deux cornistes allemands qui jouèrent les 24 et 25 décembre 1748, et les deux clarinettistes qui prirent part, en 1754, à l'exécution d'une symphonie de Jean Stamitz. Nous avons vu, dans le chapitre précédent, que d'après une note de Gossec, ces musiciens, venus d'Allemagne, faisaient partie de l'orchestre de M. de la Pouplinière, et qu'ils avaient contribué chez lui à l'exécution des premières symphonies composées ou importées en France ; il nous faut maintenant rechercher à quelle date cette forme nouvelle de musique instrumentale fut introduite au répertoire du Concert spirituel.

Avant la direction de Royer, les habitués du concert n'avaient entendu exécuter par l'orchestre seul que des airs de Noëls, des Carillons funèbres, des pièces empruntées aux Suites de Mouret, de Rebel père, de Jacques Aubert, le « concerto à trois chœurs » de Mondonville (1738), un « double quatuor en symphonie » de Blainville

(1er novembre 1741), un des *Concerti grossi* de Hændel (9 décembre 1743). Depuis 1748, les programmes mentionnent de plus en plus fréquemment des morceaux de musique purement instrumentale, intitulés symphonies, et qu'une habitude presque aussitôt contractée place invariablement au début des séances, avant le premier motet. Sans revenir sur la symphonie de Guignon, jouée les 24 et 25 décembre 1748 par les « deux nouveaux cors de chasse allemands », et qui peut avoir appartenu au genre du concerto, nous voyons paraître des symphonies d'Alberti, en 1749; de Plessis cadet, Travenol, Graun et Guillemain, en 1750 ; de Blainville, J.-J. Rousseau et Martin, en 1751; de Caraffe, Miroglio et Filippo Palma, en 1752 ; de Romano, Giuseppe Pla, Geminiani et Hasse, en 1753; de Desormeaux, Jommelli, Chrétien, Caraffe jeune, Giuseppe Touchemolin et Jean Stamitz, en 1754.

Ces œuvres, et d'autres encore dont les programmes ne nomment même pas les auteurs, étaient des ébauches très diverses de la forme spéciale de composition bientôt exclusivement désignée par le titre de *Symphonie*. Les unes appartenaient au genre de la *Suite*, dont on empruntait une ou plusieurs pièces, suivant les conve-

nances du jour : la « première ouverture
des symphonies de Martin » fut ainsi donnée séparément, le 13 avril 1753 (1).
D'autres œuvres, nées de la sonate ou du
concerto, se composaient d'un court *allegro*,
écrit sur un seul thème, d'un *adagio* ou *air*,
et d'un second *allegro*, analogue au premier; comme dans la sonate, on interca-
lait quelquefois entre l'air et le dernier
morceau une pièce vive ou gracieuse,gigue,
menuet, etc. (2). L'instrumentation restait
à la volonté du chef d'orchestre ou des
exécutants : composées et publiées à
quatre parties, ces œuvres permettaient,
sans l'imposer ni le préciser, l'emploi des
flûtes et des hautbois joints aux violons, et
du basson joint au violoncelle ou à la basse
continue. La *Symphonie* de Plessis cadet
jouée les 28 et 29 mars 1750, comprenait
des timbales et trompettes, formant probablement un groupe séparé, comme dans les
motets de l'école de La Lande, et une
partie d'orgue, touchée par Daquin. Les

---

(1) François Martin, violoncelliste et compositeur,
était au service du duc de Grammont.

(2) Il en est ainsi, par exemple, dans les *Six Symphonies pour deux violons, flûtes ou hautbois, alto viola, basson
ou violoncel obligé et basse continue... par M. Blainville,..
Œuvre Second,* Paris, chez l'auteur, etc. (vers 1750).

symphonies de J.-J. Rousseau (1), de
Filippo Palma, de Giuseppe Touchemolin (2) étaient dites « à cors de chasse »,
c'est-à-dire avec deux cors obligés ; celles
de Jean Stamitz comportaient, l'une des
cors et hautbois, l'autre des cors et clarinettes (3).

---

(1) L'exécution au Concert spirituel, le 23 juin 1751,
d'une symphonie de « M. Rousseau de Genève », semble avoir échappé aux recherches de ses biographes.
L'auteur du *Contrat Social* a parlé dans ses *Confessions*
d'un essai malheureux de composition symphonique, à
Lausanne, et des répétitions chez La Pouplinière de ses
Muses Galantes ; il est permis de supposer qu'il profita
des ressources mises à sa disposition par le fermier
général pour reprendre sa symphonie manquée, y joindre l'appoint des cors, et la faire exécuter chez La Pouplinière et au Concert spirituel.

(2) Giuseppe Touchemolin, musicien français fixé en
Allemagne, mourut à Ratisbonne, au service du prince
de Tour et Taxis, le 25 octobre 1801. Voyez sur lui et
sur son fils Egide le livre de Mettenleiter, *Musikges-
chichte der Stadt Regensburg*, p. 282.

(3) Elles furent exécutées, l'une le 8 septembre 1754,
la seconde le 26 mars 1755. Les éditions françaises des
œuvres III et IV de Stamitz père ne furent cependant
publiées que pour quatre parties obligées : *Six Symphonies à quatre parties obligées avec les Cors de chasses (sic) ad
libitum, composées par M. Stamitz, mises au jour par M. Huberti, Œuvre IIIe. On vend les Cors de chasses séparément.*
A Paris, chez l'éditeur, etc. — *VI Symphonies à quatre
parties obligées avec les hobois (sic) ou flûtes et Cors de chasses,*

Nous répétons ici ce que nous avons dit plus haut : une bonne part de ces symphonies provenait des concerts La Pouplinière pour lesquels manque toute date certaine; en l'absence aussi de millésimes au frontispice de celles qui ont été gravées, la suite des programmes du Concert spirituel ne peut suffire à établir l'ordre de succession dans l'apparition des œuvres, l'ordre de primauté entre les différents maîtres qui les ont signées. Sauf la recherche future et la très désirable découverte de documents nouveaux, nous croyons devoir aujourd'hui attribuer à Jean Stamitz et aux musiciens allemands venus chez La Pouplinière depuis 1748, l'honneur d'avoir guidé les musiciens français vers la forme classique de la symphonie, par l'élargissement de l'ancienne sonate, la construction du premier *allegro* sur deux thèmes, l'adoption comme troisième morceau du double menuet, ou menuet avec trio, et la constitution de l'orchestre symphonique, avec cors, hautbois et clarinettes.

---

compris deux trios qui sont faits pour exécuter à trois ou en plein orquestre, composées par M. Stamitz, mises au jour par Huberti, Œuvre IV. A Paris, chez l'éditeur, etc.

VIII

A mort de Royer, survenue le 11 janvier 1755, apporta de nouvelles modifications administratives dans le fonctionnement du Concert spirituel. La veuve du compositeur et Caperan, son associé, en continuèrent l'entreprise, avec la collaboration de Mondonville, qu'ils chargèrent de la direction artistique et des fonctions de chef d'orchestre, jusqu'à l'expiration de leur bail, en 1762. Plus que jamais, le répertoire roula sur les ouvrages de ce musicien, que ses envieux n'avaient pas tout à fait tort de dire aussi avide que fécond; en combinant les auditions de ses motets anciens et nouveaux, de ses concertos de violon, de ses concertos avec voix, de ses sonates de clavecin arrangées

en grand concerto, de ses ouvertures
d'opéra exécutées sur l'orgue (1), Mondonville parvint à se réserver la meilleure part
des programmes, où son nom se répétait
jusqu'à trois fois par séance. Loin d'ailleurs de se reposer sur les lauriers acquis,
il donna, en 1758, une preuve nouvelle de
son esprit d'initiative en essayant d'introduire au Concert le genre de l'oratorio.

Cette belle forme, semi-lyrique et semi-
dramatique, à la fois religieuse et humaine,
adaptée par excellence aux exécutions de
concert, parce qu'elle se soustrayait d'une
part aux justes exigences du culte, et de
l'autre aux conventions du théâtre, avait
été connue et cultivée passagèrement en
France, vers la fin du XVIIᵉ siècle. Nul ne
s'en souvenait au temps de Mondonville ;
on avait oublié jusqu'au nom du maître
français qui l'avait autrefois rapportée
d'Italie, Marc-Antoine Charpentier ; personne n'essayait de relire les œuvres de
Carissimi, et personne non plus ne cherchait à connaître les oratorios allemands,
ni même ceux qu'à une date récente « le

---

(1) L'ouverture de « l'opéra languedocien » (*Daphnis et
Alcimadure*) et celle de *Titon et l'Aurore,* furent ainsi
transcrites et jouées plusieurs fois sur l'orgue, par
Claude Balbastre et par Damoreau.

fameux M. Handel » avait donnés à l'An
gleterre. Toute la science des amateurs se
bornait à la notion de l'existence d'un
genre oratorio dans la poésie et la musique
italiennes.

Les *Israélites à la montagne d'Horeb*, que
Mondonville donna le 14 mars 1758, sous
le titre de « motet français », passèrent
donc aisément pour une très grande nouveauté. Le livret était anonyme; on sut
bientôt qu'il avait pour auteur l'abbé de
Voisenon, et ses amis le couvrirent de
louanges : « Il est essai et modèle tout à
la fois. Il prouve, mieux que tout ce qu'on
a pu écrire, que notre musique est susceptible de tous les modes et de toutes les
expressions qu'on lui avait refusées ; il
enrichit notre musique d'un nouveau genre
qui lui manquoit. Pour tout dire en un
mot, il est digne de la musique de M. de
Mondonville, qui l'a rendu avec toute la
sublimité que le sujet demande, et qui, à
un spectacle différent, semble avoir trouvé
son Quinault (1). » Dans le camp des
Bouffonistes, l'œuvre fut au contraire mé-
prisée, comme étant « sans sublimité »;
l'affirmation et la négation d'une qualité si
superlative ne paraissaient pas alors des

(1) *Mercure,* avril 1758, p. 171

armes trop lourdes; entre les mains d'amis
trop dévoués, elles faisaient l'office du
pavé de l'ours; tenues par un adversaire,
elles devenaient la massue d'Hercule.
Grimm y adjoignait encore, pour mieux
écraser Mondonville, la théorie chère aux
« philosophes » et aux dilettantes, d'après
laquelle poètes et musiciens « ne doivent
jamais travailler que *par inspiration et agités
par leur génie* » (1). Les gens du juste milieu
trouvaient le livret « très bien fait », la
musique « trop ouvragée », et disaient que
« le genre de l'opéra s'y faisait un peu trop
sentir » (2).

Plusieurs auditions consécutives ayant
affirmé le succès des *Israélites à la montagne d'Horeb*, Mondonville se hâta de
composer un second motet français, les
Fureurs de Saül, qu'il fit chanter le 3 avril
1759; et aussitôt il eut pour imitateurs
deux jeunes musiciens, Jean-Nicolas Loiseau de Persuis, qui donna, le 24 mai
1759, le *Passage de la mer Rouge* (3), et

---

(1) *Correspondance littér. de Grimm, Diderot,* etc. Edit.
Tourneux, t. III, p. 476.

(2) *Annonces, Affiches et Avis divers,* 29 mars et 5 avril 1758

(3) Fétis a attribué cette œuvre à Louis-Luc Loiseau
de Persuis, né en 1769, et lui a donné pour date 1787;
elle avait, comme on le voit ici, été jouée en 1759, et

Davesne, dont on joua, un an plus tard, la
Conquête de Jéricho (1). « On a raison, disait
un critique, d'applaudir à de nouveaux
efforts, qui seront toujours plus heureux et
dont le succès n'est peut-être pas éloigné (2). » Le prudent *peut-être* qui mitigeait
la prophétie n'était pas superflu : car, soit
apathie de l'auditoire ou insuffisance des
œuvres, le succès du genre nouveau fut de
très courte durée. Mondonville ne fit point
graver ses deux oratorios, et tandis que les
copies conservées de plusieurs de ses motets latins à grand chœur permettent aux
historiens modernes de les connaître, rien
ne renseigne avec certitude sur l'exacte
valeur de ses « motets français »; ce titre

son auteur était Persuis père, à cette époque maître de
chapelle à Avignon, plus tard emmené de Condom à
Metz par Mgr de Montmorency-Laval, pour être maître
de chapelle de cette dernière cathédrale. Voyez le *Mercure*, janvier 1759, p. 193, et juin 1759, p. 204 ; BÉGIN,
Biographie de la Moselle, t. III, p. 456, et DURUTTE, *Coup
d'œil sur l'état de la musique à Metz*, dans le *Congrès scien-
tifique de France*, cinquième session, 1837, p. 517.

(1) Davesne, violoncelliste de l'orchestre de l'Opéra,
avait déjà donné au Concert un *Venite exultemus* (1747),
un *Laudate* (1749), un *Deus miscreatur* (1751) et avait publié *Six ouvertures à quatre*, œuvre I. Paris, chez l'auteur,
et *Ariettes italiennes mises en symphonie*. Ibid.

(2) *Annonces, Affiches*, etc., 25 avril 1759.

leur convenait évidemment mieux, sous le rapport des dimensions, que celui d'oratorio, car ils ne dépassaient pas les proportions habituelles du traditionnel psaume à grand chœur, et ils n'occupaient, comme lui, qu'une assez petite partie de la durée d'un concert ; l'une des auditions des *Israélites à la montagne d'Horeb*, le 1er novembre 1759, fut ainsi précédée ou suivie d'une symphonie de Milandre, d'un concerto d'orgue de Balbastre, d'un concerto de violon de Gaviniés, et du *De profundis* de Mondonville.

Sous l'étiquette légèrement modifiée de « poème français », Mondonville présenta, le 13 mars 1761, une nouvelle partition de même importance, que son livret mythologique *Les Titans* rapprochait de l'ancienne, cantate. Ce livret, que, selon les uns, l'artiste avait lui-même versifié, que, selon d'autres, il tenait de l'abbé de Voisenon, était tiré en partie d'un vieux prologue d'opéra de Fontenelle ; le sujet en fut critiqué, comme trop usé, et pour pouvoir faire réentendre son œuvre, Mondonville dut en « fortifier » la musique ; « plusieurs coups de tonnerre », que Balbastre exécutait sur l'orgue « admirablement », furent trouvés très beaux, et l'on finit par déclarer la partition des *Titans* « fort supérieure » aux deux précédents motets français de Mondonville (1).

Après les oratorios, l'innovation principale de la période 1755-1762 fut le concerto d'orgue. Installé depuis sept ans dans la salle du Concert, l'orgue y avait été touché, pour les accompagnements, par Chéron, et pour des noëls ou des carillons, par Daquin. Le premier, Claude Balbastre imagina de s'en servir pour un concerto avec orchestre, le 25 mars 1755. Il « surprit et enchanta l'assemblée », et le *Mercure* avoua ne pouvoir faire « un trop grand éloge de cette nouveauté et du talent singulier de M. Balbastre, à qui nous la devons » (2). Bientôt attaché d'une manière permanente au personnel du Concert pour jouer « des morceaux et des concertos d'orgue », le jeune virtuose bourguignon se fit entendre presque à chaque séance; en dehors de ses propres compositions, il exécutait des œuvres d'orchestre ou de clavecin, transcrites pour son instrument, ouvertures et sonates de Mondonville, ouvertures de Rameau, sui-

---

(1) *Annonces, Affiches.* etc., 25 mars 1761; *Mercure,* avril 1761, p. 175; *Les Spectacles de Paris,* année 1762, p. 138; *Mémoires secrets,* 2 février 1762.

(2) *Mercure,* mai 1755, p. 180.

vies de son air des *Sauvages*, ou de « symphonies » choisies dans ses partitions d'opéras ou de ballets (1). Après Balbastre, on entendit sur l'orgue, dans des concertos, Mlle Sambard, son élève, Charpentier et Damoreau (2).

La prédilection paternelle de Mondonville pour ses motets ne l'empêcha point d'accueillir et de faire exécuter, auprès de quelques œuvres de La Lande, de Gilles, de Madin, considérés comme classiques, plusieurs compositions nouvelles de ses rivaux, jeunes et vieux. Un *Lauda Jerusalem* de Philidor ouvrit le défilé, le 2 février 1755; Berton, qui ne devait guère persé-

---

(1) Claude Balbastre, né en 1729 à Dijon, y avait tenu l'orgue de l'église St-Etienne, avant de venir se fixer à Paris, où il mourut en 1799. Il jouait quelquefois ses concertos d'orgue en dehors du Concert spirituel : le Dauphin et Madame étant allés, en juin 1756, nommer une cloche à l'abbaye de Penthémont, Balbastre y dirigea un Salut en musique, au cours duquel il exécuta « sur l'orgue plusieurs beaux morceaux, avec des chœurs de symphonie ». (*Annonces, Affiches,* etc., 16 juin 1756.)

(2) J.-J. Beauvarlet, dit Charpentier, né à Abbeville en 1734, était à cette époque organiste en province. Il reparut au Concert spirituel le 19 mai 1771. — Damoreau le jeune, maître de clavecin à Paris, publia un intéressant livre de *Pièces de clavecin avec accompagnement de violon et sans accompagnement.* A Paris, chez l'auteur, etc.

vérer dans la musique latine, fournit un *In convertendo* (1); pendant la semaine sainte de 1756, fut chanté « le *Miserere* qu'on exécute à Saint-Pierre de Rome »; peut-être était-ce celui d'Allegri, sur lequel commençaient à circuler des légendes, et dont, à peu de temps de là, Blainville allait faire paraître une version tronquée et dénaturée (2); en 1758 et 1759, on entendit un *Omnes gentes* et un *Magnus Dominus* de Persuis et quelques motets de Goulet, maître de chapelle à Notre-Dame de Paris, de Davesne, de Chalabreuil, musicien de Saint-Victor de Marseille (3); en 1760, des *Lamentations de Jérémie* de Garcia; et le 1er novembre 1761, le *Dies iræ* de Gossec, dont l'instrumentation, avec cors, clarinettes et timbales, fit une vive impression (4). Le *Beatus vir* de Boëly et le *Mag-*

(1) Sur Pierre-Montan Berton, né en 1727, voy. CAMPARDON, *L'Académie de musique*, t. I. p. 59 et suiv.

(2) Dans son *Histoire générale, critique et philologique de la musique*, 1765, pl. XXII et XXIII.

(3) Antoine Goulet, originaire du diocèse de Paris, fut maître de chapelle à Verdun avant 1738, à Chartres de 1739 à 1741, ensuite à Meaux et à l'église St-Germain-l'Auxerrois, à Paris, et enfin, de 1748 à 1761, à Notre-Dame de Paris. — Persuis et Davesne ont été mentionnés dans une note précédente.

(4) Ce morceau était tiré de la *Messe des Morts* de Gossec. Voyez le *Journal musical* du 26 août 1899.

nus Dominus de Giroust (1) furent les
dernières nouveautés offertes aux habitués
du Concert par la direction Caperan-
Royer-Mondonville, dans le domaine du
grand motet.

Auprès de ce « grand motet » subsistait
toujours le « petit motet à voix seule »,
ressource unique des chanteurs qui ne se
hasardaient point dans les airs italiens, et
auxquels étaient interdits les morceaux en
français. Rien ne saurait mieux renseigner
le lecteur sur le style habituel du « petit
motet » que cette description d'un *Lætan-
tur cœli* de Martin, chanté par Mlle Fel;
nous l'empruntons au *Mercure* : « Cet ouvrage, le mieux coupé et le plus agréablement varié de tous ceux qu'on a faits en
ce genre, est rempli de traits de chant et
de symphonie aussi neufs qu'agréables. Il
débute par un allegro; de là, il passe à un
récit du plus grand genre, et qui fait ta-

_____

(1) Jean-François Boëly, appelé souvent Boilly ou
l'abbé Boilly, venait d'entrer comme chantre-clerc à
la Sainte-Chapelle du Palais, où il resta jusqu'au
12 mars 1774; à cette date il entra dans la musique du
Roi, en qualité de chanteur taille. — François Giroust,
ancien élève de la maîtrise de Notre-Dame de Paris
sous Antoine Goulet, était en 1762 maître de chapelle
de la cathédrale d'Orléans. Nous retrouverons plus loin
ses motets couronnés et ses oratorios.

bleau. Une jolie bergerie le suit. Un allegro, plus vif et plus piquant encore que le
premier, lui succède. M. Martin y a placé
de petites flûtes qui, en se mariant avec la
voix, produisent l'effet le plus agréable ; un
récit fort court, qui vient ensuite, donne
lieu à la reprise du même allegro, et c'est
par ce coup de feu que le motet est ter-
miné (1). » La part de l'interprète était
tellement prépondérante, dans les « petits
motets », que souvent, à l'instar de ce qui
se passait pour les airs italiens, leurs auteurs n'étaient pas nommés ; Cordelet,
Blainville, le chevalier d'Herbain, en fournissaient un grand nombre; des amateurs
anonymes en ajoutaient quelques-uns, et le
reste était tiré de l'ancien fonds de Mouret.
La défense de chanter en français, tournée
par les oratorios, le fut aussi par l'exécution
d'un chœur de *Jephté* de Montéclair (1757),
et du quatuor de la chasse tiré de l'opéra-
ballet *Zaïde*, de Royer. En l'inscrivant au
programme du 1er novembre 1755, les directeurs faisaient coup double : ils rendaient un hommage funèbre à la mémoire
de leur prédécesseur, et ils tentaient, dans

(1) *Mercure*, mars 1751, p. 170. — Le motet en question était du violoncelliste et compositeur François
Martin.

la saison opportune, de renouveler, par une œuvre du même genre, les succès usés de la *Chasse* de Morin.

Quelques noms nouveaux doivent être remarqués parmi les auteurs de symphonies, dans la même période : Ignace Holzbauer appartenait, comme Jean Stamitz, à la musique de l'Electeur palatin, et plusieurs de ses œuvres instrumentales, introduites en France par lui-même ou par l'un de ses compatriotes, devaient rapidement s'y acclimater (1); — Henri de Croes, dont une symphonie fut jouée le 8 juin 1755, était maître de chapelle du prince Charles de Lorraine, à Bruxelles (2); — le flûtiste et

---

(1) Les biographes d'Ignace Holzbauer lui attribuent la composition de plus de deux cents symphonies. Plusieurs furent éditées à Paris : *Six symphonies à quatre parties obligées avec cors de chasse ad libitum, composées par Ignatio Holzbauer, maître de chapelle de S. A. S. Mgr l'Electeur palatin. Œuvre II.* A Paris, chez Huberti, etc. — *Six symphonies à huit parties obligé* (sic), *deux violons, deux hautbois ou flûtes, deux cors, alto et basse, par,* etc. *Œuvre III. Mis au jour par M. Berault.* A Paris, chez Mme Berault, etc. — *Trois symphonies à grand orchestre, dans lequel il y a la Tempête, par,* etc. *Œuvre IV.* A Paris, chez Mme Berault, etc. « La tempesta del mare » forme le finale de la troisième de ces symphonies.

(2) Sur Henri-Jacques de Croes, voy. Vander Straeten, *La Musique aux Pays-Bas.* tomes I, p. 13 et suiv.; II, p. 104, et V. p. 156 et suiv.

compositeur romain appelé par les écrits
du temps Rouge, Ruge ou Rutgi, était
renommé pour sa symphonie descriptive
La Tempête suivie du calme, que le Concert
spirituel adopta en 1757, après qu'elle eut
été souvent entendue à Paris, dans les
« sociétés particulières » (1); — Gossec,
dont une symphonie fut exécutée le 15 avril
1757, appartenait, ainsi que nous l'avons
précédemment indiqué, à la musique de
M. de La Pouplinière (2); — Rameau neveu,
qu'un pamphlet de Diderot devait sauver
de l'oubli, eut une symphonie jouée le
20 mars 1758 (3); — Wagenseil, dont une
œuvre semblable parut le 2 février 1759,
était maître de clavecin de l'impératrice
Marie-Thérèse (4); — Schencker, qui fit

(1) *Mercure*, avril 1760, p. 206. — En 1759, Filippo
Ruge ou Rutgi et Mme Rutgi donnaient à Paris, rue
Plâtrière, des leçons de musique italienne et des con-
certs.

(2) Voyez ci-dessus, p. 224 et suiv. Le *Mercure* avait
autant de peine à écrire le nom de Gossec que ceux des
maîtres allemands : il l'appelait *Gossei* et *Gosset*.

(3) Sur Jean-François Rameau, voyez la notice biog.
placée par E. Thoinan en tête de l'édition du *Neveu de
Rameau*, de Diderot, publiée par Monval ; — le *Dictionnaire critique* de Jal, art. Rameau, et nos articles sur la
famille de Rameau, dans le *Guide musical* des 24 avril et
1er mai 1898.

(4) Georges-Christian Wagenseil, que le *Mercure* appe-

jouer le Ier novembre 1761 une symphonie
avec cors et clarinettes, faisait partie,
comme Gossec, de l'orchestre de La Pouplinière (1).

Malgré la rapidité avec laquelle la jeune
forme de la symphonie à orchestre s'était
imposée, elle n'avait pas remplacé le
concerto, qui possédait, au regard d'une
grande partie du public, l'attrait supérieur

lait Wagueriel, était né à Vienne en 1717, et mourut en
1779. Quelques-unes de ses symphonies furent gravées à
Paris, principalement dans des recueils : *VI Sinfonie a
piu stromenti composte da varii autori : 1o del Signor Beck,
2o d. S. Filtz ; 3o d. S, Vagenseil ; 4o d. S. Bode ; 5o d. S.
Cannabich ; 6o d. S. Bach.* A Paris, chez Venier (1762). —
*Six symphonies à quatre parties obligées, de J. Holzbauer et
Wagenseil.* A Paris, chez Huberti. — *VI Sinfonie a piu
stromenti, intitolate la Melodia germanica, composte da varii
autori : 1o del Signor Stamitz ; 2o d. S. Richter ; 3o d. S.
Stamitz ; 4o d. S. Wagenseil ; 5o d. S. Stamitz ; 6o d. S. Kohaut.* Paris, chez Bayard. — *Sei overture a piu stromenti
composte de varii autori : 1o del Signor Holzbauer ; 2o d. S.
Conte Giulini ; 3o d. S. Jomelli ; 4o d. S. Gallo ; 5o d. S.
Wagenseil ; 6o d. S. Lustrini.* A Paris, chez Verdané. —
*Quatre concerto de clavessin, par M, de Wagenseil, œuvre VII,
en deux livres.* Paris, chez Le Menu (1762).

(1) L'*Avant-Coureur* du 17 mai 1762 annonçait la publication de *Six symphonies* de Schencker, musicien de
M. de La Pouplinière, œuvre. I. A Paris, chez Moria.
Une annonce semblable dans le numéro du 16 juin 1766
du même journal donne à Schencker le titre d'Ordinaire
de la musique du prince de Conti.

de la virtuosité. Le concerto avec voix,
imaginé par Mondonville, le concerto d'orgue, mis en vogue par Balbastre, n'avaient
fait que s'ajouter aux concertos de violon,
de violoncelle, de flûte et de hautbois, sans
leur enlever rien de leurs anciennes prérogatives.

Au grand regret de ses admirateurs,
Gaviniés avait momentanément cessé de se
faire entendre au Concert spirituel, dont
les directeurs présentaient, comme violonistes solo, Canavas l'aîné, Guenin, Piffet,
Tarade, Le Bouteux, Avoglio, Moria (1755),
Vachon (1756), Lemière l'aîné (1757), Capron (1761) et Bertheaume, un enfant de
neuf ans (1) — et comme violoncellistes,
Janson aîné, qui débuta à treize ans, le
23 mars 1755, Carlo Ferrari, musicien de la

(1) Fétis a consacré des notices à la plupart de ces
musiciens, qui firent presque tous partie de l'orchestre
du Concert. — Guenin, qui joua un concerto de violon
le 21 mars 1755, fut reçu la même année dans la musique
du Roi, où il figurait en 1780 avec la mention : « Vingt-
cinq ans de services »; — il y avait quatre musiciens
du nom de Piffet dans la musique du Roi, en 1760; —
sur Th. Jean Tarade, voy. CAMPARDON, L'Académie de
musique, t. II, p. 302; — Moria avait déjà paru pendant
le carême de 1751, étant alors âgé de onze ans; —
Lemière l'aîné, reçu en 1770 à la musique du Roi, y était
encore en 1780; — le début de Capron eut lieu le 1er novembre 1761.

chambre de l'infant don Philippe, et Jean-
Pierre Duport, dit l'aîné (1761). Le harpiste
allemand Christian Hochbrucker, « musicien du prince Louis de Rohan », commença de se faire entendre en 1760 et dut,
dès 1762, partager ses succès avec Phi-
lippe-Jacques Meyer (1), son compatriote ;
en peu d'années, la harpe fut mise à la mode
en France ; un rédacteur du *Mercure* se
félicita de voir « renaître, après tant de
siècles », un instrument possédant « de la
force, de la majesté et du brillant », et son
confrère de l'*Avant-Coureur* convint que
l'on était redevable aux Allemands de
« cette heureuse addition à nos concerts » (2). Le 22 mars 1758, un autre artiste
allemand, « musicien de l'Electeur palatin »,
Toeschi, vint, comme l'avait fait précédemment Jean Stamitz, jouer un solo de
viole d'amour (3); Cifolelli, qui exécuta en

(1) Phil. Giacomo Meyer publia en 1767 un livre de
Sei divertimenti per l'arpa con violino, op. II, Paris, au
bureau d'abonnement musical, etc.

(2) *Mercure,* avril 1760, p. 207; l'*Avant-Coureur* du
16 janvier 1764. L'audition au Concert spirituel, en 1749,
du harpiste Gaiffre ou Gœpfer était oubliée.

(3) Le prénom de ce Toeschi n'est pas indiqué : nous
pensons qu'il s'agit de Carl-Joseph. Le livre de M. Walter sur l'histoire de la musique à Mannheim a récemment apporté un peu de lumière dans la généalogie et

avril 1760 une sonate de mandoline, arrivait aussi de Mannheim.

Le pardessus de viole, qui était décidément devenu la spécialité des femmes, fut joué en 1762 par Mlle Lafont. On avait exhibé, en 1755, deux enfants de douze et treize ans, les frères Hericourt, jouant chacun de deux flûtes à la fois ; un intérêt plus sérieux s'attacha aux concertos du hautboïste Prover, qui venait de quitter le service du roi de Sardaigne pour celui du roi de France (1756), — ainsi qu'aux duos de hautbois et de basson, exécutés tantôt par Bureau et Sallentin, membres ordinaires de l'orchestre, tantôt par Gaetano Besozzi et son fils Geronimo, en 1757 (1).

---

la biographie des Toeschi : ·Le chef de cette famille, Alexandre Toeschi, fut maître de concerts de l'Electeur palatin, de 1742 à 1758 ; ses deux fils, Carl-Joseph et Johann-Baptist, entrèrent comme violonistes dans le même corps de musique, en 1752 ; Carl-Joseph devint maître de concerts en 1759, puis directeur de la musique du cabinet de l'Electeur, suivit ce prince à Munich et y mourut en 1788 ; Joh.-Bapt., qui mourut aussi à Munich, en 1803, était le père de Carl-Theodor Toeschi, violoniste. — Carl-Joseph et John.-Bapt. Toeschi furent tous deux auteurs de ballets et de symphonies ; plusieurs de leurs symphonies furent introduites en France et se jouèrent au Concert spirituel.

(1) Gaetano Besozzi était le plus jeune frère d'Alessandro et Geronimo Besozzi, qui s'étaient fait entendre au

A cette même date, les deux clarinettistes étrangers de l'orchestre de La Pouplinière, qui avaient paru tout d'abord dans des symphonies, exécutèrent des duos.

Au premier rang du personnel vocal demeuraient Albanese, Richer, Gelin, Besche, Mlle Fel, Mme Vestris de Giardini. Les débuts de chanteurs français étaient assez rares : Mlle Eugénie Dugazon, qui joignait à « une figure intéressante une voix légère et flûtée », ne continua pas la carrière lyrique ; Mlle Sixte (1756), Joliot, « nouvelle haute-contre » (1757), Mlle Richer qui épousa Philidor en 1760, Mlle Hemery (1762), n'étaient point destinées à de brillantes carrières. Chaque année, quelques chanteurs étrangers venaient recueillir, aux Tuileries, les bravos des amateurs de musique italienne : ainsi parurent Mme Pompeati (1755), Pellerino (1757), Mme Mingotti (1760), Mme Sartori (1761) et Pasquale Potenza, qui chanta avec Mme Mingotti le *Stabat*

Concert en 1735 ; il prenait en 1757 le titre de musicien du roi de Pologne, et se rendait en Italie, où il fut attaché au service du roi de Naples ; c'est de là que M. de Durfort, ambassadeur de France, le fit revenir à Paris, pour entrer, en 1765, avec son fils Geronimo, dans la musique du Roi.

Mater de Pergolèse, et avec Gaviniés des airs accompagnés de solos de violon (1).

---

(1) Teresa Imer, née à Venise en 1723, mariée au chanteur Pompeati, chanta longtemps à Londres sous les noms successifs de Pompeati, Cornelys, Smith, Williams, et mourut en prison, en 1797. — Mme Mingotti avait déjà chanté au Concert spirituel, en 1752.

IX

U commencement de l'année 1762, les habitués du Concert spirituel apprirent la prochaine retraite de Mondonville, et son remplacement par Antoine Dauvergne. Le triumvirat veuve Royer-Caperan-Mondonville fut en effet remplacé, pendant l'été, par une semblable association de trois membres : Caperan, Joliveau, secrétaire de l'Académie royale de musique, et Dauvergne, compositeur, survivancier de Rebel depuis 1755 pour une charge de maître de musique de la chambre du Roi (1). Leur bail avait été passé pour une durée de neuf ans, au prix de 7,000 livres par an, et ils s'étaient empressés de signaler

---

(1) Sur Antoine Dauvergne, né à Moulins le 3 octobre 1713, voy. FÉTIS, t. II, p. 436, et CAMPARDON, *l'Académie roy, de musique*, t. I, p. 182.

leur zèle par des aménagements nouveaux
de la salle et de l'orchestre : « Toutes les
banquettes des différentes places, annoncè-
rent-ils bientôt, ont été refaites et peintes à
neuf ; celles de devant les gradins ou premières loges, ont été garnies en crin, au lieu
de foin dont elles l'avaient toujours été. On a
supprimé trois rangs entiers de celles du parquet, où le public était mal à l'aise, parce
qu'elles étaient trop près l'une de l'autre
et trop serrées. » Le prix des places restait
fixé à six livres aux premières loges, quatre
aux galeries, et trois au parquet, qui était
assis et où n'entraient que les hommes.
On avait « repeint en totalité » la décoration formant le fond de l'estrade des musiciens, et grâce à la libéralité du duc d'Aumont, qui disposait du garde-meuble royal,
on avait renouvelé les appareils d'éclairage :
« La salle, qui jusqu'ici n'avait été éclairée
que par des lustres très anciens et assez
désagréables à l'œil, l'est maintenant par
neuf lustres en cristal de Bohème, très
brillants et de la plus belle forme, parmi
lesquels il y en a un qui, placé au milieu,
porte seize bougies et produit un fort bel
effet » (1). En même temps, l'orgue avait

(1) *Les Spectacles de Paris*, année 1763, p. 1 et suiv. ;
Almanach parisien en faveur des étrangers, année 1767, t. II,
p. 168.

reçu « des augmentations et des change-
ments considérables », qui allaient, disait-
on, permettre à Balbastre de « déployer
ses talents avec bien plus d'étendue » (1).

Avant l'avènement de cette direction,
les musiciens du Concert, comme ceux de
l'Opéra, avaient toujours été conduits à
l'assaut des doubles croches par un « bat-
teur de mesure », armé primitivement d'une
canne, plus tard d'un court bâton ou d'un
rouleau de papier blanc, et qui, placé au
même niveau que les exécutants, s'aidait
bruyamment du talon pour marquer les
temps sur le plancher (2). Le tableau du
personnel du Concert, en 1762, comprenait
donc, en plus des cinquante-trois voix et
des quarante instrumentistes, deux chefs
d'orchestre ainsi désignés : « M. Dauvergne bat la mesure ; M. Aubert la bat en
second » (3). Les nouveaux directeurs,

_____

(1) Le facteur chargé de l'entretien et des réparations
de l'orgue était Nicolas Somer, fournisseur de la Cour,
demeurant rue Saint-Jacques.

(2) C'est ainsi qu'est représenté le chef d'orchestre
dans l'estampe gravée par J.-B. de La Borde pour
servir de frontispice à son *Privilège du Roi mis en musique*.
— Un fac-similé réduit de cette estampe a été publié
par M. Grand-Carteret dans la *Rivista musicale italiana*,
t. V, p. 54.

(3) Louis Aubert fils remplissait le même office sous
Mondonville, depuis 1760.

cherchant tous les moyens de frapper l'attention, imaginèrent de supprimer le chef d'orchestre ; à leur première séance, le 15 août 1762, Dauvergne dirigea selon la vieille méthode ; dès la seconde, 8 septembre, il s'abstint, et le public fut prévenu que désormais, Gaviniés étant placé en tête des premiers violons, et Capron en tête des seconds, on se conformerait à la mode d'Italie, qui dispensait de battre la mesure. Il était certainement étrange de vouloir effectuer cette suppression au moment même où l'art symphonique commençait à se développer ; incapables de se faire une opinion raisonnée sur une question si neuve, les amateurs se partagèrent, pour en parler, selon le parti dans lequel ils étaient enrégimentés : les bouffonistes, auxquels il suffisait que la réforme apparût sous des couleurs italiennes, s'en montrèrent enchantés, et les défenseurs de l'école française protestèrent contre une innovation dont ne devaient, disaient-ils, se contenter que les « demi-savants, aveuglément idolâtres de tout ce qui est étranger à la pratique nationale » (1). L'essai fut d'ailleurs de courte durée, Gaviniés

_____

(1) *Mercure*, octobre 1762, p. 184.

ayant, dès 1764, quitté l'orchestre du Concert.

Un événement susceptible d'influencer
d'une manière fâcheuse les recettes de l'entreprise avait accompagné le changement
de direction. Mondonville était parti avec
armes et bagages, refusant les quinze cents
livres d'honoraires annuels que lui propo-
saient ses successeurs, et emportant jalousement toutes ses partitions. Les deux
prétextes de sa décision étaient : 1º qu'il
voulait « laisser reposer sa musique », et
2º (raison principale) que l'offre était « trop
éloignée de ses prétentions ». Tout contrits
de devoir annoncer une telle perte au public, Caperan, Joliveau et Dauvergne lui
promirent humblement de mettre tous
leurs soins à « varier ses amusements »,
et invitèrent les maîtres de chapelle de
Paris et des provinces à leur envoyer de
nouvelles compositions (1).

Ils avaient cent fois raison d'être inquiets
à la pensée de se trouver privés d'un répertoire devenu indispensable. L'habitude,
que l'on définit une seconde nature, l'em-
portait sur la curiosité, et les nombreux
auditeurs qui se pressaient aux premières
séances laissaient voir qu'ils regrettaient

---

(1) *Mercure*, juillet 1762, t. II, p. 138.

les motets de Mondonville; ils en avaient
cependant « par-dessus les oreilles » (1);
mais, fatigués peut-être de ce qu'ils connaissaient trop, ils se méfiaient bien davantage de ce qu'ils ne connaissaient pas. Ils
firent au *Confitebor* à deux chœurs du napolitain Feo un accueil très partagé, et ne
montrèrent pas d'enthousiasme pour le
Regina cœli de l'abbé Toussaint, maître de
chapelle de la cathédrale de Dijon, pour le
Salve Regina du luthiste bohême Joseph
Kohaut, pour le *Notus in Judea* de Mathieu
fils, ordinaire de la musique du Roi. La
Messe des morts de Gilles, le *Fugit nox* de
Boismortier, le *Stabat Mater* de Pergolèse
furent, pour la direction, des bouées de
sauvetage ; elle secoua la poussière que
Mondonville avait volontiers laissé s'accu-
muler sur d'anciens motets de Blanchard,
de Fanton, de Goulet, de La Lande ; le
Mercure fit une grande dépense de points
d'exclamation pour raviver en faveur
de ce dernier les sympathies du public :
« Quelle majesté ! quel sentiment ! quelle
grandeur ! quelle sagesse ! quelle vérité ! » (2). Dauvergne, décidé à se substituer en tout à Mondonville, et obligé de

---

(1) *Mémoires secrets,* 8 septembre 1762.
(2) *Mercure,* mars 1763, p. 203.

prouver que, comme on l'avait annoncé, il savait « adapter sa musique à tous les genres » (1), s'attela fébrilement à la besogne des motets. En moins de trois ans, — du 15 août 1763 au 31 mars 1765, — il donna un *Te Deum*, un *Benedic anima mea*, un *Miserere*, un *De profundis*, un *Regina cœli*, un *Domine exaudivi*, un *Omnes gentes* à grand chœur, un *Exultate justi* et un *Jubilate Deo* à deux voix. Aucun fait pourrait-il mieux démontrer ce qu'avait de factice et de conventionnel le genre de composition pseudo-religieuse dans lequel l'Académie royale de musique, forte de ses privilèges, confinait tyranniquement le Concert spirituel? Sans ses fonctions de co-directeur de cette entreprise, Dauvergne ne se fût jamais avisé de coudre ses ariettes aux versets des hymnes liturgiques et des psaumes de la pénitence.

Les essais d'oratorios tentés par Mondonville, et sous sa protection par Davesne et Persuis, ne se continuaient pas, et leur abandon était regretté par quelques esprits moins routiniers que la majorité; l'un d'eux, tout en couvrant d'éloges les grands motets de l'école française, et particulièrement ceux de Mondonville, faisait obser-

---

(1) *Les Spectacles de Paris,* année 1762, p. 1.

ver que « le Concert spirituel est composé
d'auditeurs qui ont, pour la plupart, oublié
le latin, et de femmes qui ne l'ont jamais
entendu » ; il souhaitait que l'on revînt aux
« motets français », indiquait aux compositeurs les odes de J.-B. Rousseau et de
Lefranc de Pompignan, et suggérait des
idées plus rapprochées de 1789 que
de 1765 : « Ne pourrait-on encore y joindre
quelques morceaux dans le genre héroïque,
morceaux où l'on rappellerait certains événements glorieux à la Nation ou chers à
son souvenir? Quelque tête froide (car il en
est maintenant plus en France qu'ailleurs)
rira peut-être d'une pareille idée. Laissons,
dira-t-elle, les Grecs s'enthousiasmer de
leurs batailles de Salamine et de Mara-
thon ; et quant à nous, soyons philosophes
et modestes. Soyez-le, j'y consens, répon-
drai-je ; mais vous n'en vaudriez que mieux,
si vous l'étiez moins sur ces matières (1). »

Des conseils si téméraires ne pouvaient
être ni écoutés, ni suivis immédiatement.
La direction continua de chercher son salut
dans les motets à grand chœur, anciens ou
nouveaux ; elle présenta, le 8 décem-

(1) *Lettres sur l'état présent de nos spectacles, avec des vues
nouvelles sur chacun d'eux* (par Nicolas Bricaire de La
Dixmerie), 1765, p. 77.

bre 1765, le *Lauda Jérusalem* de Philidor
comme une nouveauté, et soit qu'en effet
l'artiste eût recommencé son œuvre, soit
plutôt qu'on ne se souvînt plus de l'audition de 1755, on en discuta les mérites
comme s'il se fût agi d'une partition iné-
dite; l'auteur de *Tom Jones* ayant su se
procurer les bonnes grâces du parti bouf-
foniste, le parti français se plaignit « qu'un
aussi grand compositeur ait abandonné la
richesse d'harmonie de notre musique
latine pour se restreindre dans la manière
petite et sèche des chœurs à l'italienne, et
dans la marche uniforme et languissante
des récits » (1). Le même texte, déjà plusieurs fois traité au Concert, y parut encore,
le 15 août 1766, avec une musique nouvelle
de l'abbé d'Haudimont, maître de chapelle
de l'église des Saints Innocents et compositeur abondant de motets dont la médiocrité explique mal le succès (2). Son

---

(1) *Mercure*, janvier 1766, p. 212. — Il n'y eut pas de
concerts les 24 et 25 décembre 1765, à cause de la mort
du Dauphin.

(2) Six motets de l'abbé d'Haudimont furent exécutés
en deux ans au Concert: *Memento Domine* (24 mars 1766),
Exurgat Deus (8 mai), *Lauda Jerusalem* (15 août), *Deus
noster refugium* (2 février 1767), *Quare fremuerunt* (13 avril),
De profundis (15 avril). Six volumes manuscrits de grands
et petits motets de l'abbé d'Haudimont, existent à la

confrère l'abbé Dugué, à cette époque
chargé de la maîtrise de Saint-Germain
l'Auxerrois, contribuait au répertoire par
quatre motets, dont l'un, *Exultate Deo*,
avait le rare bonheur de contenter tout le
monde et de réunir les suffrages « des gens
de l'art, des connaisseurs et des personnes
qui ne peuvent juger que par sentiment » (1).

En 1767, la générosité d'un amateur anonyme permit aux directeurs du Concert
spirituel d'ouvrir un concours, dont le prix
— une médaille d'or de la valeur de trois
cents livres — serait attribué au meilleur
motet avec récits, duos, chœurs et orchestre qui leur serait envoyé sur le texte du
psaume *Super flumina Babylonis*. Ils ne
recurent pas moins de vingt-deux partitions. Dauvergne, assisté des deux sous-

---

Bibl. du Cons. de mus. de Paris. Fétis a fait, aux
tomes III, p. 14 et IV, p. 243. de sa *Biogr. univ. des
musiciens,* deux articles contradictoires pour le même
personnage.

(1) *Mercure*, juillet 1766, p. 107. Guilleminot Dugué,
prêtre, était maître de chapelle à l'église Saint-Germain
l'Auxerrois en 1766; il occupa deux fois le même poste à
Notre-Dame de Paris, d'abord en 1780-86, puis de
nouveau, par intérim, en 1787-1790. Voyez CHARTIER
L'Ancien Chapitre de N.-D. de Paris, p. 120, 129 et 247.
Ses motets chantés au Concert furent : *Diligam te,
Exultate Deo, Dies iræ* (1766), *Noli æmulari* (1767).

maîtres de la chapelle du Roi, Blanchard et Gauzargues, procéda à leur examen, en réservant au public le soin de prononcer définitivement; à cet effet, trois œuvres furent choisies et exécutées chacune deux fois pendant le carême de 1768; les applaudissements de l'assistance ayant désigné presque *ex æquo* deux compositions de caractère différent, les directeurs se décidèrent à ajouter un second prix; l'ouverture des plis cachetés dévoila, pour le plus grand étonnement et le plus grand émerveillement des « connaisseurs », que les deux partitions n'avaient qu'un seul et même auteur, François Giroust, déjà connu aux Tuileries par quelques motets; ce succès « prodigieux » décida de sa fortune artistique, et le fit appeler d'Orléans à Paris, pour occuper l'emploi de maître de musique de l'église des Saints-Innocents (1).

---

(1) *Mercure*, août 1767, p. 205, avril 1768, p. 199; *Mémoires secrets*, 31 janvier 1767, 24 et 29 mars 1768; *Eloge historique de Fr. Giroust, par sa veuve*, Marie-Françoise de Beaumont d'Avantois. Versailles, an IX, p. 7. L'exécution, pendant le carême de 1762, d'un *Magnus Dominus* à grand chœur de Giroust, a été mentionnée précédemment; un « nouveau motet à grand chœur » l'avait suivi, le 8 décembre; ensuite vinrent un *Miserere mei* (5 avril 1767), les deux *Super flumina* (25 et 27 mars 1768), un *Judica Domine* (28 mars), un *In convertendo* (15 août 1769).

Un nouveau concours fut ouvert l'année suivante, avec deux prix, dont l'un devait être décerné au meilleur motet sur le psaume *Deus noster refugium*, l'autre à une composition française, sur l'ode de J.-B. Rousseau *La Gloire du Seigneur*. Le jury ne jugea digne de récompense aucune des partitions présentées, et déclara réserver ses prix « pour des ouvrages où il y ait plus de connaissance de l'art avec plus de génie » (1). On chanta cependant aux Tuileries deux odes et deux motets, ce qui eut le double avantage de satisfaire en partie l'amour-propre des auteurs, et de procurer au public un peu de musique nouvelle, bonne ou mauvaise. Celle-ci était au moins médiocre, si l'on en juge par les deux odes, de Thévenard et de Floquet, dont les partitions manuscrites ont été conservées (2).

---

(1) *Mercure*, juillet 1768, p. 154; avril 1769, p. 141. — *Mémoires secrets*, 26 juin 1768.

(2) Ces deux partitions sont à la Bibliothèque nationale. — Thévenard était « organiste de Mgr le duc de Biron, à Moissac en Quercy ». Floquet, dont la composition est plus prétentieuse et plus développée, sans déceler plus de « génie », demeurait alors « à l'hôtel d'Armagnac, rue du Chantre, à Paris »; il arrivait d'Aix en Provence, où il était né en 1750 et où il avait fait ses études musicales, à la maîtrise de l'église Saint-Sauveur.

On ne se découragea cependant pas encore, et les mêmes textes, avec les prix doublés, furent de nouveau proposés pour l'année 1769; à grand'peine trouva-t-on un motet à couronner : il était de Desormery, « ci-devant musicien de cathédrale », et pour le moment « comédien à Strasbourg » (1).

Le 2 février 1768, un motet à voix seule de « M. le chevalier Gluck, célèbre et savant musicien de S. M. Impériale », fut chanté par le sieur Godard (2); en 1770, la

(1) *Mercure*, mai 1769, p. 169; mai 1770, p. 164 et 195; *Mémoires secrets*, 3 mai 1770. — Léopold-Bastien Desormery, né à Bayon en 1740, fut amené, comme Giroust, par son succès, à se fixer à Paris; il compta dans les chœurs du Concert spirituel et dans l'orchestre de la Comédie italienne, où il fit représenter quelques petits ouvrages.

(2) Avant cette exécution, le public parisien ne connaissait le nom de Gluck que pour avoir entendu quelques petits airs de ses opéras italiens, « parodiés » sur des paroles françaises et introduits par Blaise en 1765 dans l'opéra-comique *Isabelle et Gertrude*. Godard, qui faisait partie des chœurs de l'Opéra et du Concert spirituel, comme haute-contre, publia dans le *Mercure* de juillet 1767, p. 181, en faveur de ses leçons de chant, une longue notice, dans laquelle il disait avoir fait, « dans différentes cours d'Allemagne », des voyages qui l'avaient « mis à portée d'entendre les premiers virtuoses en tous genres ».

direction, à court de musique latine, fit chanter par Mlle de La Magdeleine des ariettes de Philidor et de Grétry arrangées sur des paroles de motets ; il y eut, le 15 août, tout un *Laudate* « sur plusieurs airs de M. Grétry ». Ces ravaudages furent précédés ou suivis d'un *Cantate Domino* d'Azaïs et de quelques motets de Buée, de Hardouin, de Gibert, de Torlez et de Louet, qui doivent encore être cités à l'actif de la direction Caperan-Joliveau-Dauvergne (1).

---

(1) Pierre-Hyacinthe Azaïs, père du mathématicien de ce nom, était alors maître de musique du collège de Sorèze en Languedoc ; il donna encore un *Dominus regnavit*, le 8 décembre 1771, prenant cette fois la qualité de maître de musique du Concert de Marseille. — Pierre Louis Buée, ancien enfant de chœur et organiste de la Sainte-Chapelle du Palais, était maître de musique de la cathédrale de Dijon lorsque son *Benedic anima* fut chanté, le 26 mai 1765 ; il devint par la suite maître de chapelle à Saint-Martin de Tours, puis à Coutances, et prit part au concours du Concert spirituel en 1768 avec un motet qui fut classé immédiatement après ceux de Giroust ; un *Noli æmulari,* à grand chœur, de Buée, fut chanté le 2 juin 1768. On le retrouve, en 1787, secrétaire du chapitre de Notre-Dame de Paris, chargé de la classe de musique des enfants. — L'abbé Hardouin, dont on exécuta un *Lauda Jerusalem* le 8 septembre 1765, était maître de chapelle de la cathédrale de Reims. — Le *Diligam te* de Paul-César Gibert parut le 15 août 1766 ; son *Lætatus sum*, le 14 avril suivant. — Un petit motet de

Les auditions de virtuoses semblaient, à beaucoup d'amateurs, la partie la plus attrayante des séances du Concert spirituel. « Les plus grands sujets de l'Europe, dit un écrivain déjà cité, accourent s'y faire entendre, et ceux que nous avons à demeure ne nous laissent aucuns regrets sur ceux qui ne sont que passagers. Outre deux des meilleurs violons du siècle (Gaviniés et Capron), nous pouvons nous flatter d'avoir les deux meilleurs violoncelles qui aient jamais paru (Duport et Janson), et c'est beaucoup si, par la suite, ils peuvent avoir des rivaux. C'est, en un mot, à ce spectacle que l'on peut jouir le plus complètement et des meilleures symphonies de chaque nation, et de la musique propre aux instruments de toute espèce, et de l'exécution des plus habiles maîtres dans des genres si opposés (1) ».

Les programmes des années 1762-1771 rassemblent, en effet, les noms de maints virtuoses célèbres ; auprès de Balbastre, Gaviniés, Capron, Duport, Janson,

---

Torlez fut chanté le 25 mars 1767; son *Dies iræ*, le 16 avril de la même année. — Il a été fait mention plus haut du claveciniste Louet, dont le *Dies iræ* et l'*Exultate justi* furent donnés en 1771.

(1) *Lettres sur l'état présent de nos spectacles,* etc, p. 78.

indispensables soutiens de l'entreprise,
ce sont, dès la première séance (15 août
1762), un harpiste saxon, Emming ; en
1763, Legrand, organiste de l'église Saint-
Cosme et de l'abbaye de Saint-Germain-
des-Prés (1) ; Burton, organiste et professeur à Londres ; le luthiste Kohaut, qui
joua des duos avec Duport, sans réussir à
remettre en vogue un instrument oublié ;
le violoniste Leduc aîné (2), le bassoniste
Félix Reiner ; — en 1764, l'organiste Nicolas Séjan, le violoniste Antoine Lolli, à
cette époque attaché à la cour de Wurtemberg ; le corniste Rodolphe ; — en 1765,
auprès de Hochbrucker, Mlle Schencker,
jeune harpiste d'une douzaine d'années ; —
en 1766, le violoniste aveugle Fridzeri et
le mandoliniste Léoné ; — en 1767 l'abbé
Robineau et Hippolyte Barthelémon tous
deux violonistes ; ce dernier devait revenir en 1768 et se voir complimenter pour
sa « main brillante », son « jeu sûr et ra-
pide », ses « coups d'archet bien filés », et

(1) J.-P. Legrand publia dans la même année un
Œuvre I de *Sonates de clavecin*, à Paris, chez Le Menu,
etc., et donna plus tard quelques motets au Concert
spirituel.

(2) Simon Leduc, ou Leduc l'aîné, prit en 1773 la
direction du Concert, avec Gaviniés et Gossec, et mourut en 1777.

son « exécution savante, agréable et propre » (1). Le jugement porté à la même époque et par le même écrivain sur Manfredi et Boccherini, qui voyageaient de compagnie, est curieux, s'appliquant à des artistes dont la renommée fut durable : « Manfredi, premier violon, n'a point eu le succès qu'il espéroit. On a trouvé sa musique plate, son exécution large et moelleuse, mais son jeu fol et désordonné. Le sieur Boccarini *(sic)* a joué du violoncelle avec aussi peu d'applaudissement ; ses sons ont paru aigres aux oreilles, et ses accords très peu harmonieux (2). » Au contraire, le violoniste allemand Ignace Fraenzl obtint un très brillant succès, encore dépassé par celui de Mme Lombardini de Sirmen : « Les directeurs avaient

---

(1) *Mémoires secrets*, 25 décembre 1768. Hippolyte Barthelémon, né à Bordeaux, était fixé à Londres depuis 1764 et dirigeait l'orchestre du King's Theatre. Le *Mercure* l'intitule en 1767 premier violon de l'Opéra de Londres ; et les *Mémoires secrets*, en 1768, premier violon du roi d'Angleterre. — Alexandre-Auguste Robineau, dit l'abbé Robineau, né vers 1744, avait reçu son éducation musicale à la Sainte-Chapelle, sous Abel-Ant. Fanton ; il était ensuite devenu l'élève de Gaviniés pour le violon.

(2) *Mémoires secrets,* 2 avril 1768. Les deux virtuoses partirent à la fin de l'année pour Madrid. Voyez PICQUOT, *Notice sur Boccherini.*

exigé qu'elle ne jouât nulle part avant ce jour », ce qui avait redouolé la curiosité des amateurs ; ils s'amusèrent grandement de ce « phénomène rare » — une femme jouant du violon ! — et remarquèrent surtout dans l'adagio « cette sensibilité qui caractérise si bien son sexe ». « Son violon, dit un autre journaliste, est la lyre d'Orphée dans les mains d'une grâce. » Mᵐᵉ de Sirmen exécutait des concertos et des duos avec son mari, Louis de Sirmen (1). Duport jeune, rival de son frère pour le violoncelle, Sallentin fils, flûtiste, le harpiste Gardel aîné, plus célèbre comme chorégraphe, et le hautboïste Gaetano Besozzi parurent aussi en 1768.

Une date à retenir est celle de l'apparition du *clavecin forte-piano*, que Mˡˡᵉ Lechantre toucha, dans la soirée du 8 septembre 1768 (2). Le public ne prêta pas grande attention à ce début d'un instrument appelé à prendre une si grande im-

<hr>

(1) *L'Avant-Coureur*, 22 août 1768. — *Mémoires secrets*, 15 août 1768. — *Mercure*, janvier 1769, p. 151. On sait que la lettre de Tartini sur l'enseignement du violon, publiée après sa mort, en 1770, avait été adressée par lui en 1760 à Madeleine Lombardini, son élève.

(2) Mˡˡᵉ Lechantre, qui avait déjà paru au Concert comme organiste, publia en 1770 *Deux concertos pour le clavecin ou piano-forte avec accompagnement*, œuvre Iᵉʳ.

portance; on peut admettre qu'il arrivait d'Angleterre, où sa première audition publique avait eu lieu l'année précédente. En même temps que les facteurs britanniques, des artistes français s'occupaient de sa construction, et, le 25 mai 1769, Virbès, organiste de Saint-Germain-l'Auxerrois, fit jouer par son fils, au Concert spirituel, un « nouvel instrument à marteaux, espèce de clavecin », auquel il travaillait depuis trois ou quatre ans (1). En mai 1772, Balbastre présenta lui-même, aux auditeurs du Concert, un « nouveau forte-piano augmenté d'un jeu de flûte ».

En 1769, furent entendus le jeune harpiste Hinner, que le chevalier Turgot avait ramené de la Guyane et faisait élever à Paris (2), et le violoniste Wilhelm Cramer,

(1) Une description du clavecin à marteaux de Virbès avait paru dans le numéro du 20 août 1766 des *Annonces, Affiches et Avis divers*. En même temps, Virbès travaillait à la construction d'un clavecin « imitant quinze instruments différents », qui fut mentionné dans le *Mercure* de mai 1768, et encore dix-sept ans plus tard, dans le *Journal de Paris* des 26 août et 1er septembre 1785. M. Constant Pierre a donné, dans son livre sur *Les Facteurs d'instruments de musique*, p. 136 et suiv., des renseignements sur les importations de pianos anglais et sur le clavecin de Virbès.

(2) Sur Philippe-Joseph Hinner, né à Wetzlar en 1754, et qui devint le maître de harpe de la reine Marie-

qui abandonnait le service de l'électeur palatin, à Mannheim, pour se rendre en Angleterre ; — en 1770, le bassoniste Ernest Eichner, les violonistes Traversa, de la musique du prince de Carignan, Leduc jeune et Rougeon, qui jouèrent un concerto à deux violons de Leduc aîné, et le ‘harpiste Petrini ; — en 1771, deux enfants, Alday, mandoliniste, et Darcis, qui jouait de l'orgue et du piano (1).

Le personnel du chant, pendant le même laps de temps, se recruta parmi les sujets de la musique du Roi et des théâtres de Paris ; il y eut peu de chanteurs étrangers. Mlle Fel ne se retira qu'en 1770 ; Legros, excellente haute-contre, parut pour la première fois pendant le carême de 1763, et Mlle Arnould vint interpréter avec lui, en 1764, l'*Exultate* à deux voix de Dauvergne ; Mme Philidor chanta des récits de motets ; Albanese, Besche, Gelin, eurent pour nouveaux partenaires Narbonne, Platel, l'abbé Le Vasseur ; le contingent féminin, particulière-

---

Antoinette, voyez un article de M. E. Couard-Luys, dans les *Archives hist., artist. et littér.*, t. II, p. 376.

(1) Sur François-Joseph Darcis, qui se disait élève de Grétry, voy. la *Corresp. littér. de Grimm*, etc., t. IX, p. 481, et t. X, p 457, et le *Mercure*, juillet 1772, t. II, p. 152, et août 1774, p. 175.

ment nombreux, fut formé par Mlles Aveneau, Beauvais, Beaumesnil, Descoins (1766), Duplant, Rosalie Levasseur (1767), Delcambre, Davantois, Châteauvieux, Girardin, etc. (1).

Il est certainement difficile de se représenter aujourd'hui ce que pouvait être, il y a cent trente ans, sous le rapport de l'exécution, une séance du Concert spirituel. La description de Burney, qui, dans une station de huit jours à Paris, assista au concert du 14 juin 1770, ne doit être acceptée que sous toutes réserves, car le voyageur anglais, imbu des habitudes de l'école italienne au point de trouver « trop fournis et trop bruyants » les ensembles grandioses des oratorios de Hændel, était par avance rebelle aux qualités comme aux défauts de l'art français (2). Les chan-

---

(1) Presque tous ces artistes figurent dans la *Biogr. univ.* de Fétis. Voyez en outre CAMPARDON, *L'Académie roy. de musique* et *Les Comédiens du Roi de la troupe italienne ;* DESNOIRESTERKES, *La Musique française au XVIIIe siècle, Gluck et Piccinni;* AD. JULLIEN, *la Cour et l'Opéra sous Louis XVI* et *L'Opéra secret au XVIIIe siècle ;* les *Archives hist., artist. et littér.*, t. I, p. 340.

(2) BURNEY, *The present state of music in France and Italy,* London, 1771, p. 23 et suiv. Ce fragment a été incomplètement et inexactement traduit et cité par Fétis dans sa *Revue musicale,* première année, 1827, t. I, p. 197.

teurs auxquels il reprocha de « hurler comme si on leur eût mis le couteau sur la gorge », faisaient partie de la troupe dont Gluck, peu d'années après, se satisfit ; mais nous devons nous souvenir que leur principal mérite, comparativement à ceux des artistes étrangers, consistait en un plus grand souci du côté dramatique de leur art et du contenu littéraire de leurs rôles ; l'exécution purement musicale des concerts leur était donc moins favorable que l'action théâtrale, et l'émotion tragique qu'ils savaient, mieux que d'autres, exprimer et communiquer sur la scène, n'était point à sa place dans les motets. Chacun faisait cependant de son mieux pour l'y introduire. Les compositeurs et les organistes, Calvière, Dauvergne, Daquin, Gossec, écrivaient ou improvisaient des *Te Deum* pour le seul plaisir de « faire frissonner » l'auditoire par « les plus pathétiques accords » et par le « tableau du Jugement dernier », qu'ils plaçaient au verset *Judex crederis*. Calvière leur avait à tous montré le chemin ; « en homme qui sent vivement les choses », il avait inventé toutes sortes d'effets descriptifs ; les flûtes commençaient par « exprimer le sifflement des vents », et à leur suite « tout le corps de la symphonie » exécutait « une tempête

qui fait frémir » ; un tambour, placé au
milieu de l'orchestre, marquait, « par un
roulement continuel toujours en enflant le
son, le bruit affreux du tonnerre, joint à
celui des flots irrités » ; on assistait au
« bouleversement de la nature », à « l'écrou-
lement de l'univers » ; deux trompettes, qui
se répondaient de deux côtés opposés,
faisaient retentir leurs appels, et les peu-
ples, saisis de crainte, entonnaient, en « un
chœur pathétique », le verset suivant : *Te
ergo quæsumus* (1). Gossec, renchérissant
sur Calvière, s'applaudissait d'avoir, dans
le *Tuba mirum* de sa *Messe des morts*,
« effrayé » tous les auditeurs en imaginant
« l'effet terrible » d'un groupe d'instruments
à vent « cachés dans l'éloignement pour
annoncer le jugement dernier, pendant que
l'orchestre exprimait la frayeur par un fré-
missement sourd de tous les instruments à
cordes » (2). Les versets de *Te Deum* que

---

(1) *Sentiments d'un harmoniphile sur différents ouvrages de
musique*, p. 9. Antoine Calvière, né vers 1695, organiste
du Roi depuis 1738, était mort le 18 avril 1755.

(2) *Note concernant l'introd. des cors,* etc., par Gossec,
dans la *Revue musicale* de Fétis, troisième année, 1829,
t. V, p. 221. Ce *Tuba mirum,* qui porte le nᵘ VIII dans la
partition d'orchestre gravée de la *Messe des morts*, est un
solo de basse précédé d'une introduction à deux
orchestres qui alternent et se répondent sans se répéter

Daquin improvisait chaque année sur
l'orgue de Saint-Paul procédaient du même
modèle (1); et Giroust, ayant dépensé mille
peines pour transformer son *Regina cœli* en
« un véritable drame », au moyen de « tous
les accessoires qui pouvaient y prêter de la
vie », trouvait sa meilleure récompense
dans « l'effroi naïf d'une bonne villageoise
qui crut que la terre tremblait et que le
lieu de la scène allait s'écrouler », tant il
avait réussi à « rendre fidèlement le mouvement de la pierre sépulcrale à l'instant où
le Christ sort du tombeau » (2).

---

l'un l'autre; l'orchestre éloigné comprend trois trombones, avec les clarinettes, trompettes et second cor;
l'orchestre ordinaire se compose des cordes, hautbois et
premier cor. Gossec, dont la *Messe des morts* date
de 1760, connaissait certainement le *Te Deum* de Calvière, qui avait notamment été exécuté en l'église de
l'Oratoire, quelques années auparavant.

(1) La description en fut publiée dans l'*Avant-Coureur*
des 28 juin et 12 juillet 1762.

(2) *Notice hist. sur Fr. Giroust*, etc., par sa veuve, p. 12.

X

E l'aveu général, la principale raison d'être du Concert spirituel n'était point de favoriser l'éclosion ou la diffusion des talents, ni les progrès du goût public; on le savait simplement « nécessaire à Paris pour aider une infinité de personnes à porter le poids de leur désœuvrement, ou le vuide que leur fait l'absence de spectacles (1) », principalement pendant le carême; il périclitait cependant et si, en des circonstances exceptionnelles, son local paraissait, à des yeux complaisants, « trop borné » pour le nombre des assistants (2), d'autres témoins parlaient de son

---

(1) *Annonces, Affiches et Avis divers*, 25 avril 1764.
(2) *Lettres sur l'état présent des spectacles*, p. 73.

« avilissement » et du profond discrédit
où il était tombé, au point de devenir « un
objet de raillerie pour les vrais connaisseurs (1) ».

Caperan, Dauvergne et Joliveau, péniblement arrivés à la fin de leur bail,
n'avaient eu garde de le renouveler, et la
ville de Paris, qui dirigeait à cette époque
l'Académie royale de musique, avait dû
prendre le Concert à sa charge, en dési-
gnant pour le gérer Dauvergne et Berton.
Au bout d'un an, et quoique l'on fût parvenu
à faire réentendre les fameux motets de
Mondonville, « dont on avait été privé
depuis plusieurs années », l'exploitation
n'ayant donné aucun bénéfice, les deux
administrateurs furent « admis à compter
de clerc à maître avec le bureau de la
Ville »; celui-ci fut fort heureux de pouvoir
céder l'entreprise à trois courageux musiciens, Gaviniés, Leduc aîné et Gossec,
moyennant un loyer réduit à 2,400 livres
par an (2).

Leur entrée en fonctions fut saluée
comme l'aurore d'une ère de félicité, et dès
les premières semaines de leur direction,

---

(1) *Journal de musique par une société d'amateurs*, 1773,
no 2, p. 74.
(2) *Archives nationales*, O¹, 621.

ils purent savourer les éloges qu'une presse
amie leur distribuait : « Faits pour mériter
l'estime et l'amitié du public par leurs
mœurs et par leurs talents, ils ont su
gagner la confiance et l'attachement des
musiciens par leur honnêteté. Sous leurs
ordres, tout est devenu facile ; les répétitions se sont faites avec émulation et avec
zèle. Les directeurs ont changé la disposition de l'orchestre et augmenté le nombre
des musiciens. Le temps leur a manqué
pour réunir avant la quinzaine de Pâques
un aussi grand nombre de bons morceaux
de musique qu'ils l'auraient souhaité, mais
il auroit été difficile d'ajouter à la précision, à l'ensemble et à l'intelligence de
l'exécution (1) ».

Gossec, auquel on faisait surtout honneur
de cette prompte amélioration (2), avait en
effet montré, chez M. de La Pouplinière et
au Concert des Amateurs, de rares capacités (3). Gaviniés, de son côté, s'était
attiré des louanges pour l'organisation de

---

(1) *Journal de musique par une société d'amateurs*, 1773,
n° 2, p. 74.

(2) La Borde, dans ses *Essais sur la musique,* t. III,
p. 428, attribue à Gossec le mérite d'avoir « tiré le
Concert de la profonde léthargie où il était tombé ».

(3) Voyez les chapitres VI et XII du présent travail.

concerts de bienfaisance (1), et Leduc était
particulièrement aimé de ses camarades (2).
On pouvait espérer beaucoup de la réunion
de ces trois excellents musiciens, jeunes,
ardents, habiles, et déjà rompus à la pratique de l'orchestre. Leur premier concert,
qui eut lieu le 25 mars 1773, comprenait
une symphonie de Toeschi; un petit motet
à voix seule, chanté par Olivini, de la
musique du Roi; un concerto de flûte,
exécuté par Rault; un motet à deux voix
de J.-Chr. Bach, chanté par Richer et
Mme Billioni; une symphonie concertante
de Charles Stamitz, exécutée par Leduc
et Besozzi; un petit motet chanté par
Mme Larrivée; un morceau de violon joué
par Jarnowick, et un motet à grand chœur,
Qui confidunt, de Mathieu.

---

(1) Voyez le chapitre XII.

(2) Une anecdote touchante le prouve : Peu de jours
après sa mort, une de ses symphonies fut placée, en
guise d'hommage, au programme du Concert des Amateurs (26 février 1777). Au milieu de l'adagio, le violoniste Saint-Georges, chef de pupitre, « attendri par
l'expression du morceau et se rappelant que son ami
n'existait plus, laissa tomber son archet et versa des
larmes ». (*Journal de Paris* du 28 février 1777.) Les associés du Concert des Amateurs firent célébrer le 22 mars,
chez les Feuillants, un service religieux pour le repos
de l'âme de Leduc ; la *Messe des morts* de Gossec y fut
exécutée.

En parcourant la série des programmes du Concert spirituel pendant cette direction, on remarque immédiatement la réapparition du genre *oratorio*. Il n'y avait, cependant, nullement abandon du grand motet, qui continuait, au contraire, de servir comme autrefois de début à de nouveaux compositeurs. Rey, « ci-devant maître du concert de Marseille », devenu « maître de musique à Nantes », donna le 8 décembre 1773 un *In exitu*, le 2 février 1775 un *Notus in Judea*. Ces deux exécutions, en attirant sur lui l'attention générale, favorisèrent grandement son établissement à Paris (1). Il en fut de même pour Langlé, qui revenait d'Italie (2), et qui cherchait à appuyer par des ouvrages « savants » une réputation naissante de professeur et d'harmoniste; de 1774 à 1776 il fit entendre un *Cantate Domino*, un *Dies iræ*, un *De profundis*, un *Te Deum* et un

---

(1) J.-B. Rey devint en 1776 second chef d'orchestre de l'Opéra, premier chef en 1781, maître de la musique de la chambre du Roi en 1779. En sa qualité de maître de musique du concert de Marseille, il avait arrangé une messe de *Requiem* sur des fragments d'opéras de Rameau et l'avait fait exécuter en l'église des Dominicains de cette ville, le 15 novembre 1764.

(2) Langlé s'intitulait « ci-devant premier maître de chapelle du Conservatoire de la Piété, de Naples ».

Pater noster. L'abbé Roze, alors maître de chapelle de l'église des SS. Innocents, et qui devait aussi trouver dans la pratique de l'enseignement ses meilleurs succès, donna un *Confitebor* pendant le carême de 1775, un *Benedicam Domino* pendant celui de 1776 (1).

Jean-Nicolas Lefroid de Mereaux, organiste de l'église Saint-Sauveur, qui fit chanter un *Laudate* le 15 août 1775, s'était d'abord distingué par un « motet français » à trois voix, sur des paroles tirées du *Samson* de Voltaire, ainsi que par une série de chœurs d'*Esther* (7 avril 1775), plusieurs fois exécutés en forme d'oratorio. L'Italien Cambini, que depuis deux ou trois années l'on avait vu se produire abondamment au Concert des Amateurs, fut un des premiers à se ranger parmi les auteurs d'« oratoires »

---

(1) Nicolas Roze, né à Bourgneuf (Saône-et-Loire), le 17 janvier 1745, mort à Saint-Mandé le 1er octobre 1819, fut un des rares musiciens français du xviiie siècle qui ne firent pas à l'église de la musique de théâtre. La Fage a donné sur lui une notice dans le *Plain-Chant*, 2e année, 1861, col. 147 et suiv., et a publié quelques-unes de ses pièces dans l'appendice de son *Cours complet de plain-chant*. Sur les services rendus par l'abbé Roze comme bibliothécaire du Conservatoire de musique, voyez WECKERLIN, *Catalogue de la réserve du Conservatoire*, p. ix et suiv.

en français : en même temps que le *Samson*
de Mereaux, il fit paraître son *Sacrifice
d'Abraham*, qui eut un succès durable, et
le 2 avril 1775, son *Joad*, tiré des chœurs
d'*Athalie*.

Gossec lui-même, sans imiter l'âpreté de
Mondonville ni la hâte de Dauvergne, fit
une place à ses œuvres anciennes ou
nouvelles en remettant aux programmes
des fragments de sa *Messe des morts*, et en
donnant, après un *Christe redemptor* à deux
voix (2 février 1774), l'oratorio de la *Nativité* (24 décembre 1774). Cette agréable
partition, à laquelle eût mieux convenu le
titre de pastorale, présente sous un aspect
souriant le musicien si volontiers «terrible»
de la *Messe des morts* et du *Te Deum*; un
petit nombre de morceaux la composent, et
ne retracent, du sujet indiqué, que l'épisode
des bergers miraculeusement avertis de se
rendre à Bethléem. Un premier chœur :
« Bergers, cessons nos travaux, la nuit descend sur les plaines », se coupe en rondeau,
avec un couplet sur le ramage des oiseaux ;
le solo d'un pâtre : « Chères brebis », achève
d'imprimer à ce début de l'œuvre l'allure
légère, semi-naïve et semi-apprêtée, d'une
scène de Watteau ; le « sommeil des bergers » s'accompagne d'une petite symphonie où les flûtes, les clarinettes, les cors,

se joignent aux pizzicati des cordes ; toujours à l'affût des contrastes et des procédés « effrayants », Gossec transforme en
foudre et en éclairs la lumière surnaturelle
qui, dans l'Évangile selon saint Luc, annonce la révélation de l'Ange, et il motive
ainsi le chœur : « Quel sort nouveau nous
menace? ». Apaisés par la récit d' « une
voix », les pasteurs se mettent en route, et
leur voyage est sensiblement représenté
aux oreilles du public par une « marche
composée sur l'air du Noël : « Où s'en vont
ces gais bergers? » Au seuil de l'étable, un
mage les attend, dont le récit : « Habitants
des hameaux, peuple juste, approchez,
voici le Dieu que vous cherchez », précède
le morceau final et capital de l'œuvre, celui
auquel certainement l'auteur attachait le
plus de prix, parce que la découverte d'un
truc musical inédit lui avait permis d'y
affirmer de nouveau son ingéniosité à com-
biner des effets pittoresques. La copie de
la *Nativité*, que possède la bibliothèque du
Conservatoire de musique de Paris, porte
à cette page une note autographe de
Gossec, où il souligne le mérite et le
succès de son invention : « Chœur d'anges
séparés de l'orchestre. Ce chœur étoit
placé au-dessus de la voûte de la salle du
Concert spirituel de Paris, dans le dôme

du palais des Thuilleries; il étoit parfaitement entendu sans être vu, et faisoit illusion. Le maître de musique qui le dirigeoit
régloit sa mesure sur celle du maître du
grand orchestre, qu'il observoit par une
petite ouverture de la largeur du creux de
la main faite au plafond. » Cent ans avant
Parsifal, le chœur des anges répondait
ainsi, du haut de la coupole, au chœur des
bergers, et se mêlait à lui dans un acte de
foi et d'amour. A cette disposition matérielle des groupes vocaux s'arrête, il va
sans dire, une comparaison d'autant moins
possible, que précisément à cette place le
souffle manque à Gossec; quelques pages
banales terminent sans relief une œuvre
hardiment projetée, et ici comme dans la
plupart de ses plus intéressantes créations,
la réalisation reste au-dessous de l'idée.

La *Nativité* de Gossec fit abandonner
sans retour le *Fugit nox* de Boismortier, et
son succès s'accentua à mesure que des
exécutions annuellement renouvelées y
eurent davantage accoutumé le public; dès
le premier soir, l'œuvre avait été chaleu-
reusement louée; on avait trouvé le début
« frais et délicieux », l'air du berger, chanté
par Legros, « charmant » ; le morceau du
sommeil avait paru « d'un effet très grand
et même dramatique », et le chœur des

anges avait produit « l'illusion » voulue (1).
En 1779, un auditeur ravi s'écrie avec
enthousiasme : « Quelle différence entre les
sensations frivoles des concertos et les
mouvements impétueux et variés qu'a pro-
duits l'oratorio de M. Gossec! Un sujet
analogue à la fête du jour ; un style plein
de grâce et de majesté ; d'étonnants effets
d'harmonie; les plus heureuses combinaisons d'instruments, leur mélange avec des
voix qui tour à tour imitoient le chant du
rossignol et les roulements du tonnerre; le
chœur des bergers qui figuroient dans l'orchestre, et celui des Anges qu'on ne voyoit
point, mais qu'on entendoit dans un lointain
immense; cette espèce de dialogue entre
les habitants de la terre d'une part, et les
habitants des cieux qu'on croyoit rassem-
blés sur un nuage; l'air d'un Noël que le
compositeur avoit su placer au milieu de
ce grand et riche tableau, ont porté l'illusion et l'intérêt au degré le plus séduisant
pour le public et le plus flatteur pour
M. Gossec (2). »

La *Sortie d'Egypte*, oratorio de Henri-
Joseph Rigel, donné pour la première fois
le 25 mai 1775, rivalisa de succès avec la

---

(1) *Mercure*, janvier 1775, p. 181.
(2) *Mercure*, janvier 1779, p. 48.

Nativité,grâce principalement à une marche
qui s'exécutait « avec toutes les gradations
du *crescendo* », grâce aussi au contraste du
« chant simple et pur des Israélites avec
les cris de fureur des Egyptiens (1) ». La
Ruine de Jérusalem de Joubert, organiste à
Angers, exécutée pendant le carême de
1776, n'obtint pas, à beaucoup près, le même
succès (2).

De cette période date également l'accli-
matation des symphonies de Haydn au Concert spirituel. Dès 1764, l'une des premières
d'entre elles avait été publiée à Paris, chez
Venier, sous le n° 14 des « symphonies
périodiques » mises en vente par cet éditeur, et dans une série intitulée « Les noms
inconnus » (3); d'autres avaient été exécutées au Concert des Amateurs, dont le

(1) *Journal de Paris*, 26 mars 1777.

(2) Le livret en fut imprimé dans le *Mercure* de
mai 1776.

(3) *Symphonies périodiques... n° 13, del Signor Van Mal-
dere; n° 14, del Signor Heyden; n° 15, d. S. Back; n° 16,
d. S. Pfeiffer; n° 17, d. S. Hehetky[?]; n° 18, d. S. Frantzl.
Ces symphonies composent l'œuvre 14e di Vari Autori. Elles
sont intitulées Les noms inconnus, et se peuvent exécuter à
quatre parties*. A Paris, chez Venier, etc. Ce recueil est
annoncé dans l'*Avant-Coureur* du 26 mars 1764. On sait
que la plus ancienne symphonie de Haydn avait été
composée en 1759. Voyez C.-F. POHL, *Josef Haydn*, t. I,
p. 283 et suiv.

Concert spirituel imitait les errements
aussi volontiers que jadis ceux des soirées
de La Pouplinière. Gossec, bientôt surnommé « le musicien de notre nation pour
cette partie » (1), transporta naturellement
aussi aux Tuileries les grandes symphonies
que, de son propre aveu, il avait écrites
spécialement pour le même Concert des
Amateurs.

Le plus heureux rival français de Gossec
dans ce domaine était Davaux, que le
Mercure appelait poliment un « amateur
distingué » ; mais la vogue s'attachait davantage, et généralement avec plus de
raison, aux symphonies étrangères, à celles
des Italiens Cambini et Boccherini, à
celles surtout des Allemands J.-Chr. Bach,
Toeschi, Ch. Stamitz et Ditters (2). Les

---

(1) *Mercure,* avril 1772, p. 161.

(2) Le seul Bach connu au Concert spirituel était
Johann-Christian, dit le Bach de Milan, ou le Bach
d'Angleterre, dernier fils de Jean-Sébastien ; plusieurs
de ses compositions, symphonies, petits motets, airs
d'opéras italiens, furent exécutées à Paris avant le
séjour qu'il vint y faire en 1779. — Le centenaire de la
mort de Ditters de Dittersdorf (31 octobre 1799', vient
d'être célébré en Allemagne par des exécutions et des
rééditions qui ont rappelé aux nouvelles générations
son nom fort oublié. Plusieurs de ses œuvres instrumentales avaient de bonne heure pénétré en France ; en 1768
fut publiée une *Sinfonia nel gusto di cinque Nazioni, a*

symphonies concertantes, à deux ou trois
instruments principaux, avec orchestre,
devenaient fort à la mode et rendaient un
peu de nouveauté aux exhibitions de virtuoses, contre lesquelles protestaient de
loin en loin quelques critiques, sans pouvoir en ralentir l'inépuisable flot. Trois
concertos par séance étaient la moyenne
accoutumée. Imbault, Leduc aîné et jeune,
Guenin, Guerin, Paisible, Phelipeau, La-
motte, Charles et Antoine Stamitz, Lenoble,
Loisel, Mlle Deschamps (plus tard Mme
Gautherot), formaient le contingent, toujours prépondérant, des violonistes ; entre
tous brillait Jarnowick, Italien d'origine,
élève de Lolli, qui fut jusqu'à l'arrivée de
Viotti le virtuose favori du public parisien ;
il possédait « un beau son, une grande
justesse, surmontait en se jouant les difficultés, chantait excellemment l'adagio,
avait de piquantes originalités et savait
conserver une attitude simple et déga-

---

*quatro stromenti obligati con due Oboe e Corni da caccia ad
libitum, del Signor Diters.* A Paris, au bureau d'abonnement musical, etc.; elle fut annoncée avec cette notice :
« L'andante est dans le genre de la musique allemande,
le premier allegro dans celui d'Italie, l'allegretto
anglais, le menuet français, le trio turc et le dernier
allegro est une imitation de toutes les musiques en
général. »

gée » (1). Janson et Duport le jeune restaient
les représentants attitrés du violoncelle ;
Vidal jouait de la guitare ; Rault, de la
flûte ; Lachnith, Punto, Palsa et Thür-
schmidt (2) se faisaient applaudir comme
cornistes ; Baer commençait à exécuter des
concertos de clarinette, et Lebrun, des
solos de hautbois ; Lejeune jouait du basson, et les frères Caravoglia se présentaient
ensemble comme hautboïste et bassoniste (3).

Un certain nombre de ces instrumentistes figuraient à titre ordinaire dans
l'orchestre du Concert, qui était composé
en 1775 de cinquante-huit exécutants, avec
Gaviniés et Leduc aîné pour premier et
second chefs :

Premiers violons : Capron, Lemière aîné, -
Imbault, Phelipeaux, Guerin, Lancet, Avoglio, Glachant, Moulinghem, Lalance, Gra-
nier, Debar, Bonnay. — *Seconds violons* :
Guenin, Lebel, Lebouteux, Venier, Fon-

(1) Ditters von Dittersdorf, *Leben's Erinnerungen*,
p. 234.

(2) Les gazettes transformaient ce nom en *Tierschmidt*.

(3) Plusieurs de ces artistes ont été mentionnés dans
les chapitres précédents, et presque tous ont une notice
dans la *Biographie des musiciens* de Fétis. Baer s'y trouve
sous l'orthographe Beer, et Punto à son véritable nom,
qui était Stich.

tesky, Durieux, Michault, Devaux, Le Breton, Bornet, Maréchal. — *Quintes* (altos) : Pieltain, Monin, Coppeaux, Lecuyer. — *Basses :* Duport, Nocher, Cupis, Lobri, Doublet, Barrière, Dureau, De Caix, Francotte, Haillot. — *Contrebasses :* Louis, Dargent, Hanot, Rochefort. — *Flûtes :* Rault, Duverger. — *Hautbois :* Besozzi, André, Berault. — *Clarinettes :* Klein, Reiffer. — *Bassons :* Richard, Petit, Cugnier, Felix. — *Cors :* Dargent, Moser. — *Trompettes :* Renel, Braun. — *Timbales :* Ernest.

Le personnel vocal comprenait à la même époque cinquante-cinq chanteurs et cantatrices, dont quarante-quatre choristes et onze « voix récitantes », chargées des solos dans les grands motets ou les oratorios, et les « petits motets » qui servaient d'intermèdes entre les concertos ; ces onze solistes en titre étaient Platel, l'abbé Borel, Beauvalet, Legros, Tirot, Richer, Nihoul, Mmes Larrivée, Charpentier, Billioni et Davantois (ı). Il faut ajouter à leurs noms ceux de quelques cantatrices et chanteurs qui

_____

(ı) Charles Platel, Nicolas Borel et Nihoul faisaient partie de la musique du Roi ; les deux premiers étaient de plus gagistes à la Sainte-Chapelle. — Beauvalet et Tirot chantaient à l'Opéra, Mme Billioni, à la Comédie-Italienne.

vinrent pendant la durée de la même direction interpréter divers petits motets, et
principalement des airs italiens : Naudi,
Mme Avoglio (1773), Mlle Farinella, Mlle Plan-
tin (1775), Mlle Giorgi, Mme Balconi-Caravoglia (1).

---

(1) Barthélemy Naudin, qui se faisait appeler Naudi,
était attaché à la musique du Roi et à la Sainte-Chapelle. — Francesca Farinella appartenait à l'Opéra de
Londres.— Mlle Giorgi, qui débuta au Concert spirituel
le 1er novembre 1776, avec un succès complet, y chanta
pendant l'hiver de 1776-1777, donna le 15 janvier 1777
un « concert de bénéfice » dans la salle des Tuileries,
parut au Concert des Amateurs dans la même saison, et
revint à Paris deux ans après, pour paraître dans les
représentations italiennes de la troupe des Bouffons à
l'Opéra, le 29 juillet 1779. Son succès dépassa encore
celui qu'elle avait obtenu aux concerts. Mais les représentations ayant cessé peu de mois après, Mlle Giorgi
partit pour Vienne, puis pour l'Italie, où elle se maria
et continua la carrière lyrique sous le nom de Mme Banti.
L'article que Fétis lui a consacré au mot *Bandi*, et qui
est en grande partie emprunté au Dictionnaire de Choron et Fayolle, donne de ses débuts à Paris un récit fort
inexact. Une brochure : *Vita di Brigida Banti, nata
Giorgi*, a été publiée par son fils, Giuseppe Banti. S. 1.,
1869, in-8°.

XI

ORSQUE, dans les premiers mois de 1777, après la mort de Leduc, ses deux associés, Gossec et Gaviniés, quittèrent la direction du Concert spirituel, la succession de leur bail fut mise aux enchères, et le chanteur Legros dut promettre, pour l'obtenir, une redevance annuelle de six mille livres. Il choisit pour chef d'orchestre le violoniste La Houssaye, et donna son premier concert le 16 mars 1777 (1). Son installation excita

---

(1) Joseph Legros, malgré ses fonctions de directeur du Concert, continua jusqu'à 1783 de chanter les rôles de haute-contre à l'Opéra. Né le 8 septembre 1739, il avait débuté au Concert spirituel le 26 mars 1763, à l'Opéra, le 1er mars 1764. Retiré du théâtre en 1783, il conserva jusqu'à 1791 l'entreprise du Concert et mourut à La

chez le public une curiosité qui s'était ma-
nifestée à chaque occasion semblable ; il y
eut foule aux premières séances, et, sans
se souvenir que l'on avait loué Gossec
d'avoir augmenté l'orchestre, on félicita
Legros dès qu'il l'eut diminué : « M. Legros, dit-on, a pris un parti qui prouve
combien son goût est exercé... Il a senti
que le nombre des instruments devoit être
relatif au lieu de la scène, et que, le plus
souvent, avec un moins grand nombre de
concertans, on pouvoit produire de grands
effets. Il a diminué en conséquence le
nombre des exécutants, tant dans l'orchestre que dans les chœurs. Aussi la première symphonie qui fut jouée fit-elle sur
les spectateurs une impression absolument
nouvelle. Cette symphonie est de M. Gossec... Elle ne fut reconnue d'aucun des
spectateurs » (1). On se réjouit bientôt de

Rochelle le 20 décembre 1793. Voyez CAMPARDON,
L'Académie de musique, etc., t. II, p. 98 et suiv. — A Pierre
La Houssaye succédèrent, comme chefs d'orchestre du
Concert spirituel, Rey en 1782, Rigel fils en 1787, et
Bertheaume en 1789.

(1) *Journal de Paris* du 22 mars 1777. — *Les Mémoires
secrets*, à la date du 8 avril 1777, disent aussi que Legros
avait « diminué le nombre des concertants dans l'orchestre et dans les chœurs ». Malgré ces deux témoignages,
la réduction semble n'avoir porté que sur les chœurs.

ce que le Concert était « presque italia-
nisé », en ajoutant que « pour la partie instrumentale », il était « le mieux composé
de l'Europe », et que Legros lui avait
donné « une face entièrement nouvelle » (1).

La reine Marie-Antoinette y daigna
venir, pour la première fois, quelques jours
après le changement de direction, le lundi
31 mars 1777 ; elle entendit deux symphonies de Gossec, la *Sortie d'Egypte* de Rigel, trois concertos successivement joués
par Lebrun, Jarnowick et Punto, et deux
airs italiens chantés par Mlle Danzi; par
un caprice inexpliqué, elle refusa au seul
Jarnowick la flatteuse faveur d'être applaudi par elle (2).

Mlle Danzi était une jeune cantatrice récemment arrivée à Paris, dont la voix
légère de soprano aigu, admirée d'abord
comme « très étendue, douce, juste et
flexible », fut jugée, après réflexion, « plus
étonnante que séduisante ». Son répertoire, tout italien, et principalement les

---

L'*Almanach des spectacles* de 1778 énumère cinquante-huit
instrumentistes, comme en 1775, mais vingt-huit choristes seulement (dont deux surnuméraires) au lieu de
quarante-quatre.

(1) *Mémoires secrets*, 8 et 12 avril 1777.
(2) *Mémoires secrets*, 1er avril 1777.

airs qu'elle chantait avec un accompagnement de hautbois exécuté par Lebrun,
charma les dilettantes, et son succès mit
immédiatement un atout dans la main
du nouveau directeur (1); Legros y aper-
çut une indication utile de la marche à
suivre pour attirer aux Tuileries un nombreux auditoire, et on le vit s'appliquer à
découvrir et à engager le plus possible de
chanteurs italiens. Savoj, qui chanta depuis le 15 août 1777, fut applaudi à outrance ; Mme Farnesi, Mme Balconi-Caravoglia, Mlle Davies, dite l'Inglesina, Mlle
Ravizza, Mme Hitzelberger, parurent coup
sur coup. Le fameux ténor Raaff, pendant
le carême de 1778, conquit, malgré ses
soixante-quatre ans, les suffrages du public (2). Amantini et Manzoletti précé-

(1) Francesca Danzi chanta presque à chaque séance,
depuis le 17 mars jusqu'au 8 mai 1777. Ayant épousé
vers cette date le hautboïste Lebrun, elle fit avec lui de
grandes tournées de concerts, au cours desquelles elle
revint à Paris, en 1779, et se fit entendre de nouveau
plusieurs fois au Concert spirituel.

(2) Pendant son séjour à Paris, Antoine Raaff logea
chez Legros et eut de fréquents rapports avec Mozart,
qui jugeait sévèrement, et avec toute l'irrévérence de la
jeunesse, le vieux ténor sans voix. Au contraire, dix ans
plus tard, Kelly admirait encore l'art délicat et le style
pur du chanteur septuagénaire. Voyez la lettre de
Mozart à son père, du 16 novembre 1777, dans la tra-

dèrent, dans l'automne suivant, la triom-
phale apparition de Mme Todi, qui débuta
le 1er novembre 1778 et surpassa en talent
et en succès tout ce qui s'était vu jusque-là
au Concert spirituel; le ravissement des
amateurs s'accrut à chaque audition nouvelle; on proclama Mme Todi « la plus ac-
complie des cantatrices étrangères qu'on
ait admirées dans cette capitale », et ses
voyages répétés lui valurent des applaudissements enthousiastes (1), que n'obtenaient au même degré ni Mme Danzi-Le-
brun, ni Rovedino, Nonnini ou Tosoni, ni
Mmes Marchetti, Seeman-Cesari, Cifolelli,
Ferrandini, Chiavacci ou Dorcetti (2).

Seule, Mme Mara parvint, en 1782-1783,
à contrebalancer l'extraordinaire vogue de
Mme Todi. Les amateurs, divisés en to-

duction française des *Lettres de Mozart* par H. de Curzon, p. 131 ; — Otto JAHN, *W.-A. Mozart*, t. II, p. 82,
260, 283, 302 ; — Michel KELLY, *Réminiscences*, t. I,
p. 282.

(1) Mme Todi revint chanter au Concert spirituel en
1779-80, en 1783 et en 1789. Voyez, sur cette célèbre
artiste, la notice publiée en langue portugaise par J. de
Vasconcellos : *Luiza Todi, estudo critico*, Porto, 1873.

(2) La plupart de ces chanteurs faisaient partie de la
troupe italienne qui donna en 1778-79 des représentations à l'Opéra. — Nonnini, qui avait peu de voix, réus-
sissait mieux au Concert comme mandoliniste que
comme chanteur.

distes et maratistes, échangèrent des épigrammes et s'épuisèrent en raisonnements; les deux cantatrices rivales, après avoir chanté séparément à des jours différents, se livrèrent dans une même séance un assaut suprème, d'où elles sortirent victorieuses toutes deux, en des genres opposés : Mme Mara fut proclamée « la plus parfaite qu'on ait entendue pour charmer l'oreille », et l'on décerna la palme à Mme Todi dans l'art de « remuer le cœur et le pénétrer (1) ».

L'*italianisation* du Concert ne consistait pas seulement dans la fréquence des auditions de chanteurs étrangers; Legros faisait encore interpréter des airs italiens par des cantatrices françaises, plus ou moins pliées aux méthodes ultramontaines : les deux demoiselles Buret, Mlle Duchâteau, Mlle Neufchâtel, Mlle Renaud aînée, Mme Vaillant; en même temps, le répertoire s'alimentait en grande partie d'œuvres signées de noms italiens. La première nouveauté importante offerte par la direction Legros avait bien été, le 29 mai 1777, un *Te Deum* « à grand chœur et deux

---

(1) *Mémoires secrets*, 29 avril 1783. — La biographie de Gertrude-Elisabeth Mara, née Schmeling, a été plusieurs fois écrite, et en dernier lieu par A. Niggli, dans : *Sammlung musikalischer Vorträge*, t. III, p. 165 et suiv.

orchestres » de Floquet; mais on avait eu soin de le mettre sous la protection des piccinnistes, en le disant rapporté d'Italie et approuvé par les meilleurs maîtres de ce pays; il avait été cependant peu goûté; son double orchestre, représentant « deux armées en présence », n'avait pas produit l'effet attendu, et Floquet, une fois de plus, s'était vu accuser « d'un pillage continuel » (1). Legros, puisant directement aux sources italiennes, mit coup sur coup à ses programmes un *Lauda Sion* d'Anfossi, un *Qui habitat*, un *Cum invocarem*, un *In te Domine speravi* de Sacchini (2), un *Requiem* et un oratorio d'Alessandri, d'autres motets encore de Prati, Jommelli, Bonesi, Piccinni. Un petit nombre d'auteurs allemands venaient s'y ajouter : de Holzbauer, on chantait sans succès un *Miserere* (1er novembre 1777) qu'à son arrivée à Paris Mozart reçut de Legros la mission d'agrandir et de compléter (3); — de l'abbé

(1) *Mémoires secrets,* 30 mai 1777; *Journal de Paris,* 31 mai; *Mercure,* juin 1777, p. 165.

(2) Les exécutions de ces trois motets, — 15 août et 1er novembre 1777, et 13 avril 1778, — furent postérieures aux représentations de *La Colonie* (1776) et antérieures à l'arrivée de Sacchini à Paris (1781).

(3) La nouvelle exécution de ce *Miserere,* avec les additions de Mozart, passa complètement inaperçue;

Vogler, un *Magnificat* et un *Lauda Sion* (1).
Les musiciens français, menacés de se
voir reléguer au second plan, commençaient à s'irriter, et l'un d'entre eux, Prosper
Deshayes, blessé des critiques formulées
contre son oratorio des *Macchabées*, écrivait aux journaux une lettre amère où il
posait le principe, si souvent réédité depuis
dans des occasions semblables, qu' « il est
malheureux pour un musicien français
d'être né dans son pays » (2).

Gossec, cependant, qui était depuis long-

---

elle dut avoir lieu le 16 ou le 17 avril 1778. Cinq ans
après, le 13 avril 1783, le programme du Concert spirituel annonce de nouveau quelques « versets du *Miserere*
de Holzbauer » chantés par Chéron et M\ue Maillard. —
Pour le travail de Mozart, voyez ses *Lettres*, traduites
par H. de Curzon, p. 196 et suiv., et l'étude de M. Ad.
Jullien, *Mozart, ses séjours à Paris*, dans le *Correspondant*
du 25 septembre 1873.

(1) Déjà le 30 mars 1779, Mme Lebrun-Danzi avait
fait connaître au public du Concert un air de l'abbé
Vogler ; ses deux grands motets furent donnés les 17 avril
et 14 juin 1781 ; Punto joua, le 17 mars 1782, un concerto pour cor, qu'il répéta le 17 avril dans le Concert
au bénéfice de Mme Mara ; le 8 mars 1783, l'abbé
exécuta lui-même la partie de piano-forté dans un duo
où Hartmann tint la partie de flûte. Ces mentions doivent servir d'errata à un passage de notre étude
L'abbé Vogler à Paris en 1781-83, publiée dans les *Archives
historiques, artistiques et littéraires*, t. II, p. 150 et suiv.

(2) *Journal de Paris*, 6 avril 1780.

temps « arrivé », conservait les sympathies du public; sa *Nativité,* jouée presque chaque année, ne cessait pas de plaire; une de ses symphonies, — « fait sans précédent », — avait un beau jour été bissée; son *O salutaris* à trois voix sans accompagnement, salué comme une « nouveauté très piquante », recevait à sa première audition, en 1782, le même honneur et devenait aussitôt l'un des morceaux favoris du répertoire (1); si le *Domine salvum* à trois voix, que Gossec lui donna pour pendant (6 avril 1784), réussit moins brillamment, le *Christe redemptor,* au contraire, parut très souvent sur l'affiche. Le public se montra

---

(1) Ce morceau célèbre avait été improvisé dans un déjeuner à Chennevières, chez de La Salle, pour être chanté le même jour, dans l'église du lieu, par trois des convives, Lays, Chéron et Rousseau. Les mêmes artistes en furent pendant plusieurs années les interprètes ordinaires au Concert spirituel. Pour pouvoir faire entendre le morceau aux sans-culottes, pendant la Révolution, on lui donna le travestissement du bonnet rouge, et l'on en publia une édition intitulée : *Hymne à la liberté, par Caron, sur le chant de l'O salutaris, à trois voix, par Gossec;* Paris, au magasin de musique à l'usage des fêtes nationales. Lachnith et Kalkbrenner l'introduisirent dans le pastiche qu'ils donnèrent à l'Opéra en 1803, sous le titre de *Saül,* et qui fut repris en 1818. De bizarres exécutions par trois cors au lieu de trois voix eurent lieu en 1792 et 1811 dans des exercices d'élèves du Conservatoire.

ravi de l'oratorio *L'Arche d'alliance*, chanté
pour la première fois le 22 avril 1781 par
Lays, Rousseau, Mme Saint-Huberty et
Mlle Renaud, et dans lequel fut surtout
apprécié un morceau accompagné par deux
harpes, Cousineau fils et Renaudin; le
même ouvrage, exécuté en 1782, sous la
direction de l'auteur, lui valut une chaleu-
reuse ovation. Enfin, le grand *Te Deum* de
Gossec vint prendre, à côté de la *Messe
des morts*, une place capitale dans l'œuvre
considérable de ce hardi musicien. On
l'entendit pour la première fois au Concert
spirituel en 1779, le jour de la Fête-Dieu,
et tout en y apercevant « beaucoup de
mouvements et de grands effets d'harmonie », on observa que l'artiste avait
« confondu les transports de l'allégresse
avec ceux de la fureur » (1); cette impression s'effaça pour faire place à une entière
admiration; le verset *Judex crederis* fut
regardé comme le point culminant de la
nouvelle partition; Gossec, se souvenant

---

(1) *Mercure*, juin 1779, p. 170. — Cette critique s'ac-
corde avec les remarques de M. Julien Tiersot sur les
« rythmes d'airs à danser » et les « mélodies en genre
rococo », qui interrompent la gravité générale de
l'œuvre. Voyez l'article de M. J. Tiersot, *Trois chants du
14 juillet*, dans la *Revue internationale de musique* du
1er août 1898.

certainement de Calvière et de Daquin,
avait su les surpasser, les faire même
oublier; il avait mis en jeu des moyens
inconnus pour « peindre le tremblement
de terre et le bouleversement de la nature »;
chacun convenait avoir entendu « peu de
musique dont l'effet soit aussi terrible »,
aussi « effrayant »; ce morceau « occasion-
nait dans toute l'assemblée un mouvement
sensible », heureusement « calmé sur-le-
champ par la douceur et le beau pathétique » du verset suivant : *Te ergo quæsumus* (1). Lorsque sonna le premier anniver-
saire de la prise de la Bastille, Gossec
n'eut qu'à augmenter d'un orchestre militaire, d'une bande de tambours et d'une
pièce d'artillerie l'instrumentation de son
Te Deum, pour l'approprier à l'exécution
en plein air de la fête de la Fédération
(14 juillet 1790).

---

(1) *Journal de Paris* des 30 novembre et 27 décembre 1783. Ces deux articles sont relatifs aux exécutions
du *Te Deum* en l'église Saint-Eustache, le 26 novembre,
pour la Sainte-Cécile, avec une messe et un *Domine
salvum* du même auteur, et au Concert spirituel, le 24 décembre. — Le *Te Deum* de Gossec, dont la bibliothèque
du Conservatoire de musique possède le manuscrit
autographe, a été publié, en réduction pour piano et
chant, par M. Constant Pierre, dans son recueil *Musique des fêtes et cérémonies de la Révolution*, p. 1 et suiv.

Après Gossec, Rigel semblait, au Concert spirituel, un des auteurs nationaux les plus favorisés; il contribuait au répertoire par quelques petits motets, des symphonies et trois oratorios : la *Sortie d'Egypte*, la *Destruction de Jéricho* et les *Macchabées*. Ce genre de composition devenait la meilleure ressource des musiciens français, et l'on voyait se succéder le *Combat de David et Goliath* de Saint-Amans (25 mars 1777), — *Suzanne* de Bambini (18 juin 1778), — *Esther* d'Edelmann (8 avril 1781), — *Judith* de Bonesi (3 juin 1781), — *Jephté* de Vogel, particulièrement bien accueilli (8 septembre 1781), — les *Fureurs de Saül* de Giroust (1er novembre 1781), au contraire peu applaudies, parce que le style en parut vieilli et que le musicien fut accusé d'avoir « manqué au poète » (1), — la *Mort d'Absalon* de Le Noble (1er novembre 1782). Un « hiérodrame » de Valentin fut tiré du *Samson* de Voltaire; une ode de J.-B. Rousseau servit de texte à la première composition de Méhul (17 mars 1782) : Mlles Buret et Chéron en interprétèrent les soli, et le *Journal de Paris* nota que l'auteur, « âgé seulement de dix-huit ans et demi » donnait

(1) Le poète était Moline, auquel Vogel devait aussi le livret de *Jephté*.

« les plus grandes espérances » (1). Quelques morceaux de circonstance se glissaient aux programmes : le combat d'Ouessant (2) fut célébré par une ode de Gilbert, mise en musique par Lemoyne (8 décembre 1778); la naissance du Dauphin procura une cantate de Piccinni et une ode de Mereaux sur des vers de Moline (1er novembre et 8 décembre 1781); et la mort de l'impératrice Marie-Thérèse donna lieu à l'audition d'une *Apothéose* composée par Rochefort.

Pendant le carême de 1781, Legros imagina très habilement d'opposer au *Stabat Mater* de Pergolèse ceux de Haydn et d'un religieux portugais, le P. Vito. Mme Saint-Huberty, Mlle Duchâteau, Lays, Chéron et Adrien furent chargés des soli dans les trois partitions. Rien ne pouvait flatter les amateurs plus que de les appeler ainsi à comparer et à discuter les mérites respectifs de plusieurs musiciens appartenant à des écoles et à des nationalités différentes; l'œuvre du P. Vito fut la moins favorablement jugée, et bien que l'on admirât dans celle de Haydn « des morceaux

---

(1) *Journal de Paris* du 23 mars 1782.

(2) Victoire navale de l'amiral français d'Orvilliers sur la flotte anglaise de l'amiral Kessel, le 27 juillet 1778.

sublimes et pleins d'énergie », la force de l'habitude autant que le raisonnement firent trancher la question en faveur de Pergolèse (1). De nouvelles auditions du *Stabat Mater* de Haydn obtinrent l'année suivante un succès plus décidé (2); en 1783, celui de Beck échoua complètement (3).

---

(1) Le P. Vito, après son *Stabat*, annonça deux séances musicales dans l'église des Augustins, où il devait toucher l'orgue et faire entendre de ses ouvrages ; l'archevêque de Paris, trouvant « peu convenable à la modestie d'un religieux de s'offrir ainsi en spectacle », l'arrêta dans son projet ; il se rabattit alors sur une sorte de tournoi musical, où il s'offrit à lutter publiquement de science contre tous les musiciens qui se présenteraient ; le défi tourna à sa confusion, et Gossec en particulier mit du pédantisme et de l'acharnement à démontrer, dans des lettres envoyées aux journaux, l'insuffisance technique du religieux portugais, qui partit de France avant la fin de l'année 1781. Voyez, sur son séjour à Paris, les *Mémoires secrets* des 14 avril et 6 mai 1781, et le *Journal de Paris* des 15 et 29 avril, 14, 18 et 23 juillet, 1er et 10 août, 5 septembre 1781, et 28 mars 1782.

(2) Le *Stabat Mater* de Haydn avait été composé en 1773 et comprenait treize morceaux, dont dix seulement furent exécutés au Concert. Après leur première audition, Legros écrivit au maître une lettre « pleine de beaux compliments ». Voyez C.-F. POHL, *Jos. Haydn*, t. II, p. 65, 174, 336.

(3) Sa chute fut attribuée à une cabale suscitée par le chef d'orchestre Rey contre Beck, nouvellement arrivé de Bordeaux, et que Legros, disait-on, voulait lui substituer au pupitre. Voyez les *Mémoires secrets* des 24 et 26 avril 1783.

En général, la « musique latine » et les
« grands motets » n'excitaient « plus guère
d'intérêt » (1); les partisans de la musique
italienne décriaient systématiquement une
forme de composition héritée de l'ancienne
école française; les gluckistes, voulant
faire partout prévaloir le principe de l'expression et de la vérité dramatique, repro-
chaient à certains textes liturgiques l'absence « d'images et de sentiments » (2);
quelques personnes, enfin, énonçaient des
critiques d'ordre religieux, qu'il faut seulement s'étonner de ne voir s'élever qu'après
soixante années de fonctionnement du Concert : « Le beau monde, dit Mercier, est si
affamé de spectacles à Paris, qu'il ne saurait encore s'en passer aux jours marqués
par la religion et consacrés par elle aux
offices divins »; le personnel et le public de
l'Opéra se transportent donc au Concert
spirituel, où « les motets deviennent des représentations théâtrales... Quelque aguerri
que soit l'observateur aux singulières con-
tradictions de nos coutumes, il ne se fait

(1) Le *Mercure* de février 1783, p. 128, constate ce fait
à propos d'un motet de B. Jumentier.

(2) C'est la singulière critique adressée à l'Oraison
dominicale par le rédacteur de l'*Almanach musical
pour 1782*, p. 70, à l'occasion d'un *Pater noster* de l'abbé
Schmitz.

pas à l'idée de voir les membres excommu-
niés de l'Opéra chanter sous des parures
mondaines ces psaumes que les prêtres
chantent le même jour en habits sacerdo-
taux dans les temples, où la multitude
recueillie se prosterne et adore. La chanteuse ne comprend pas toujours le sens des
paroles qu'elle profère; mais elle obéit à la
note, et beaucoup de gens n'ont point
entendu dans toute leur vie d'autres vêpres
que celles qui se disent au Concert spirituel
par l'organe enchanteur des acteurs de
l'Opéra. » (1) Mme d'Oberkirch, qui semble
d'ailleurs avoir lu le *Tableau de Paris,*
reprend les mêmes arguments : « Les concerts spirituels remplacent l'Opéra, dit-elle;
ce sont les mèmes virtuoses et le même
orchestre; seulement, ils sont en habit de
ville et non de théâtre... On chante le *De
profundis* et le *Miserere* à grand chœur.
Cela me déplaît. Nos oreilles protestantes
ne se font point à entendre psalmodier des
histrions. Les catholiques y sont si bien
habitués que les abbés même s'y rendent en
foule... (2). »

----

(1) Mercier, *Tableau de Paris,* édit. Amsterdam, 1782,
t. V p., 341 et suiv.

(2) *Mémoires de la baronne d'Oberkirch,* publiés par le
comte de Montbrison, t. II, p. 181 et suiv. Ce passage

Pour des motifs purement musicaux, le public se plaignait en même temps de l'abus des concertos, reprochant aux virtuoses tantôt de s'absorber dans les « difficultés » et tantôt de ne vouloir exécuter, au lieu des œuvres des maîtres, que leurs propres compositions, remplies de réminiscences. « d'images puériles, d'encadrements enfantins et de mesquines idées ». Sans cesse apparaissaient de nouveaux instrumentistes. Sur la fin de 1777, était arrivé le bassoniste Ritter; en 1778, Schick, Lefebvre, Pieltain, Haucke, Mlle Deschamps, jouèrent des concertos de violon; Antoine Stamitz, des solos d'alto viola; le petit Zygmuntowsky, « enfant de sept ans », déguisé en matelot et perché sur une table, joua du violoncelle; le hautboïste Ramm, les flûtistes Wendling et Wunderlich, le clarinettiste Wolf, le bassoniste Destouches, les frères Perronard, parurent seuls ou groupés dans des symphonies concertantes; Krumphholtz rem-

---

est relatif à l'année 1786. On y reconnaît, ainsi que dans l'extrait précédent de Mercier, le germe lointain de quelques-unes des sages et justes idées si fortement et brillamment exposées par M. Vincent d'Indy dans ses articles : *L'Art en place et en sa place*. (*Tribune de Saint-Gervais*, année 1898.)

porta de grands succès comme harpiste;
en 1779, furent entendus Neveu, qui
touchait un « forté-piano organisé », et les
violoncellistes Janson jeune et Bréval; en
1780, on applaudit d'autant plus volontiers
le bassoniste Ozi, qu'on le prit pour un Italien; Mlle Mudrich fit admirer sa « volubi-
lité » sur la flûte et, le même soir, Mme Po-
korny sonna du cor ; Mlle Duverger joua de
la harpe; Rathé, de la clarinette; Eigenschenk, Bruni, Fodor, Vernier fils, du violon, et ce dernier, par son âge tendre,
excita la « sensibilité » des auditeurs : cet
enfant, supposa l'un d'eux, a dû, « pour
parvenir à ce degré de perfection, longtemps mouiller de ses larmes l'instrument
de notre plaisir » (1).

Le début de l'excellent clarinettiste
Michel Yost, dit Michel, eut lieu le 2 fé-

---

(1) *Journal de Paris,* du 4 novembre 1780. — Presque
tous ces articles sont nommés dans la *Biographie univ.
des musiciens,* de Fétis. — J.-B. Krumphholtz avait été à
Esterhaz l'élève de Haydn, de 1773 à 1776. Voyez
C.-F. POHL, *Jos. Haydn,* t. II, p. 101. — Vander
Straeten a décrit, dans la *Musique aux Pays-Bas,* t. IV,
p. 391, deux œuvres de Neveu. — Sur Wendling, voyez
les *Lettres de Mozart,* trad. par H. de Curzon, p. 147 et
suiv., et OTTO JAHN, *W.-A. Mozart,* t. II, p. 104, 130,
153. — Deux frères Eigenschenk, l'aîné clarinettiste, le
cadet violoniste, faisaient partie de la musique du Roi.

vrier 1781 ; dans les mois suivants furent applaudis le corniste Lebrun, les flûtistes Hugot et Hartmann, les violonistes Perignon, Gross, Isabey. L'année 1782, marquée en lettres d'or dans l'histoire du Concert, vit paraître, auprès de Mme Mara, le violoniste Viotti, qui balança ses succès, et dont le nom s'imposa, pour survivre à ceux de presque tous ses rivaux. La monnaie de ses triomphes fut recueillie par Wachter et Soler, clarinettistes, Monzani, « cor de chasse anglais », Devienne, flûtiste, Tulou, bassoniste, et Mlle Steckler, harpiste, élève de Krumphholtz, qu'elle allait bientôt épouser. En 1783, Julie Candeille dut à sa beauté autant qu'à son talent de pianiste-compositeur de vifs applaudissements ; Alday, Borck et Guérillot prirent au-dessous de Viotti une place modeste ; ils eurent pour rivaux, en 1784, Blasius, Gervais et Dumas, violonistes, auprès desquels parurent, comme pianistes ou clavecinistes, Le Pin, Mme Guedon, et la sympathique aveugle Mlle Paradies (1).

---

(1) De nouveau nous renvoyons à Fétis, qui mentionne la plupart de ces virtuoses. — Le début de Viotti au Concert spirituel eut lieu le 17 mars 1782 ; il s'y fit entendre pour la dernière fois le 8 septembre 1783 ; plusieurs extraits d'écrits contemporains se trouvent

Pour apprécier sainement le talent des virtuoses et la valeur des œuvres vocales ou instrumentales qui lui étaient présentées, le public avait encore beaucoup de progrès à faire. La crainte, en tous temps tenace, de la « musique savante » dictait aux amateurs, aux « philosophes », aux prétendus esthéticiens, des réticences et des protestations semblables à celles qu'avant et depuis cette époque l'on a vues et l'on peut voir encore s'élever contre les œuvres les plus belles et les plus durables. Les symphonies de Haydn, destinées cependant à une vogue si prompte et si longtemps exclusive en France, n'y furent pas reçues sans méfiance; en 1769, pour en assurer la vente, l'éditeur Bailleux les annonçait comme « écrites dans le style des grands maîtres (1) »; dix ans plus tard, le

reproduits dans le volume de M. A. POUGIN, *Viotti et l'école moderne de violon,* p. 21 et suiv. — Sur Julie Candeille, voyez une série d'articles du même auteur, publiés dans le *Ménestrel,* tome XLIX, p. 356 et suiv. — Henry-Noël Le Pin, né en 1767, avait été page de la musique du Roi et avait chanté au Concert spirituel des solos de motets, avant d'y exécuter quelques concertos de clavecin, qu'il fit graver chez Boyer; pendant la Révolution, il partit pour Saint-Pétersbourg, où il se fit une bonne situation de professeur de piano; revenu en France vers 1834, il mourut à Lunéville en 1849.

(1) *L'Avant-Coureur* du 2 octobre 1769.

Mercure reprochait à l'une d'elles « l'inco-
hérence des idées » (1); une nouvelle période de dix ans fut nécessaire pour les
acclimater et faire proclamer leur auteur
« toujours piquant et original, et quelquefois sublime » (2). L'oracle musical du *Mercure* concédait bien aux deux premiers
morceaux d'une symphonie de Mozart
« un grand caractère, une grande richesse
d'idées et des motifs bien suivis », mais il
abandonnait dédaigneusement le *finale*
aux « amateurs d'un genre de musique
qui peut intéresser l'esprit, sans jamais
aller au cœur » (3). Lorsqu'un Fran-

---

(1) *Mercure*, mai 1779, p. 291.

(2) *Journal de Paris* du 22 mars 1788.

(3) *Mercure*, juin 1779, p. 170. Mozart fit jouer au Concert deux symphonies, l'une le 18 juin 1778, l'autre le
8 septembre 1778, peu de jours avant son départ de
Paris. Une seule figure au catalogue de Köchel, sous le
n° 297. Toutes deux, spécialement composées pour le
Concert spirituel, avaient été vendues à Legros par le
compositeur; le *Journal de Paris* du 23 février 1779
annonça leur publication par souscription dans un
recueil intitulé : *Six nouvelles Symphonies à grand orchestre
qui ont été exécutées au Concert spirituel : deux de Sterkel,
deux del Signor Amedeo Mozartz, deux de Cannabich ;* chez
Legros, etc. Nous comptons une douzaine d'exécutions
de ces deux symphonies aux Tuileries du 18 juin 1778
au 3 avril 1789. Sur ces œuvres et sur le séjour de

çais, comme Rodolphe, s'avisait de clore un motet par un chœur fugué, on le blâmait d'avoir adopté « un genre de musique digne des Goths, qui en sont les inventeurs » (1), et l'on exhortait le directeur du Concert à imposer ses « conditions » aux virtuoses et aux compositeurs, « attendu que le profit se trouve à plaire au plus grand nombre », et non point à « étonner quelques-uns de leurs rivaux » (2).

Legros, malgré son activité, n'arrivait donc pas mieux que ses prédécesseurs à l'impossible rêve de contenter tout le monde, et de réaliser de florissantes recettes. Après trois ans d'exercice, il avait dû solliciter du comité de l'Opéra un allègement de ses charges, en représentant qu'il avait « beaucoup perdu » sur son entreprise, les frais de chaque concert

---

Mozart à Paris, voyez les *Lettres de Mozart*, trad. par H. de Curzon, p. 211 et suiv.; G. BERTRAND, *Les Nationalités musicales*, p. 74 et suiv.; le travail déjà cité de M. Ad. Jullien, dans le *Correspondant* du 25 septembre 1873; V. WILDER, *Mozart*, p. 114. Ce sujet, que l'on pouvait croire épuisé, a été repris, mais non renouvelé, par M. Buffenoir, dans la *Rivista musicale italiana*, 1898, vol. V, p. 694 et suiv.

(1) *Mercure*, mai 1779, p. 291.

(2) *Journal de Paris*, 16 mai 1779.

atteignant quinze cents livres. L'examen
de ses comptes prouva que ses plaintes
n'étaient pas exagérées; il fut donc convenu
qu'à dater de Pâques 1780, Legros paierait
simplement un quinzième de la recette
nette, ce qui réduisait son loyer à une
somme d'environ trois mille livres par an (1).
Pour reconnaître de façon moins onéreuse
les services des virtuoses en renom dont la
présence faisait tomber dans sa caisse les
beaux écus de six livres, Legros essaya du
système des « concerts de bénéfice », donnés à titre exceptionnel, dans sa propre
salle : Mme Todi, Mme Mara et Viotti eurent
ainsi chacun leur séance, en mai 1783.
C'était créer de dangereux précédents, et
bientôt il fallut promettre le même avantage
à des étoiles de troisième grandeur, leur
garantir un minimum de recettes et se
défendre, en cas d'échec, contre leurs reven-
dications; ainsi en arriva-t-il notamment
en 1785, avec Mlle Wendling, que Legros
avait appelée d'Allemagne, sur les instances
de son père, en lui offrant trois mille livres
d'honoraires, six cents livres de frais de
voyage, et « un concert à son bénéfice,
dont il lui bonifierait la recette à la somme
de douze cents livres ». La cantatrice avait

(1) Archives nationales, O¹ 621.

été froidement accueillie du public, et son insuffisance servait à Legros de prétexte pour refuser de tenir la dernière clause de son engagement (1).

Une autre complication était survenue en 1784. Louis XVI revenait habiter les Tuileries, et le Concert spirituel se trouvait exclu du local où depuis 1725 il avait gratuitement reçu l'hospitalité royale. Une symphonie de Haydn, encore inconnue en France, et qui avait été composée pour une pareille occasion, fut choisie par Legros pour clore sa dernière séance dans l'ancienne salle : le finale s'achevait d'une manière comique, par une sorte de pantomime où tous les instrumentistes, l'un après l'autre, se levaient, soufflaient leurs bougies et sortaient, laissant pour la dernière mesure un violon seul à son pupitre. La plaisanterie fut goûtée, et le public, peu de jours après, alla chercher le Concert dans la salle des Machines, au même palais des

---

(1) Archives nationales, O¹ 621. On a vu dans les chapitres précédents que Jean-Baptiste Wendling avait paru au Concert spirituel, comme flûtiste, en 1751, — en 1752 avec sa femme, la cantatrice Dorothée Wendling, née Spourni, — en 1778 seul, et de nouveau avec sa femme en mars et avril 1780. Mlle Augusta Wendling, leur fille, chanta aux concerts des 8 décembre 1784, 2 février, 15, 18, 21, 22, 23 et 26 mars 1785.

Tuileries, salle « horriblement enfumée »,
mal éclairée, d'une « mesquinerie affreuse »,
et, détail plus fâcheux, médiocrement
favorable à la musique (1).

La prédominance de l'oratorio, de l'ode
et de la scène française sur le motet, continua de s'accuser dans cette nouvelle
phase de la direction Legros. Tout en
accordant place à deux chœurs latins du
maître de chapelle prussien Reichardt, à
plusieurs grands motets nouveaux de J.-F.
Lesueur, de Candeille et de Lepreux (2),
au *Te Deum* de Philidor, — qui avait voulu
aussi se signaler par un terrible *Judex
crederis* (8 décembre 1786), — à des frag-

---

(1) *Mémoires secrets*, 15 et 17 avril 1784; *Mercure*,
avril 1784, p. 178, et mai 1784, p. 21.

(2) J.-François Lesueur, né au Plessiel, près Abbeville, le 15 février 1760, élève de la maîtrise d'Amiens,
fut maître de chapelle de l'église des SS. Innocents
avant d'obtenir, en juin 1786, le même poste à Notre-
Dame. Les motets qu'il donna au Concert spirituel
furent un *Beatus vir* (21 mars 1782), un *Magnificat*
(5 avril 1782), un *Super flumina* (20 mai 1784) et un *Dilexi*
(10 avril 1786). — Pierre Candeille fit chanter un *Lauda
Sion* (1780), un *Magnificat* (1783), un *Crucifixus* (1788). —
André-Etienne Lepreux, maître de musique de la
Sainte-Chapelle du Palais, donna un motet en 1784, et,
le 1er novembre 1788, une composition sur le texte de
Santeuil *Cœlo quos eadem;* il mourut peu de semaines
plus tard, le 12 décembre 1788.

ments des *Sept paroles du Christ* de
Haydn (1), l'habile entrepreneur ouvrit plus
volontiers ses portes aux œuvres composées sur des textes français et sur des
sujets parfois bibliques, parfois vaguement
religieux, parfois encore franchement modernes, et inspirés par des événements
contemporains.

J.-Fr. Lesueur fit ainsi chanter, le 22
mars 1785, une *Ode* de J.-B. Rousseau; le
12 et le 15 avril 1786, des chœurs écrits
sur des poésies sacrées de Racine et de
Corneille; le 8 décembre de la même année, une cantate, *L'Ombre de Sacchini*,
qu'accompagna au programme l'oratorio
de ce maître, *Esther;* — l'abbé Lepreux
donna un *Jérémie* (15 mars 1785), et remit
encore une fois en musique les *Fureurs de
Saül* (24 décembre 1786); — Mlle Beaumesnil, qui prétendait au titre de compositeur
depuis qu'elle avait dû renoncer à celui de
cantatrice (2), reprit à Giroust le sujet des
Israélites poursuivis par Pharaon (8 décembre 1784), — Chardiny et Rigel fils

---

(1) L'œuvre de Haydn, composée en 1785, publiée
en 1787, fut exécutée partiellement au Concert les 11 et
17 avril 1789.

(2) Sur Mlle Beaumesnil, voyez CAMPARDON, *L'Académie de musique*, t. I, p. 49.

choisirent l'un après l'autre le *Retour de Tobie* (26 mars 1785 et 8 septembre 1787), et Deshayes rivalisa avec Rigel père pour un *Sacrifice de Jephté* (8 septembre 1786). On emprunta à Gossec ses *Chœurs d'Athalie* (17 mai 1787); — Lebrun donna une *Mort d'Abel* (7 juin 1787); — à huit jours de distance, en 1788, parurent deux *Jugements derniers,* l'un de Carbonel fils (22 mars), qui passa inaperçu, le second, annoncé sous le double nom de Gluck et de Salieri (30 mars), revendiqué presque aussitôt par Salieri conme sa seule propriété, et qui ne pouvait faire grand honneur ni à l'un, ni à l'autre maître (1). — Le même Carbonel fils composa, après Chardiny, une *Ode sur la mort du duc de Brunswick* (7 avril et 1er novembre 1787). Tomeoni, Candeille, Berton, Vion, Vignola, l'abbé Dedieu, Gossec fils, Foignet, Eler, con-

---

(1) Gossec avait écrit ses *Chœurs d'Athalie* pour une représentation à la cour, en 1786; sauf cette exécution au Concert spirituel, ils ne furent entendus à Paris qu'en 1791. — L'auteur de la *Mort d'Abel* était le chanteur Louis Séb. Lebrun, auquel le médiocre petit opéra du *Rossignol* devait procurer plus tard un certain renom de compositeur. — Le *Jugement dernier* de Narcisse Carbonel existe en ms à la bibl. de Rouen. — Sur le *Jugement dernier* de Gluck et Salieri, voyez Ad. JULLIEN, *La Cour et l'Opéra sous Louis XVI,* p. 277 et suiv.

tribuaient aux programmes par des œuvres
vocales de moindres dimensions, des odes,
des sonnets, des scènes et des cantates
religieuses, auxquelles on essayait d'imposer le titre de « hiérodrame » (1).

De nouveaux noms de compositeurs ap-
paraissent aussi dans le genre symphonique. On ajoute aux symphonies concertantes de Cambini et de Davaux celles de
Devienne, de Viotti, de Bréval, de Jadin
fils; aux symphonies à orchestre de Haydn,
Gossec, Sterkel, Cannabich, Toeschi,
celles de Reichardt, Cherubini, Candeille,
Rosetti, Ignace Pleyel et Blasius ; régulièrement, deux symphonies, et souvent
toutes deux de Haydn, figurent à chaque
programme.

(1) Le *Mercure* de mai 1785, p. 76, critiquait l'appli-
cation de ce vocable nouveau à des scènes chantées par
un seul personnage, attendu, disait-il, « qu'un monologue n'est point un drame ». Chabanon, dans son
volume anonyme, publié en la même année, *De la musique considérée en elle-même,* etc., consacre un court chapitre de la deuxième partie, p. 341, à l'explication du
genre « des oratorios ou hiérodrames »; il n'y a pas
longtemps, dit-il, qu'ils sont en usage parmi nous, et le
premier principe à suivre pour leur composition, c'est
qu'ils soient courts : « vingt-cinq ou trente minutes sont
la mesure du temps que l'on ne doit point excéder ».
C'étaient les proportions adoptées pour les oratorios
français depuis le temps de Mondonville.

Bien que l'on eût prétexté, pour con-
damner les motets, le peu de connaissance
que le public, et « les dames en particulier »,
avaient de la langue latine, le *Carmen seculare* de Philidor, composé sur le texte
d'Horace, obtint d'abord chez son auteur,
puis dans des séances extraordinaires organisées par lui aux Tuileries, un succès si
prononcé, que le Concert spirituel eut hâte
de s'en emparer. Sachant combien une
œuvre d'aussi longue haleine risquait cependant de lasser un public frivole et avide
avant tout de variété et d'amusement,
Legros prit pour le *Carmen seculare* la
même précaution que pour le *Stabat Mater*
de Haydn, et le coupa en fragments séparés
par divers morceaux de genre plus léger (1).

Au moyen de telles concessions, l'auditoire acceptait un peu de « musique sa-

(1) Philidor avait composé le *Carmen seculare* à Londres
et l'y avait fait exécuter trois fois en février et mars 1779.
A Paris, il le fit chanter chez lui en octobre 1779, puis
dans la salle des Tuileries, les 19 janvier, 14 et
17 mars 1780, 3 et 4 avril 1781, le 3 décembre 1783, le
4 octobre 1784; il ouvrit en janvier 1784, pour sa publication, une souscription qui ne fut pas couverte, le fit
graver cependant et le dédia à l'impératrice de Russie.
Au Concert spirituel, des exécutions fragmentaires
eurent lieu les 28 mars 1780, 8 décembre 1783, 2 et
7 avril 1786, 26 mars 1787 et 16 mars 1788.

vante ». Cet auditoire avait cependant de
grandes prétentions à se connaître en art,
et soit naturellement, soit par mode, il
était devenu extrêmement démonstratif; les
« petits maîtres », qui prétendaient donner
le ton à l'assemblée, exprimaient à haute
voix leur opinion pendant l'exécution, criant
« C'est superbe » ou « C'est détestable », et
joignant leurs battements de mains au bruit
de l'orchestre sans attendre la *coda*; pour
aider Legros à « italianiser » le Concert,
ils avaient adopté l'usage des mots *bravo*,
bravissimo, et ils demandaient souvent le
bis aux virtuoses (1). De bruyantes ovations
étaient faites aux compositeurs célèbres
qui venaient de temps à autre conduire
eux-mêmes leurs ouvrages (2). Mais les

(1) Le 15 août 1777, on fit recommencer à Savoj ses
deux airs italiens; le 13 avril 1778, le premier des deux
morceaux chantés par Raaff (un air de J.-Chr. Bach); le
8 décembre 1778, un des deux airs chantés par
Mme Todi; le 25 mai 1780, une partie du concerto de
Stamitz joué par Kreutzer, etc. Nous avons mentionné
le *bis* d'un morceau de symphonie de Gossec, le
7 avril 1777.

(2) Le succès ainsi obtenu par Gossec a été rapporté
plus haut. En 1781, les piccinnistes se réjouirent d'avoir
humilié les gluckistes par l'accueil réservé à leur maître
favori, lors de l'exécution d'un de ses motets (*Mémoires
secrets*, 3 février 1781.)

grands chanteurs surtout étaient fêtés.
Avec le ténor David, qui produisit, pendant le carême de 1785 une « sensation
prodigieuse », Legros réalisa de fructueuses
recettes ; après avoir chanté force airs
italiens, et fait sa partie dans le *Stabat* de
Pergolèse, David donna sous son nom une
nouvelle composition sur le même texte,
que son talent fit acclamer, mais qui déchut
légèrement dans la faveur publique dès que
son merveilleux interprète disparut, et que
son véritable auteur, Rispoli, fut dévoilé (1).

Après David vinrent Babbini, Mengozzi,
Mmes Benini, Baletti, Garnier-Canavas,
Mlle Maciurletti ; les « récitants » français
ordinaires du Concert, dans cette dernière
période de son existence, étaient Mlle Maillard, les deux sœurs Renaud, Mme Cléry,
Mme Vaillant, Lays, Rousseau, Chardiny,
Lebrun et Murgeon, auxquels s'ajoutaient
exceptionnellement Martin, Chenard, Châ-
teaufort, Mlles Saint-James, Meliancourt,
Rey. Du côté instrumental, la succession

(1) Giacomo Davide, que Legros avait fait venir de
Naples « à grands frais », chanta au Concert spirituel
pendant le carême de 1785 et celui de 1786 ; le
21 avril 1786 fut exécuté sous son nom le *Stabat Mater* de
Salvator Rispoli, qui reparut, sous le nom de son véritable auteur, aux programmes du 5 avril 1787 et du
18 mars 1788.

des virtuoses ne se ralentissait pas. Rodolphe Kreutzer avait paru l'un des premiers
dans la nouvelle salle (3o mai 1784); les
violoncellistes San Donati et Crossdill
l'avaient suivi ; en 1785 furent entendus les
violonistes Giuliano et Danner, le claveciniste Vion, le corniste Domnich, les quatre
Romberg, réunis dans des symphonies
concertantes; on vit reparaître Mmes Sirmen
et Gautherot-Deschamps; l'année 1786
amena surtout des harpistes : Vernier, les
sœurs Descarsins, Mlle Dorison, dont le
répertoire consistait surtout en « petits
airs » avec variations; le violoniste Mestrino atteignait, à la même date, un niveau
artistique plus élevé; Barbay, Wachter,
Hostier jouaient des solos de clarinette,
et les frères Thurner, des duos de flûte;
le piano-forté, touché par les frères Lud-
wig, par Letendart, Charpentier fils, Trial
fils, Jadin fils, par Mlles André, La Roche,
Moulinghen, Romain, Pouillard, Davion,
s'imposait définitivement à ceux même
qui l'avaient d'abord jugé impropre aux
grands concerts. En 1787 apparut le violoniste Janiewicz; en 1788, le corniste Fré-
déric Duvernoy; au printemps de 1789, un
« jeune nègre des colonies », Bridgetower,
se fit curieusement regarder et volontiers
applaudir dans des concertos de violon.

XII

LA monotonie du répertoire, la faiblesse de certaines exécutions, l'inconstance du public, n'avaient pas été les seules causes des fluctuations constatées dans les affaires financières du Concert spirituel. Malgré les entraves apportées à l'ouverture de spectacles similaires par l'Académie royale de musique, les différentes classes de la société française avaient su se créer d'autres ressources musicales, qui commençaient à devenir, pour l'établissement officiel, un sérieux danger; d'autant plus qu'au contact fréquent d'artistes de toutes les écoles, une certaine élite d'amateurs avait fini par

se former qui prétendait savoir comparer
les œuvres, les orchestres et les virtuoses.
Nombre de personnages appartenant à la
noblesse ou à la finance affectaient un
intérêt très vif pour tout ce qui touchait à
l'art, et organisaient dans leurs demeures
des concerts choisis. Deux estampes bien
connues ont retracé la physionomie de ces
réunions à la fois mondaines et artistiques,
qui se multipliaient à Paris vers la fin de
l'ancien régime : l'une, gravée par Dequevauviller d'après la gouache de Lavreince,
a pour décor un très petit salon, sorte de
chapelle profane, terminée en hémicycle,
ornée de statues de femmes qui tiennent
une lyre et un luth; des instruments, des
partitions, sont jetés sur une table; une
jeune femme est assise au clavecin, une
autre se prépare à chanter, quatre instrumentistes s'accordent, et un septième personnage impose du geste le silence à
quelques auditeurs groupés au premier
plan; nous sommes chez des amateurs, qui
préfèrent à toute musique celle qu'ils font
eux-mêmes. Le charmant dessin de Saint-
Aubin nous introduit, au contraire, dans
un vaste appartement, où une société nombreuse est réunie pour écouter, — non
sans causer quelque peu, — un violoncelliste qui joue en grand habit et l'épée au

côté, tandis qu'un claveciniste l'accompagne (1).

Le tableau de Barthélemy Ollivier, qui
porte au Musée du Louvre le titre de *Un
thé à l'anglaise au Temple*, a conservé le
souvenir de la journée mémorable où
Mozart enfant toucha du clavecin chez le
prince de Conti. En de pareils cercles
débutaient les artistes provinciaux ou
étrangers, qui venaient chercher fortune à
Paris, les enfants prodiges, les virtuoses
extraordinaires : le chanteur Millico, qui
dans les après-dîners de l'abbé Morellet
initiait les gens de lettres aux œuvres de
Gluck; le petit Mozart et sa sœur; Noël,
qui jouait du pantalon, Hullmandel, de
l'harmonica, Châteauminois, du galoubet;
plus tard, le chanteur Garat et le violoniste
Viotti, qui se fit connaître « par hasard
pour la première fois dans un petit concert
particulier avec une modestie rare, avant
de se présenter devant le véritable public » (2).

_____

(1) *L'Assemblée au concert ; peint à la gouache par N. La-
vreince, peintre du roi de Suède et de l'Académie royale de
Stockholm, gravé par F. Dequevauviller. Dédié à S. A. S.
Mlle de Condé*, 1784. — *Le Concert. A Mme la Csse de Saint-
Brisson, par son très humble serviteur, Duclos. Dessiné par
Auguste de Saint-Aubin, graveur du Roi. Gravé par Duclos*,
s. d. (Bibl. nat. Cabinet des Estampes.)

(2) *Mémoires secrets*, 13 mars 1782.

Alors que duraient encore les concerts
de La Pouplinière, de brillantes auditions
avaient commencé chez le prince de Conti,
et depuis la mort du fermier général, nulle
maison dans Paris n'était plus renommée
pour le luxe et l'intérêt de ses séances musicales, qui se donnaient tous les lundis
d'hiver (1). Gossec ayant, dit-on, par attachement pour La Pouplinière, refusé la
direction de l'orchestre du prince, le poste
était échu à Jean-Claude Trial, qui, « porté
par la reconnaissance et l'envie de plaire »,
s'était appliqué à saisir « toutes les occasions de se rendre agréable à S. A. Chaque
jour son concert était varié par quelques
nouveautés, comme de petits airs arrangés
avec goût, et des ariettes d'un genre et d'un
style qui n'étaient qu'à lui. » Trouvant
d'ailleurs la maison bonne, Trial avait fait
venir d'Avignon son frère, Antoine Trial,

---

(1) Louis-François de Bourbon, prince de Conti, duc
de Mercœur, etc., né en 1717, mourut le 2 août 1776. Il
habitait à Paris, au Temple, et pendant l'été, l'Ile-
Adam, où se continuaient spectacles et concerts. Une
œuvre de La Garde, qui lui est dédiée, porte ce titre :
*Les Soirées de l'Ile-Adam, première suite de différents morceaux
de chant à une et deux voix, avec accompagnement de violon,
basse, basson, cor et hautbois, exécutés au Concert de Mgr le
prince de Conty, composés par La Garde, maître de musique
en survivance des Enfants de France,* etc. Paris, 1764.

pour y chanter, et sa sœur, qu'il maria au
violoncelliste Duport(1). Rapidement accru,
le personnel vocal et instrumental compta
dans ses rangs des artistes excellents,
Mme Larrivée, le claveciniste Schobert (2),
le corniste Rodolphe, le violoncelliste
Janson aîné, les compositeurs Joseph
Kohaut, Schencker et Gossec, ces deux
derniers entrés au service du prince de
Conti après la mort de leur premier protecteur, La Pouplinière (3).

Chez le duc d'Aiguillon avaient lieu des
auditions et des spectacles, dont la bibliothèque musicale de ce ministre favori de
Louis XV, versée pendant la Révolution
aux archives d'Agen, permet de reconstituer le copieux répertoire. Son catalogue

(1) *Les Spectacles de Paris,* année 1772, p. 17 et suiv. —
L'Avant-Coureur du 30 juillet 1764. Les registres de
dépenses du prince de Conti, conservés à la bibliothèque
de la ville de Paris, contiennent peu de renseignements
sur sa musique.

(2) Schobert, qui, d'après Grimm, était Silésien, prend
dès son *opera prima* le titre de *clavessiniste* de Mgr le
prince de Conti. Il mourut à Paris, au mois de septembre 1767. Voyez la *Corresp. littér. de Grimm,* édit.
Tourneux, t. VI, p. 447, et t. VII, p. 423.

(3) Au moment de la première représentation des
Pêcheurs, Gossec est qualifié « ordinaire de la musique
du prince de Conti » par l'*Avant-Coureur* du 16 juin 1766.

ne comprend pas moins de trois cent
cinquante-deux numéros, dont beaucoup
sont des recueils factices ou des liasses de
parties vocales et instrumentales rassemblées en vue de l'exécution; les grands
motets du Concert spirituel et de la chapelle du Roi y côtoient les actes d'opéras
français, les cantates et les symphonies (1).

Le comte d'Albaret, qui « aimait passion-
nément les arts et s'y connaissait », donna
pendant plus de vingt ans chez lui, rue des

---

(1) Emmanuel-Armand de Vignerot Duplessis Richelieu, né le 31 juillet 1720, devenu duc d'Aiguillon à la
mort de son père, le 31 janvier 1750, fut ministre de
Louis XV, disgracié par Louis XVI, et mourut en 1788.
Le catalogue de sa bibliothèque musicale, rédigé par
M. G. Tholin, a été publié comme supplément à l'*Inventaire-Sommaire des archives communales de la ville d'Agen*.
1884. On y remarque quelques œuvres écrites spécialement pour les concerts du duc d'Aiguillon et par des
membres de sa musique : *Ariette avec symphonie*, « *Dieu
bienfaisant* », etc., *dédiée à Msr le duc d'Aiguillon, par
M. Baillion, ci-devant ordinaire de sa musique ;* à Paris,
chez l'auteur ; — *Le siège de Saint-Malo et la bataille de
Saint-Cast, cantatilles à voix seule avec symphonie, par Bar-
thelemi ;* à Paris, chez La Chevardière ; — *Six trios de
M. Alexandre, premier violon de M. le duc d'Aiguillon ;* à
Paris, chez Le Menu, 1762 ; — *Le Retour de la paix, cantate, par Tarail ;* manuscrit. — *Mars et Vénus, cantate à
deux voix, par le sieur de La Berillaie ;* manuscrit daté de
1765, etc.

Martyrs, « de petits concerts délicieux » où
n'était reçue que « la meilleure compagnie (1) ». Sous le règne de Louis XVI, les
amateurs de haut rang se réunissaient
encore, rue Saint-Honoré, chez le maréchal
de Noailles, pour assister aux brillants concerts que dirigeait Charles Stamitz (2). La
bourgeoisie avait accès aux petits concerts
hebdomadaires de M. Acloque, amateur,
rue de Harlay, les dimanches et fêtes, et à
ceux de Champion, maître de violon, rue
des Vieux-Augustins, les samedis, en
hiver (3). Les artistes fréquentaient surtout
chez le baron de Bagge, dilettante pas-
sionné, qui donnait tous les vendredis, rue

---

(1) *Mémoires de Mme de Genlis.* t. I, p. 203, passage
relatif à l'année 1766 environ ; — *Tablettes de renommée
des musiciens... pour servir à l'Almanach Dauphin,* 1785.

(2) Louis de Noailles, duc d'Ayen, né le 21 avril 1713,
fait maréchal de France le 30 mars 1775, gouverneur de
Saint-Germain-en-Laye, y mourut en 1793. — Charles
Stamitz, fils aîné de Jean Stamitz, avait quitté en 1770
le service de l'électeur palatin pour se fixer à Paris,
ainsi que son frère Antoine ; aux œuvres de sa composition citées précédemment, il convient d'ajouter ses
treize symphonies concertantes, publiées séparément
sous le titre uniforme de *Symphonie concertante à plusieurs
instruments, composée par Charles Stamitz, compositeur de
Mgr le duc de Noailles, et exécutée au Concert spirituel.* A
Paris, chez La Chevardière, etc.

(3) *Tablettes de renommée,* etc.

de La Feuillade, « les plus brillants, les
plus beaux concerts particuliers » de Paris.
Il ne vient point de virtuose à Paris que le
baron, dit un chroniqueur, ne veuille voir
et entendre; « c'est ordinairement chez lui
qu'on débute avant de paraître au Concert
spirituel (1) ». Malheureusement, au lieu de
se contenter de faire jouer chez lui les
« professionnels » habiles de la France et
de l'étranger, le trop fougueux amateur
affichait la prétention de se mêler à eux,
comme violoniste et comme compositeur :
il imprimait ainsi à ses séances une teinte
de ridicule, qu'il était seul à ne point apercevoir. Les artistes dont il se faisait le
généreux, mais vaniteux Mécène se ven-
gèrent quelquefois de l'ennui qu'ils éprou-
vaient à exécuter ses œuvres en se moquant de lui ouvertement; lors d'une
interprétation par Kreutzer, son jeune
protégé, d'un de ses morceaux de violon
dans un concert de bénéfice, ils s'avisèrent
de faire cercle autour de lui, de le complimenter avec affectation, de l'applaudir à
l'excès, et ils entraînèrent le public amusé
dans cette petite manifestation bouffonne.
Le vaudevilliste Audinot osa tracer son

---

(1) *Mémoires secrets*, 20 février 1782. — *Tablettes de
renommée*, etc.

portrait en caricature dans une comédie
jouée sur les boulevards, *La Musicomanie*.
Un baron de Steinback y tenait le premier
rôle, celui d'un amateur grotesque, virtuose, compositeur, fanatique de concerts
au point de n'engager pour laquais que des
musiciens, accueillant à bras ouverts le
compositeur Vacarmini, et se laissant
mystifier par quiconque l'abordait sous un
prétexte musical (1).

Ces concerts « particuliers », forcément
réservés à des cercles restreints d'auditeurs, ne doivent point nous arrêter, et nos
recherches seront plus profitables si nous
les dirigeons vers des réunions qu'une organisation en forme d' « abonnement » ou
d'association rendait accessibles à un public
plus nombreux. Toujours tenus en éveil
par la crainte d'un dommage pécuniaire,
les possesseurs successifs de l'antique privilège de l'Académie royale de musique
s'ingéniaient à entraver toute création de
ce genre. Un exemple frappant de leur

(1) *La Musicomanie*, comédie en un acte et en prose de
N. M. Audinot, fut imprimée sans nom d'auteur,
en 1785, dans la *Petite Bibliothèque des théâtres*, avec une
préface rappelant qu'elle avait été jouée à l'Ambigu-
Comique en 1779, deux ans avant *La Mélomanie*, de Gre-
nier et Champein.

tyrannie est fourni, en 1772, par l'affaire
du « Concert d'amis » de la rue Mont-
martre. Il venait d'être organisé par une
association de trente-six membres, « formant entre eux une bourse pour subvenir
aux frais de leurs amusements et de celui
de leurs familles », et qui, s'étant assurés
du consentement du ministre de la maison
du Roi, du lieutenant général de police et
du bureau de la ville (alors chargé de l'administration de l'Opéra), avaient loué pour
neuf ans une salle pouvant contenir deux
cent cinquante personnes ; certains de
n'avoir enfreint aucune des « lois exis-
tantes » et ne croyant guère porter, par
leurs séances musicales, le moindre préjudice aux recettes de l'Opéra, ils se virent
cependant attaquer judiciairement par les
trois directeurs de ce théâtre : Berton,
Dauvergne et Joliveau ; dans le mémoire
inédit qu'ils présentèrent, pour leur défense, au duc de la Vrillière, ministre
d'Etat, nous les voyons protester contre
toute idée de lucre, « rougir » à la pensée
qu'on avait pu les soupçonner de vouloir
retirer aucun gain de leur entreprise, et
ajouter fièrement qu'ils avaient cru pouvoir, « dans l'ordre de la politique, contri-
buer aux progrès de l'art » en procurant
aux jeunes artistes une utile émulation ;

car, disent-ils, « il est de vérité connue
que, dans tous les arts, ce sont les regards
et le jugement de la multitude qui entre-
tiennent le feu créateur des hommes qui
sont dans le cas d'acquérir de la célé-
brité » (1).

Si, en dehors de cette affaire, le « Concert d'amis » fit peu parler de lui dans le
monde, en revanche, le « Concert des
Amateurs » acquit en peu d'années une
grande importance artistique et contribua
très efficacement aux progrès de la musique instrumentale en France. Dans la
Note que nous avons déjà plusieurs fois
citée, Gossec a revendiqué uniquement et
expressément l'honneur d'avoir fondé, en
1769, « le Concert dit des Amateurs, ou de
l'hôtel de Soubise, le plus fameux qui ait
existé en Europe » et qui « réunissait les
plus habiles artistes de Paris dans toutes
les parties » (2). La date de 1769 est
exacte (3); il se pourrait seulement que

(1) Archives nationales, O¹ 618.

(2) *Note concernant l'introd. des cors*, etc., dans la *Revue
musicale* de Fétis, troisième année, 1829, t. V, p. 222.

(3) Elle est confirmée, entre autres, par la lettre qui
annonça en 1781 la cessation du Concert, « après un
cours de onze années ». (*Journal de Paris* du 28 janvier 1781.)

l'Association eût vécu déjà plusieurs années avant d'atteindre un développement
suffisant pour l'inauguration de semblables
auditions; à la « Société des Amateurs »
s'adresse, en effet, en octobre 1764, une
« lettre de M. de La Place, auteur du
Mercure », dans laquelle cet écrivain sug-
gère l'idée de l'érection de deux statues,
celles de Lully et de Rameau, et d'une
fête accompagnant leur inauguration (1).
Gossec fut probablement chargé, comme
il le dit, en 1769, de la direction musicale
du Concert des Amateurs; sa direction
financière était aux mains d'administrateurs qui disposaient de fonds souscrits
par des donateurs et des abonnés;
ce mode de fonctionnement, analogue à
celui des académies de province, soustrayait le Concert aux persécutions de
l'Opéra, puisque les cotisations annuelles
des associés ne pouvaient être assimilées
aux entrées payantes d'un spectacle public.
Le fermier général de La Haye et le baron d'Ogny sont désignés comme les principaux organisateurs financiers du Concert
des Amateurs. Le premier de ces personnages était, en 1770, un des possesseurs de
la régie du tabac, et demeurait rue de

---

(1) *Mercure,* octobre 1764, t. I, p. 215.

Vendôme, au Marais ; le second, Rigoley, baron d'Ogny, figure à partir de 1771 dans l'*Almanach royal* comme intendant général, chargé de « la cour et la police générale de la poste aux lettres, ainsi que de la direction des postes aux chevaux » ; il habitait l'hôtel de l'intendance des postes, rue Coq-Héron. Ce ne fut ni chez l'un, ni chez l'autre de ces deux notables amateurs que se donnèrent les séances, mais dans le grand salon de l'hôtel de Soubise, chez le maréchal de ce nom (1). Douze séances hebdomadaires se succédaient de décembre à mars ; les souscriptions étaient recueillies par M. de Guerle, trésorier, et leur total considérable permettait d'acquérir chaque année de la musique nouvelle (2), d'engager des virtuoses célèbres et de placer dans l'orchestre, auprès d'amateurs exercés, les instrumentistes les plus renommés de l'Opéra et de la musique

---

(1) L'hôtel de Soubise, un des plus beaux monuments de l'architecture privée au xviiie siècle, est occupé aujourd'hui par le dépôt des Archives nationales. Il appartenait alors à Charles de Rohan-Rohan, prince de Soubise et d'Epinoy, pair et maréchal de France, né le 16 juillet 1715, mort le 4 juillet 1787.

(2) Le Concert des Amateurs donnait aux compositeurs « cinq louis d'or pour une symphonie ». Voyez les *Lettres de Mozart*, trad. par H. de Curzon, p. 148.

du Roi. La balustrade qui séparait les exécutants du public ne traçait pas une frontière entre deux classes sociales ; dans la dédicace de sa *Messe des morts* « à MM. les administrateurs du Concert des Amateurs », Gossec les loue et les remercie de leur cordialité vis-à-vis des artistes : « des encouragements que vous leur donnez, le plus puissant, je ne crains pas de le dire, est la noble distinction avec laquelle vous les traitez. Elever l'âme des artistes, c'est travailler à l'agrandissement des arts. Voilà ce que n'ont jamais senti ceux qui usurpent le titre de protecteurs, plus soigneux de l'acheter que de le mériter... » (1).

Comme le personnel du Concert des Amateurs ne comportait point de chœurs, on n'y entendait aucun des grands motets réservés au Concert spirituel ; la partie vocale des séances était formée de fragments d'opéras italiens et de scènes françaises ; la partie instrumentale, de symphonies et de concertos. L'orchestre, « formidable », disait-on, « le plus nombreux qui soit connu », et dont on vantait le « parfait ensemble, l'exécution nerveuse », le souci

---

(1) La partition de la *Messe des morts* de Gossec, contenant cette dédicace, fut gravée en 1780.

des nuances, comptait quarante violons, douze violoncelles et huit contrebasses, avec le nombre ordinaire de flûtes, hautbois, clarinettes, bassons, cors et trompettes; après que Gossec eut pris, en 1773, la direction du Concert spirituel, le chevalier de Saint-Georges devint chef d'orchestre du Concert des Amateurs. Plus d'un soliste débutait à l'hôtel de Soubise avant de paraître aux Tuileries, et les éditeurs ajoutaient volontiers au titre des œuvres qu'ils mettaient en vente la mention de leur double exécution dans les deux salles (1). Gossec affirmait avoir composé spécialement pour le Concert des Amateurs « ses grandes symphonies avec l'emploi de tous les instruments à vent » ; d'illustres maîtres acceptaient de venir y diriger leurs œuvres : le 6 janvier 1781, une ovation fut faite à Piccinni, dont le chanteur Guichard venait d'interpréter une scène italienne ; « entraîné malgré lui jusqu'à la balustrade de l'orchestre », et « soulevé par ceux qui l'entouraient », il

(1) Un concerto de violon de Barrier, op. 5, porte la mention : « exécuté au Concert spirituel et à celui des Amateurs » (1779); deux symphonies de Saint-Georges, op. 11, publiées chez La Chevardière, sont dites « exécutées au Concert des Amateurs ».

fut longuement applaudi (1). Justement
fiers de la supériorité de leurs exécutions,
les Amateurs attachaient une importance
extrême à tout ce qui se produisait chez
eux : lorsque commencèrent à l'Opéra les
répétitions d'*Armide* de Gluck, ils crurent
nécessaire de questionner le compositeur
sur le tort que pourrait lui causer le maintien à leur répertoire d'une scène de Cambini sur les paroles du monologue : « Le
perfide Renaud me fuit ». Par « délicatesse » et par « déférence » pour Gluck,
Cambini offrait de retirer sa scène, et,
très naïvement, les Amateurs faisaient le
maître allemand juge de la question, sans
s'apercevoir que d'une telle rivalité, le
pauvre Cambini seul pouvait souffrir.
Gluck, poliment et froidement, se déclara
« très sensible à l'honnêteté de MM. les
Amateurs », assura que « cela serait une
tyrannie » que de vouloir empêcher les
auteurs de produire leurs ouvrages, et
protesta du plaisir qu'il aurait toujours
« à entendre de la musique meilleure que
la sienne » (2).

---

(1) *Journal de Paris*, 7 janvier 1777.
(2) *Journal de Paris* du 12 janvier 1778. — DESNOIRES-
TERRES, *La Musique française au XVIIIe siècle, Gluck et Piccinni*, p. 146.

Au mois de décembre 1780, le bruit
courut de la cessation du Concert des
Amateurs, et malgré les dénégations oppo-
sées dans le premier moment à cette fâcheuse nouvelle, il fallut bientôt se rendre
à l'évidence; une circulaire datée du 21
janvier 1781 annonça « la dissolution de la
société », tout en s'efforçant de la présenter
« comme une suspension plutôt qu'une
destruction totale ». Le public ne se laissa
point tromper par ces paroles, et chercha
dans des motifs financiers la « raison véritable » qui lui était cachée; il crut la
trouver d'abord dans « le dérangement de
la fortune » du fermier général Audry,
« l'un des plus puissants soutiens » du
Concert; quelques mois plus tard, la fail-
lite du prince de Guéméné, gendre du
maréchal de Soubise, put achever d'expliquer un événement que les musiciens
étaient unanimes à regretter (1).

---

(1) *Almanach musical*, année 1782, p. 67. — *Journal de
Paris*, 10 décembre 1780 et 28 janvier 1781. — *Mémoires
secrets*, 26 janvier 1781, 5 octobre 1782 et suiv. — *Lettres
inéd. de la M*^{ise} *de Créquy à Senac de Meilhan*, publ. par
Ed. Fournier, p. 5 et 13. — *Mémoires* de Mme d'Oberkirch, t. II, p. 2. — D'après la circulaire de 1781, la
«collection précieuse de musique de MM. les Amateurs »
devait être « conservée soigneusement » en vue d'une
reprise éventuelle des séances. L'intéressant manuscrit

Le Concert des Amateurs fut remplacé par le Concert de la Loge olympique, qui commença par emprunter au Palais-Royal la demeure, le nom et l'organisation d'une affiliation maçonnique. « Ce mode, rapporte un contemporain, avait été adopté afin que la société appelée à y être admise y fût épurée par le scrutin et affiliée par une réception solennelle en grande loge. » Chaque souscripteur versait deux louis par an et recevait « une lyre d'argent sur

---

qui figurait en mai 1899, sous le n° 159 et sous le titre de « Catalogue de la musique de M. le comte d'Ogny », au catalogue 113 de la librairie L. Gougy, nous semble pouvoir être regardé comme l'inventaire de la collection des Amateurs. L'indication d'un ami et l'obligeance de M. Gougy nous ont permis de consulter ce joli in-4°, formé de feuillets de papier réglé, relié aux armes du comte d'Ogny et divisé en deux parties, dont la première est un catalogue méthodique et thématique des œuvres vocales et instrumentales « contenues dans les volumes reliés », et dont la seconde est une liste des morceaux conservés en liasses. De nombreux fragments d'opéras italiens et d'oratorios y avoisinent quelques morceaux religieux et une série considérable de symphonies de Haydn, Gossec, Stamitz, Eichner, etc., et de quatuors et autres œuvres instrumentales des maîtres du même temps. — Au moment de la cessation du Concert des Amateurs, le comte d'Ogny était survivancier, pour la charge d'intendant général des postes, du baron d'Ogny, qui avait été onze ans auparavant l'un des fondateurs de cette société.

un fond bleu de ciel, décoration obligée
pour entrer au Concert ». En 1786, cette
société obtint, pour ses séances, une salle
du palais des Tuileries, — la salle des
Gardes, — où elle fit dresser une estrade
pour l'orchestre, et des gradins pour les
spectateurs (1). La Reine et les princes
étant parfois venus, sans avis préalable,
assister aux concerts, les associés prirent
l'habitude de s'y rendre en grande toilette,
et les musiciens eux-mêmes y jouèrent « en
habit brodé, en manchettes à dentelles,
l'épée au côté et le chapeau à plumes sur
les banquettes » (2). Un tel orchestre était
donc fort beau à regarder, et, ce qui valait
mieux, on ne le trouvait pas moins agréable
à entendre. Exactement comme celui de
l'hôtel de Soubise, il était « rempli, indépendamment des professeurs, par les plus
habiles amateurs de Paris »; Viotti le dirigeait souvent; de fréquentes répétitions
avaient lieu en présence des compositeurs,

(1) Le premier concert dans cette salle eut lieu le
mercredi 11 janvier 1786. Voyez THIÉRY, *Guide du voyageur à Paris*, 1786, t. I, p. 278 et 383, et BABEAU, *le
Théâtre aux Tuileries*, dans les *Bulletins de la Soc. de l'hist.
de Paris*, t. XXII, 1895, p. 173.
(2) *Mémorial de J. de Norvins*, publ. par de Lanzac de
Laborie, t. I, p. 158.

et la prospérité financière de l'association permettait non seulement d'engager de célèbres virtuoses, mais encore d'acquérir par traités spéciaux des œuvres composées tout exprès par d'illustres musiciens. Six des plus belles symphonies de Haydn durent ainsi, en 1784, leur origine au Concert de la Loge olympique, dont elles gardèrent le nom (1).

La Société du Concert d'émulation, qui, en 1786, donnait une fois par mois, dans la grande salle de l'hôtel de Bullion, de midi à deux heures, une séance musicale, se composait également d'amateurs et de professionnels, unis par voie d'association ; Bertheaume et Imbault y étaient chefs de pupitres, aux premiers et seconds violons (2).

La Société académique des Enfants d'Apollon, dont la fondation remontait à 1741, avait résolu en 1784 de « donner par an un concert public où seroient exécutées, par ses membres, des œuvres composées également par ses membres ». Sa première séance eut lieu le 27 mai 1784, rue Dauphine, dans la salle du Musée, ouverte depuis peu et qui servait à des réunions

---

(1) C.-F. POHL, *Jos. Haydn,* t. II, p. 175 et 273.
(2) THIÉRY, *Guide du voyageur,* t. I, p. 424.

littéraires ; avec une symphonie de Gossec
et plusieurs concertos, on y entendit un
Hymne à Apollon, que l'abbé Roze avait
écrit pour la circonstance, et que chantèrent Mme Vaillant, Legros, Guichard,
Laruette et Aubert; puis, chose encore très
nouvelle, un duo à quatre mains joué « sur
le même clavecin » par Séjan et Charpentier (1). Chacun des concerts annuels que
cette société donna jusqu'à 1789 contint
pareillement une ou deux œuvres inédites (2). « Vu qu'on y entre sans payer,
quoique avec des billets », constate le lieutenant de police, les organisateurs de ces
concerts ne se croyaient pas tenus de « représenter la permission du Concert spirituel ni de l'Académie royale de musique »(3).

Tandis que les concerts de sociétés savaient ainsi éluder l'obligation des permissions officielles, les concerts de bienfaisance, les concerts de bénéfice, et parfois

(1) *Journal de Paris,* 29 mai 1784.

(2) Les programmes des années 1785, 1787, 1788 et
1789 se trouvent, ainsi que la liste des musiciens membres de la Société avant 1790, dans le volume de Maurice DECOURCELLE, *La Société académique des Enfants
d'Apollon,* p. 11 et 37.

(3) Archives nationales, O¹ 618, lettre de Lenoir à La
Ferté, relative au second concert annuel des Enfants
d'Apollon, donné le 9 juin 1785 au Musée.

d'autres entreprises, qui ne s'abritaient
même pas sous de tels prétextes, arra-
chaient, par l'appui de quelque influent
personnage ou par la pression de l'opinion
publique, aux héritiers des vieux privilèges,
des autorisations de plus en plus fréquentes. Le premier grand concert de bienfaisance qui se donna à Paris eut lieu le 15
février 1769, dans la galerie de la Reine,
au palais des Tuileries, sous le patronage
de M. de Sartines, alors lieutenant de
police, et au profit de l'école gratuite de
dessin, nouvellement fondée; comme on
avait vendu plus de billets que la salle ne
contenait de places, il y eut un grand dé-
sordre, et comme « l'affiche n'avait carac-
térisé aucun des morceaux qui devoient
s'y exécuter », le public attendit des merveilles, fut déçu, et jugea le programme
« très commun. ». Gaviniés, organisateur
de cette séance, y joua un concerto; Duport, une sonate; un duo de La Garde fut
chanté par Legros et Durand; Jéliotte et
Mlle Fel, sur qui l'on comptait, ne vinrent
pas (1). On renouvela l'expérience, en de
meilleures conditions, l'année suivante
(14 mars 1770) et l'on offrit cette fois au

(1) *Mémoires secrets*, 6 et 17 février 1769. — *Mercure*,
mars 1769, p. 138.

public un divertissement de circonstance,
composé, paroles et musique, par l'acadé-
micien Chabanon (1). Désireux de relever
encore davantage l'intérêt de leur concert,
les administrateurs de l'école gratuite de
dessin annoncèrent qu'en 1772 un prix
serait décerné à la meilleure symphonie
concertante ou à grand orchestre, et dési-
gnèrent Rigel pour recevoir les envois :
deux œuvres, jugées dignes de se partager
la récompense promise, furent exécutées
dans la séance annuelle, donnée le 29 avril
1772 au Wauxhall de la foire Saint-Germain ; elles avaient pour auteurs deux
musiciens allemands présents à Paris,
Eichner et Christian Cannabich, qui parurent sur l'estrade pour recevoir leurs mé-
dailles (2). Le même jour eut lieu l'audition,
sans décors ni costumes, d'un opéra inédit,
Deucalion et Pyrrha, de Sieber (3) ; en dehors de son but charitable, ce concert pouvait donc être utile à la musique elle-même.
Celui que donna l'Académie royale de mu-

---

(1) *Mercure*, avril 1770, p. 166.

(2) *Mercure*, mars 1772, p. 171 ; juin 1772, p. 179. —
Mémoires secrets, 30 avril et 6 mai 1772 ; ce dernier écrivain orthographie péniblement les deux noms germa-
niques : Canapick et Eischer.

(3) Jean-Georges Sieber, plus tard éditeur de musique,
était corniste à l'Opéra.

sique dans la nouvelle salle du Concert spirituel, le 19 février 1785, au profit de l'école gratuite des aveugles-nés, fondée par Valentin Haüy, mérite un souvenir : après une symphonie de Haydn, on y entendit une « Hymne adressée au ciel par les enfants aveugles-nés », paroles d'un anonyme, musique de Gossec, chantée par Cheron, Lays et Rousseau, qui interprétèrent encore le fameux *O salutaris* de Gossec et des fragments d'opéras italiens ; un jeune aveugle, Lesueur, fit des exercices de lecture, d'arithmétique, de géographie et de musique. Un avis ajouté au programme avait prévenu « les dames que, pour éviter les impressions désagréables, chaque aveugle aurait un bandeau sur les yeux » (1). Un autre grand concert organisé pareillement par l'Opéra, dans la salle du Panthéon, rue de Chartres, le 16 juin 1787, en faveur des incendiés de Bougey, en Franche-Comté, se composa presque uniquement d'airs et de concertos exécutés individuellement par les principaux sujets du chant et de l'orchestre (2).

Une nombreuse réunion de plus ou

---

(1) *Journal de Paris,* 19 février 1785.
(2) *Idem,* 16 juin 1787. Le prix uniforme des places était fixé à six livres.

moins brillantes individualités était d'obligation dans les « concerts de bénéfice »,
qui se donnaient, avec les autorisations
officielles, en diverses salles. Jarnowick,
en 1777, avait annoncé le sien dans « la
salle des Amateurs »; le maréchal de
Soubise n'ayant pas trouvé convenable
qu'une séance « à prix d'argent » se donnât
dans son hôtel, le violoniste se rabattit sur
les salons, plus petits, du prince de
Guéméné, qui habitait une autre partie du
même édifice (1). Dans le cours de la même
année, des « concerts de bénéfice » furent
donnés dans la salle du Concert spirituel
par Mlle Giorgi, par Frænzl et Punto, par
Mlle Danzi (2); en 1778 et 1779, les Parisiens purent assister à ceux du jeune
violoncelliste Zygmuntowsky (3), des frères
Caravoglia, hautboïste et bassoniste, qui,
avec Mme Balconi-Caravoglia et les chanteurs Amantini, Caribaldi, Manzioli, donnèrent une séance presque complètement
italienne (4). En 1780, le concert de Mme

------

(1) Le 5 mars 1777. Voyez le *Journal de Paris* du
3 mars et les *Mémoires secrets* du 6 mars 1777.

(2) Le concert de Mlle Giorgi eut lieu le 15 janvier 1777 ; celui de Frænzl et Punto, le 21 février ; celui
de Mlle Danzi, au Wauxhall, le 26 avril.

(3) Le 1er avril 1778, chez le prince de Guéméné.

(4) Le 19 mai 1779, dans un petit salon des Tuileries.

Todi fut particulièrement attrayant : elle y chanta un rondo de J.-Chr. Bach avec hautbois et harpe obligés, un duo d'*Atys*, de Piccinni, avec Legros, et un air italien de Piccinni; Besozzi, Duport, Punto, Cousineau fils, jouèrent chacun une sonate ou un concerto, Amantini et Guichard chantèrent des airs italiens de Sarti et d'Anfossi (I). Personne, alors, n'eût songé à chercher le succès ailleurs que dans la multiplicité des solistes, la variété des voix et des instruments et l'extrême morcellement des programmes. Mme Mara, Viotti, Mme Krumphholtz, n'agirent pas autrement (2); Mlle de Pontet, s'annonçant à la fois comme cantatrice française et italienne, claveciniste et harpiste, se fit encore aider de « plusieurs virtuoses » (3); Lays, Chéron et Rousseau, trio inséparable, eurent leur tour au Wauxhall, le 15 décembre 1784, et ne manquèrent pas d'y chanter l'*O salutaris* de Gossec. La plupart des artistes étrangers qui paraissaient au

---

(1) Le 19 avril 1780, salle du Concert spirituel.

(2) Concerts de Mme Mara, le 17 avril 1782 ; de Viotti, le 24 du même mois; de Mme Krumphholtz, le 8 mars 1783, tous trois dans la salle du Concert spirituel. En mai 1783, Mme Todi, Viotti et Mme Mara eurent chacun leur séance, dans la même salle.

(3) Le 15 décembre 1783, dans une salle des Tuileries.

Concert spirituel obtenaient ainsi du directeur Legros une séance particulière, qui servait, nous l'avons vu, de complément à leurs honoraires (1). Encore qu'elle trouvât ce système commode, l'administration de l'Opéra ne tarda point à s'inquiéter du nombre des « concerts de bénéfice », et le lieutenant de police Lenoir, estimant tout le premier que « ces sortes de permissions devaient être données rarement », se fit

---

(1) Aux concerts qui viennent d'être cités s'ajoutent ceux du flûtiste Hartmann, à l'hôtel de Bullion, en 1781 ; du petit Lescot, pianiste de dix ans, aux Tuileries, le 18 mars 1783 ; du flûtiste Schutzmann, au Musée, le 20 mars 1783 ; de Mlle Paradies, les 28 avril, 3 juillet et 2 octobre 1784, aux Tuileries et au Musée ; de Danner et Giuliano, salle du Concert spirituel, le 9 avril 1785 ; du chanteur David, même salle, le 26 avril 1786 ; de Mlle Dorison, harpiste, au Musée, le 30 avril 1787 ; d'Albanese, aux Tuileries, le 16 février 1788 ; de Janiewicz et Mestrino, salle du Concert spirituel, le 17 avril 1788 ; de Mlle Cécile, pianiste, au Wauxhall d'été, le 7 juin 1788 ; de Bridgetower, salle du Panthéon, le 27 mai 1789. Le prix des places était très variable : pour le concert de Mme Mara, en 1782, toutes les places se payaient six livres ; — douze pour celui de Mme Krumphholtz, en 1783 ; Viotti adoptait « les prix du Concert spirituel » ; Schutzmann n'osait demander que trois livres d'entrée pour un concert au programme duquel figuraient, avec le nom du bénéficiaire, ceux de Lays, Chéron, Rousseau, Capron, Bréval, Michel Yost et Mlle Buret aînée.

volontiers le gardien des prérogatives de
l'Académie royale de musique, en repous-
sant une partie des demandes qui lui étaient
présentées (1). Un certain préjugé social
semble s'être, d'autre part, attaché à cette
façon d'exercer un talent et d'en tirer
profit : lorsque, en 1789, le peintre Descarsins posa sa candidature au titre d'agréé
de l'Académie de peinture, un argument
contraire fut tiré du fait que ses sœurs,
Caroline et Sophie Descarsins, avaient
chanté et joué de la harpe au Concert
spirituel et dans des concerts à leur bénéfice (2).

Lorsque, d'ailleurs, ses propres intérêts
étaient en jeu, l'Académie royale de musique mettait de côté la sollicitude qu'elle
affectait à l'égard du Concert spirituel, son'
locataire, et par deux fois, dans des circonstances critiques, elle n'hésita point à
lui faire elle-même une concurrence directe. Ce fut après les deux incendies
de 1763 et de 1781. La première fois, la

---

(1) Archives nationales, O¹ 618.

(2) A. TUETEY, Répertoire général des sources manuscrites
de l'hist. de Paris pendant la Révolution, t. III, p. 109. —
Les concerts de bénéfice des sœurs Descarsins avaient
eu lieu, salle des Tuileries et salle du Panthéon, les
26 février 1784, 10 mai 1786 et 15 février 1789.

ville, chargée de servir les appointements
du personnel et de construire une nouvelle
salle, entreprit de donner des « concerts
français » hebdomadaires dans la salle
même du Concert spirituel ; on y chanta
par fragments les opéras représentés la
veille sur une véritable scène, et les sujets
de la danse y exécutèrent des pas réduits
à ce que permettait l'exiguïté de l'estrade ;
un bon mot que l'on fit courir appela ces
concerts « de l'onguent pour la brûlure ».
Leur effet bienfaisant fut de courte durée ;
les recettes, qui avaient approché de 4,000
livres aux trois premières séances, dé-
crurent rapidement ; on ne fit plus que
802 livres au dix-septième concert ; on
poursuivit cependant jusqu'à un total de
vingt-huit séances, et, grâce à la modicité
des frais, l'opération parut assez lucrative
pour qu'après le sinistre de 1781 on s'empressât de la recommencer (1). Aux frag-

(1) Archives nationales, O¹ 621. — La recette totale
fut de 53,986 livres, soit une moyenne de 1,928 livres
pour chacun des vingt-huit concerts. La ville reçut en
outre du duc d'Orléans 70,000 livres pour le loyer de
ses trois loges. Comme les appointements des directeurs
et du personnel de l'Opéra couraient indépendamment
de ces auditions, les frais spéciaux qu'elles nécessitè-
rent ne furent estimés qu'à la somme totale de 6,274 livres 19 s. 6 d. pour les vingt-huit concerts.

ments d'opéras, l'on ajouta cette fois des symphonies et des extraits d'ouvrages italiens. Ce calcul du directeur Dauvergne pour contenter « les trois sectes (française, allemande et italienne) qui se partagent l'empire lyrique », ne suffit pas à établir le succès des concerts de l'Opéra ; ils furent, en 1781, « encore plus abandonnés » qu'en 1763, et n'eurent en tous cas aucune influence sur le mouvement de l'art (1). Un incident comique avait marqué la soirée du 26 juin : le programme annonçant une scène italienne de Gluck, les piccinnistes présents avaient affecté de quitter la salle, et les gluckistes, fermes au poste, s'étaient « tués d'applaudir » ; sitôt après, l'on sut que l'air était de Jommelli ; la colère des deux partis, également mystifiés, fut égale à ce qu'avait été leur dédain ou leur enthousiasme, et Meister, tout en se moquant d'eux, laissa percer la crainte d'être un beau jour pris dans le même piège : « Il faut avouer, dit-il, que cette musique de concert n'a pas le sens commun », et qu'« elle peut exposer les plus braves gens à des prévarications de cette espèce » (2).

---

(1) *Mémoires secrets,* 9 septembre 1781 ; *Mercure,* septembre 1781, p. 87.

(2) *Correspondance littéraire,* etc., édit. Tourneux, t. XII, p. 517.

Si par deux fois les concerts de l'Opéra
virent ainsi le succès leur échapper, si
Legros, pour remplir la salle du Concert
spirituel, dut se préoccuper sans cesse de
découper, de varier ses programmes et d'y
inscrire de nouveaux noms de virtuoses et
de chanteurs étrangers, ce n'était point que
Paris manquât d'amateurs de musique;
leur nombre, au contraire, croissait, et les
entraves que la sordide jalousie des spectacles privilégiés mettait à l'exploitation
des entreprises artistiques, ne réussissaient
guère qu'à ralentir les progrès du goût,
sans empêcher la création de divertissements musicaux d'ordre secondaire. La
foule se pressait dans la vaste enceinte du
Colisée, qui, ouvert en 1771 et protégé
longtemps par le duc de La Vrillière et
Mme de Langeac, ne fut fermé, par arrêt du
Conseil, qu'en 1779 (1); entre beaucoup de
spectacles qui n'avaient rien d'artistique,
il s'y était donné de grands concerts, où
avait, à grand fracas de réclame, de
carrosses et de toilettes, reparu la vieille
Mlle Lemaure, et qu'avait organisés le

_____

(1) *Mémoires secrets*, de juillet à septembre 1771,
2 septembre 1772, 28 mai 1779 ; voyez aussi la brochure
précédemment citée de A. JULLIEN, *l'Eglise et l'Opéra
en 1735, Mlle Lemaure et l'évêque de Saint-Papoul*.

violoniste Razetti, « ordinaire de la musique du Roi » (1). En 1778, le *Casino gracioso*, installé « près et hors la grille des Champs-Elysées », joignit aux bals, qui étaient sa principale raison d'être, des concerts comprenant « ouverture, ariettes de dame et d'une célèbre basse-taille, concerto de violon, symphonie concertante et symphonie » à orchestre (2). Le Wauxhall Saint-Germain et le Wauxhall d'été donnèrent, quelques années plus tard, des « fêtes » analogues. Il se glissait des musiciens partout ; dans les cafés, l'on pouvait entendre « de bonnes symphonies » et des « ariettes burlesques » ; sans regarder de près à la qualité de ces exécutions, Mercier, qui avait l'âme bonne, et qui était fort optimiste, se félicitait qu'un « garçon tailleur, en prenant son verre de liqueur », pût jouir d'un concert « que n'ont pas eu soixante rois de France » ; il voyait aussi dans les symphonies des premiers orgues de Barbarie un moyen de « changer en

---

(1) Pierre-Antoine-Amédée Razetti ou Rasetti, reçu dans le corps des vingt-quatre violons du Roi, le 18 décembre 1760, fut admis à la vétérance en 1776 avec une pension de mille livres. En 1765, il avait été envoyé à Naples pour recruter des sujets pour la chapelle du Roi.

(2) *Journal de Paris* du 5 juillet 1778.

grande partie les mœurs du peuple et de
l'attacher encore plus à son gouverne-
ment » (1). Le peuple avait d'autres occasions d'entendre sans nulle dépense un peu
de meilleure musique : pendant les belles
soirées, il courait, sur les boulevards, au-
devant des « sérénades » données par la
musique des gardes françaises, et que
fréquentait aussi le beau monde, en équi-
page (2). Le concert annuel de la Saint-
Louis, dans le jardin des Tuileries, ne
cessa qu'avec la royauté, et jusqu'au bout
se composa « des plus belles symphonies
des anciens maîtres français », exécutées
en plein air par l'orchestre de l'Opéra (3) ;
Louis XVI, en 1790, témoigna le désir de
supprimer cette audition, et de « donner
aux pauvres » le montant de ses frais ; il
dut céder à l'usage, en apprenant que « le
peuple voyait avec peine la suppression
de ce divertissement » (4).

Les églises, à certains jours, que dési-

(1) MERCIER, *Tableau de Paris*, édit. 1782, tome IV,
p. 66 et 331.
(2) MERCIER, t. IV, p. 220.
(2) MERCIER, t. II. p. 315. — HURTAUT et MAGNY,
Dictionn. histor. de la ville de Paris, t. II. p. 529.
(4) TUETEY, *Répertoire des sources manuscrites*, t. III,
p. 151.

gnaient à l'avance les almanachs et les gazettes, servaient aussi de rendez-vous aux dilettantes de bourse peu garnie. La célébration musicale de la fête de Sainte-Cécile par les musiciens du Roi avait commencé à Versailles en 1687; les musiciens de Paris les avaient imités dès le commencement du xviiie siècle, et avant 1738 avaient déjà choisi, pour leur fête annuelle, l'église des chanoines réguliers de la Sainte-Trinité, surnommés les Mathurins; chaque année s'y chantait, vers le 22 novembre, une messe avec orchestre, additionnée de motets à grand chœur et de solos d'orgue touchés par un virtuose en vogue. Les veilles de Noël, de la Toussaint ou de la fête patronale des principales églises, ces mêmes organistes, Daquin, Balbastre, Charpentier, Miroir, Chauvet, improvisant des variations sur des airs de noëls, ou un « carillon des morts », ou des versets de *Te Deum* avec le « tableau du jugement dernier », attiraient sous leur tribune une foule compacte : à Saint-Paul, où jouait Daquin, l'affluence était telle, qu'il fallait établir un service d'ordre pour l'entrée et la sortie; il en était presque de même le 24 décembre, à Saint-Merry, où il y avait des « noëls fondés », c'est-à-dire une audition annuelle de noëls variés à l'orgue, dont les frais étaient couverts par une ancienne fondation.

Les « connaisseurs » se piquaient aussi d'assister aux séances d'expertise ou d'inauguration de nouvelles orgues, afin de donner leur avis sur la qualité des jeux; lorsque, en 1781, fut annoncée l'inauguration de l'orgue de Saint-Sulpice, que devaient recevoir Couperin, Séjan, Balbastre et Charpentier, le curé de cette paroisse fut obligé de prendre des mesures « pour empêcher le tumulte et les applaudissements trop bruyants qui troubleraient la majesté du lieu saint (1). » La même curiosité poussait les amateurs à se rendre chez les inventeurs d'instruments; avertis par les journaux, ils assistaient aux auditions données, à jour et heure fixes, en différents locaux : le clavecin de Le Gay était touché aux Tuileries, par Damoreau (1763), tous les jours, de 4 heures à 9 ; celui de Virbès s'entendait chez lui; le *Pneumacorde*, aux Tuileries, trois ou quatre fois par semaine ; l'*Archicorde*, « instrument nouveau mécanique et unique de son espèce, formant à lui seul toute une symphonie », fonctionnait tous les soirs chez la dame Renault,

---

(1) *Mémoires secrets,* 13 et 23 mai 1781 ; *Journal de Paris,* 19 janvier 1781.

rue de Saintonge (1777); pour exhiber
quatre automates qui formaient un concert
en jouant ensemble du clavecin, du violon
et de la basse, « avec un petit génie qui bat
la mesure et tourne le feuillet à temps », le
sieur Richard avait obtenu une salle de la
Bibliothèque du Roi (1771). Plus artistiques furent certainement les auditions du
baryton (*viola di bordone*, ou viole d'amour
de très grand patron) que vint donner au
Palais-Royal, en 1789, un musicien du
prince Esterhazy, Karl Franz. Il n'est
point douteux que son répertoire fût en
partie formé des œuvres que Haydn, pendant son séjour à Esterhaz, avait composées pour cet instrument (1).

A la veille de la Révolution, le mouvement des grands et des petits concerts
était donc très actif à Paris, où, depuis le
milieu du siècle, se concentrait toute la vie

(1) D'après l'annonce du *Journal de Paris* du 21 mai
1789, Franz, « attaché à la musique de M. le prince
Esterhazy sous la direction du célèbre Haydn », jouait
du baryton « tous les jours, au Palais-Royal, arcade 166,
depuis 11 heures du matin jusqu'à 2 heures, et depuis
7 heures du soir jusqu'à 10 ». Chaque séance se divisait
en plusieurs auditions d'une demi-heure, pour lesquelles
le prix d'entrée était de 24 sols. — Sur le baryton et les
compositions de Haydn, voyez C.-F. POHL, *Josef Haydn*,
t. I, p. 249 et suiv.

politique et intellectuelle de la nation. L'ère de prospérité des académies de musique de province s'était close sans qu'aucune d'elles eût exercé la moindre action sur les destinées de l'art. Plusieurs même avaient depuis longtemps disparu : celle de Clermont-Ferrand, faute de sous-cripteurs, ne fonctionnait plus depuis 1746 ; celle de Moulins, après des déficits fré-quents, était morte d'inanition en 1777 ; le concert de Caen avait subi en 1757 une réorganisation financière pénible et une suspension de quelques années ; celui de Lille, au sortir d'une crise semblable, s'était reconstitué en 1780. La suppression définitive des académies de musique ou des concerts de Marseille, Bordeaux, Pau, Orléans, Chartres, Rouen, Douai, Lille, Troyes, etc., n'eut lieu qu'à l'époque révo-lutionnaire, entre 1788 et 1792. Ces institu-tions, si elles existaient encore, ne comp-taient pas dans l'histoire musicale de France, et leurs programmes, partout calqués sur les modèles parisiens, trahis-saient une absence totale d'initiative artis-tique, qui était le résultat naturel d'une centralisation à outrance.

Le canon de la Bastille, qui sonna le 14 juillet 1789, le glas de l'ancien régime, eut une immédiate répercussion dans les

choses de la musique. Le 4 août commencèrent, dans les églises de Paris, des exécutions de messes avec orchestre, en
l'honneur des « citoyens morts victimes de
leur zèle patriotique » ; quelques semaines
plus tard s'ouvrirent, au Cirque du Palais-
Royal, de nouveaux concerts, dont un des
premiers contint, le 8 novembre, une scène
anonyme, à grand chœur, *La Prise de la
Bastille* (1) ; en décembre, on annonça la
cessation des concerts de la Loge olympique ; le Concert spirituel se transporta
dans la salle du Théâtre italien, pour
émigrer peu de mois après dans celle de
l'Opéra, à la porte Saint-Martin. La société polie, élégante et frivole qui avait
formé le monde des dilettantes sentait
trembler le sol de la vieille France ; et les
artistes qui dépeignaient jadis à l'envi,
dans des *Requiem* et des *Te Deum*, d'ima-
ginaires « bouleversements de la nature »,
allaient s'orienter vers un idéal nouveau

(1) Il s'agit là très probablement d'une première audition du fameux *Hiérodrame* de M.-A. Désaugiers, chanté
à Notre-Dame de Paris le 14 juillet 1790, au « concert
national » donné le 25 décembre suivant dans la salle
de l'Opéra, et plusieurs fois ensuite, dans les fêtes officielles de l'époque révolutionnaire.

et composer des chants que le peuple répé-
terait « au joli son du canon ».

A ce « tournant de l'histoire », nous
arrètons un travail dans lequel notre seule
prétention a été de donner le premier
labour dans un champ vaste et fertile, dont
personne avant nous n'avait commencé le
long défrichement.

INDEX ALPHABÉTIQUE

~~~~~~~~~~~~~

Pour faciliter les recherches, on a imprimé dans cette table les noms de personnes en caractères romains, les noms de lieux en PETITES CAPITALES, et les noms de choses en caractères *italiques*.

Abréviations : cant., cantatrice. — ch., chanteur. — clar., clarinettiste. — clav., claveciniste.—c., compositeur. — fl., flûtiste. — h., harpiste. — htb., hautboïste. — org., organiste. — p., pianiste. — v., violoniste. — vl., violoncelliste.

TABLE DES MATIÈRES

Pages